Loki Schmidt

# *Mein Leben für die Schule*

Im Gespräch mit
Reiner Lehberger

| Hoffmann und Campe |

2. Auflage 2005
Copyright © 2005 by Hoffmann und Campe Verlag, Hamburg
*www.hoffmann-und-campe.de*
Schutzumschlaggestaltung: Katja Maasböl
Fotos: privat (vorne)/Frederika Hoffmann (Rückseite oben);
Stephan Wallocha (Rückseite unten)
Satz: Dörlemann Satz, Lemförde
Druck und Bindung: Clausen & Bosse, Leck
Printed in Germany
ISBN 3-455-09486-4

HOFFMANN
UND CAMPE

*Ein Unternehmen der*
GANSKE VERLAGSGRUPPE

# Vorwort

Nachdem ich dem befreundeten Journalisten Dieter Buhl letztes Jahr in einem Buch viele Fragen über mein recht abwechslungsreiches Leben beantwortet habe, ist mir deutlich geworden, dass ein ganz wichtiger Aspekt dabei zu kurz gekommen ist: meine Berufszeit als Lehrerin. Fast dreißig Jahre habe ich mit großer Freude mit Kindern und Jugendlichen in der Volks- und Mittelschule gearbeitet. Das Interesse an der Schule habe ich nie verloren.

Dieses Buch ist als Ergänzung zu *Loki. Hannelore Schmidt erzählt aus ihrem Leben* gemeint. Die Idee dazu ist im Laufe der dreijährigen Zusammenarbeit mit Professor Dr. Reiner Lehberger an einer Ausstellung über die Hamburger Reformschulen der zwanziger Jahre entstanden. Reiner Lehberger kannte jene lebendige Zeit nur aus der Literatur; er ist erst nach dem Zweiten Weltkrieg geboren, während ich meine Volksschuljahre und – zusammen mit meinem späteren Mann – die Jahre in der höheren Schule sehr bewusst erlebt habe. Aus den Erfahrungen meiner eigenen Schulzeit habe ich eine Vorstellung davon gewonnen, wie Lehrer mit jungen Menschen leben und arbeiten sollten. Daran hat auch das Studium während der Zeit des Nationalsozialismus nichts geändert. Ich habe nichts übernommen, sondern mir meine eigenen Pläne gemacht. Das war verhältnismäßig einfach, weil sich 1940, als ich als Lehrerin begann, aufgrund des Krieges kein Vorgesetzter um die junge Lehrerin kümmerte.

Während der gemeinsamen Arbeit an der Ausstellung war ich für Reiner Lehberger eine Art Auskunftsquelle, was die Reformschulzeit der zwanziger Jahre betraf. Das führte dazu, dass wir uns auch anschließend, seit 2001 bei der Arbeit am LERN-WERK, weiter austauschten. Das LERN-WERK ist ein Projekt zur Förderung von Hauptschülern, das finanziell von der ZEIT-Stiftung unterstützt wird. Die Idee dazu entstand 1999, als die Bucerius Law School für angehende Juristen eröffnet wurde. Tyll Necker, Mitglied des Stiftungsrates der ZEIT-Stiftung, und ich waren uns einig, dass nicht nur die hoch qualifizierten Schüler unterstützt werden sollten, sondern auch die weniger Erfolgreichen. Reiner Lehberger ist der rührige und kompetente Leiter dieses beispielhaften Projektes.

Ich bin ihm sehr dankbar, dass ich durch seine gezielten Fragen meine Schulzeit, vor allem aber meine Zeit als Lehrerin, darstellen und Revue passieren lassen konnte. Dankbar bin ich aber auch vielen ehemaligen Schülerinnen und Schülern, zu denen die Verbindung nie abgerissen ist und die mit manchen Erinnerungen und Materialien zu diesem Buch beigetragen haben.

Mein Dank gilt ferner dem Verlag Hoffmann und Campe für die liebevolle Betreuung durch Kathrin Liedtke.

Hamburg, im Dezember 2004                    Loki Schmidt

Schule, so sagt Loki Schmidt, sei für sie als Schülerin wie auch später als Lehrerin eine gute Zeit gewesen. Bei einer solchen Aussage muss man aufhorchen, denn spätestens seit PISA haben wir uns doch hier in Deutschland an den schlechten Ruf von Unterricht und Schule gewöhnt. Für einen Erziehungswissenschaftler ist deshalb die Möglichkeit, mit Loki Schmidt ein Buch über ihre eigene Schülerinnen- und Lehrerinnenzeit zu schreiben, ein doppelter Glücksfall: zum einen, weil Loki Schmidt eine beeindruckende Person der Zeitgeschichte ist, die ihrer Schulzeit wichtige positive Impulse für die Entwicklung ihrer Persönlichkeit zuschreibt, und zum anderen, weil sie eine Schulbiographie durchlebt hat, die nur ganz wenige Menschen in Deutschland mit ihr teilen.

Als Schülerin hat sie, mit Ausnahme weniger Monate am Ende ihrer Schulzeit, nie eine herkömmliche Regelschule kennen gelernt. In ihrer Grundschulzeit besuchte sie vier Jahre lang eine Reformvolksschule, danach die Lichtwarkschule, eine der ganz wenigen Reformschulen des höheren Schulwesens in der Weimarer Republik. Das Kind, nicht der Unterrichtsstoff, stand im Mittelpunkt der Bemühungen dieser Schulen der Reformpädagogik. Es sollte nicht ausschließlich Wissen vermittelt, sondern die Fertigkeiten des Kindes sollten möglichst umfassend gefördert werden.

Diesen Zielen hat Loki Schmidt sich später auch in ihrer eigenen Berufszeit als Lehrerin verpflichtet gefühlt. So ist dieses Buch nicht nur die schulische Lebensgeschichte einer – schon lange berühmten – Frau, sondern gleichzeitig auch ein schulhistorisches Dokument des seit den zwanziger Jahren andauernden Bemühens um eine »andere Schule« in Deutschland.

Ihre besondere Sichtweise auf Unterricht und Schule hat sich Loki Schmidt bis heute erhalten. Deshalb war es für mich auch in hohem Maße spannend, wie sie sich zu den aktuellen schulischen Fragen stellt: zu den PISA-Ergebnissen, zu den Aufgaben des Lehrers und der Reform der Lehrerbildung, zur Ganztagsschule oder zur Werteerziehung, um nur einige aktuelle Stichworte, die im letzten Kapitel dieses Buches zur Sprache kommen, zu benennen. Ich bin sicher, viele Leserinnen und Leser werden ihr zustimmen, und einige werden sich an den Positionen Loki Schmidts auch reiben.

Für mich war die gemeinsame Arbeit mit Loki Schmidt ein reines Vergnügen, nicht zuletzt deshalb, weil ich durch die Gespräche mit ihr selbst viel über Pädagogik und Zeitgeschichte hinzugelernt habe.

Reiner Lehberger

# KAPITEL 1

## »Erzählt von früher!«
## Lernen in der Großfamilie

*Reiner Lehberger: Heute wissen wir, dass die vorschulische Phase für die Entwicklung und die Lernhaltung von Kindern von großer Bedeutung ist. Wie würden Sie das Lernen vor Ihrer Schulzeit, in der Familie oder auch mit anderen Kindern beschreiben?*

Loki Schmidt: Entscheidend war wohl für mich in meinen frühen Jahren das Leben in einer Großfamilie. Meine Großeltern wohnten zur Miete in einer Altbauwohnung in Hamburg-Hammerbrook. Sie lebten hier mit meinen Eltern, zweien ihrer unverheirateten Töchter und einer angenommenen Pflegetochter. Sie war unehelich geboren, der Vater unbekannt, und als die Mutter an Tuberkulose gestorben war, hatten meine Großeltern sie einfach als fünftes Kind mit einbezogen. Unterstützung vom Staat gab es dafür natürlich nicht. Zu den sieben Erwachsenen gesellten sich dann oft noch Freunde der Schwestern meiner Mutter. In dieser Wohnung wohnten meine Eltern mit mir und später noch mit meinem Bruder in einem Zimmer.

*Sicherlich keine ganz ruhige Zeit für ein Kleinkind.*

Das war immer ein Riesenbetrieb in dieser großen Wohnung mit sieben Zimmern und einem langen Flur. Oft gab es Feste, mit Singen und Gedichten, die meine Mutter und ihre Schwestern selbst geschrieben hatten und vor-

11

trugen. Verbindungen mit kleineren Kindern, zum Spielen etwa, habe ich allerdings in diesen ersten dreieinhalb Jahren nicht gehabt, außer mit dem Baby, meinem Bruder, der eineinhalb Jahre nach mir zur Welt kam.

*Bei so vielen Menschen in einer Wohnung sind Rücksichtnahme und Toleranz Bedingungen gemeinsamen Lebens.*

Ohne Zweifel, und ich bewundere heute noch meine Großmutter, die den ganzen Betrieb zusammengehalten hat. Sie hat das in aller Ruhe wunderbar hinbekommen.

*Wie lange haben Sie dort in Hammerbrook gewohnt?*

Wir sind umgezogen, als ich dreieinhalb Jahre alt war. Als meine Schwester auf die Welt kam, als drittes Kind meiner Eltern, da reichte das eine Zimmer dann wirklich nicht mehr. Wir zogen in eine kleine, kaum dreißig Quadratmeter große Wohnung im Arbeiterstadtteil Hohenfelde. Auch dort bin ich wenig mit anderen Kindern zusammengekommen. Allerdings hatte ich ja meine beiden Geschwister; später kam dann noch meine jüngste Schwester dazu.

*Was machte die Familie abends, wurde vorgelesen?*

Vorgelesen haben unsere Eltern uns nicht, aber sehr viel erzählt. »Erzählt von früher!« Das war für uns das Wichtigste, und besonders ich habe diese Geschichten immer wieder provoziert. Dann haben wir viel gesungen, und wir Kinder haben in unserem sehr kleinen Schlafzimmer gespielt. Mit den drei Betten und einem Kleiderschrank war es im Kinderzimmer wirklich eng. Man konnte mit einem Stuhl auf den Kleiderschrank klettern, von da auf das eine Bett und dann auf die beiden anderen Betten hüpfen, und das ging so lange, wie man Lust hatte. Versteken wurde natürlich auch in der Wohnung gespielt.

*Und wo wurde draußen gespielt?*

Meine Mutter ging mit uns dreien, die schon laufen konnten – und als die vierte geboren war, diese dann im Kinderwagen – in den nahe gelegenen Hammer Park. Da konnten wir auf einer Wiese, die für Kinder freigehalten war, spielen. Ich erinnere ein kleines Wasserloch, wo man herummatschen konnte, übrigens eine Leidenschaft von mir!

*Haben Sie einen Kindergarten besucht?*

Nein, diese Frage stellte sich gar nicht, denn dafür war kein Geld vorhanden.

*Die Großfamilie und die Eltern setzten also die Impulse für frühkindliche Erfahrungen. Da stellt sich die Frage nach der Bildung Ihrer Eltern.*

Starke Anregungen hat es von den Eltern ganz sicher gegeben. Meine Eltern hatten die Volksschule besucht, danach aber die Selekta absolviert. Das war ein zusätzliches Schuljahr, und man kann den Abschluss dort in etwa mit der mittleren Reife der preußischen Mittelschule vergleichen. Heute würde man Realschulabschluss sagen. Für einen höheren Schulabschluss, den beide sicher geschafft hätten, fehlte das Geld. Das Schulgeld für höhere Schulen konnten Arbeiterfamilien nicht aufbringen. Meine Mutter hat dann Schneiderin gelernt, mein Vater Elektriker.

*Die Eltern blieben aber bildungsbewusst?*

Ja, sehr. Sie waren ja auch politisch interessiert, einige Zeit sogar Mitglieder der USPD, einer linken Abspaltung der Sozialdemokratischen Partei. Für die Arbeiterbewegung galt ja das Motto: »Wissen ist Macht«. So besuchten auch meine Eltern eifrig Kurse der in der Weimarer Republik eingerichteten Volkshochschule. Mein Vater musste mir am nächsten Tag immer erzählen, was sie Neues gelernt hatten. Dabei waren meine Eltern sehr breit interessiert. Sie besuchten also nicht nur naturwissenschaftliche Kurse, sondern auch Architektur und Kunst, und zwar von der Gotik bis zu den Expressionisten.

*Gab es auch Kunst in der Wohnung?*

Ja, mein Vater malte selbst. Ein Porträt von meiner Mutter hing in unserer Wohnung, und einige meiner Klassenkameradinnen waren davon sehr beeindruckt. Freitags, wenn mein Vater Geld bekam, brachte er manchmal eine Kunstpostkarte mit, mit einem Bild, das sie vielleicht in der Volkshochschule besprochen hatten. Diese Bilder erklärte er mir dann sehr sorgfältig mit allen Details.

*Elternhäuser, in denen gelesen wird, gelten heute als bildungsnah. Wie war das im Hause Glaser?*

In der Wohnung gab es einen großen Bücherschrank, den mein Vater selbst gezimmert hatte. Die Bücher standen darin völlig ungeordnet, wie Kraut und Rüben sozusagen. Alles, was meine Eltern interessierte, stand da nebeneinander, einiges möglicherweise auch durch Anregung von Freunden angeschafft. Das Schönste aber war: Ich durfte an den Bücherschrank und mir herausholen, was mich interessierte.

Als ich Lesen gelernt hatte, also Mitte des ersten, Anfang des zweiten Schuljahres, habe ich alle Bücher rausgeholt und erst mal nachgeguckt, ob sie Bilder enthielten. Wenn keine Bilder drin waren, habe ich sie sofort wieder zurückgestellt. Später habe ich wohl alles, was ich fand, gelesen, auch wenn ich es häufig nicht begriffen habe. Nie werde ich vergessen, dass meine Eltern einmal Freunde zu Besuch hatten, die in unserem Wohnzimmer in der winzigen Wohnung zusammensaßen, sangen und sich unterhielten. Ich hatte mich in das kleine Kinderschlafzimmer zurückgezogen und offenbar in einem Roman von Balzac gelesen. Da bin ich in den Kreis der Erwachsenen gekommen und habe laut gefragt: »Sagt mal, was ist eigentlich ein Freudenhaus?« Zum ersten Mal habe ich dann erlebt, dass meine Eltern verlegen waren. Meine Mutter sagte: »Das erzähle ich dir morgen.«

*Und hat sie das getan?*

Am nächsten Tag hat sie mir gesagt: »Ja, das waren Häuser mit jungen Frauen, die man besuchen konnte, und dann waren die Leute alle sehr fröhlich.«

*Das ist eine schöne Erklärung, finde ich.*

Geld für Kinderbücher gab es aber nicht. Als ich einigermaßen lesen konnte, hab ich mir von Klassenkameraden geliehen, was so üblich war: *Die Häschenschule, Hänschen im Blaubeerwald* oder *Die Moosprinzessin.* Die hatte weiches grünes Haar, zart wie Moos; wie sich das wohl anfühlen muss, habe ich mir immer vorgestellt. Mein Lese- und Bilderbuch war eine kleinformatige, fünfzehnbändige Flora von Deutschland, die meine Eltern antiquarisch gekauft hatten – vierzehn Bände und ein Registerband. Ungefähr die Hälfte war Text, die andere Hälfte waren sehr, sehr gute, auch heute noch wunderbar zu benutzende Abbildungen. Da durfte ich mir rausnehmen, was ich wollte. In einem Band sind auch noch erste Schreibversuche von mir zu finden. Das heißt ja wohl, dass ich sehr früh mit der Lektüre dieser Bände begonnen habe.

*Erinnern Sie sich an Ihr erstes eigenes Buch?*

Mein erstes eigenes, richtiges Buch, ein Buch, das mir sehr in Erinnerung geblieben ist, war *Die Höhlenkinder im heimlichen Grund* von Alois Theodor Sonnleitner.* Dieses Buch halte ich heute noch, auch wenn es vielleicht ein bisschen kitschig und die Sprache antiquiert ist, für ein besonderes Kinder-Lese- und -Lernbuch. Es ging ungefähr darum:
Zwei Kinder, vielleicht so neun und zehn, wandern mit ihrer Großmutter in den Alpen umher, um, ich glaube, Beeren zu sammeln. Dabei kommen sie in ein größeres Tal, als sie plötzlich von einem Gewitter mit Steinschlag überrascht werden. Die Großmutter stirbt vor Erschöpfung, und die Kinder bleiben zurück, abgeschnitten von der Welt. Von der Großmutter hatten sie zuvor gelernt, welche Früchte und Pilze man essen kann, aber nicht, wie man zum Beispiel Feuer macht. Das und vieles andere entdecken und lernen sie nun. Ich habe also mit diesem Band sehr früh eine Art Entwicklungsgeschichte der Menschheit kennen gelernt. Für mich war das ein Erlebnis, dieses Buch. Und später hat eigentlich alles, was ich in dieser Hinsicht gelernt habe, an die Geschehnisse und Schilderungen in diesem Buch angeknüpft.

---

* *Die Höhlenkinder im heimlichen Grund* sind 1918 zum ersten Mal erschienen und haben seitdem zahlreiche Auflagen erlebt.

*Welche Rolle spielte die Religion zu Hause?*

Bewusst hat die Religion keine Rolle gespielt, aber ich bin in einem christlich geprägten Land aufgewachsen. Da wird man unbewusst beeinflusst. Außerdem hat es im Haus eine Bibel gegeben, die ich als Lesebuch benutzt habe, sehr spannend. Meine Eltern haben mir dann erzählt, dass sie schon gleich nach dem Krieg, also Ende 1918, aus der Kirche ausgetreten waren, nannten mir aber keinen Grund. Bei meiner Mutter habe ich das Gefühl, dass da irgendwas mit einem Pastor war, was sie dazu gebracht hat, ganz ablehnend der Kirche gegenüber zu sein. Ich erinnere aber nicht mehr als schwache Stimmungen, nichts Bewusstes.

*Sie haben berichtet, dass in Ihrer Familie viel gesungen wurde. Gab es auch Musikinstrumente im Haus?*

Meine Eltern hatten die Vorstellung – da kannten sie die Lichtwarkschule noch gar nicht –, dass Musik und Bildkunst ganz wichtig seien für die Entwicklung eines Kindes. Ich habe deshalb wohl mit fünf Jahren meinen ersten Geigenunterricht erhalten. Da war mein Vater ja noch im Beruf. Ich war zwar für mein Alter recht groß, aber für eine Normal-Geige reichten meine Finger nicht. So bekam ich eine so genannte halbe Geige. Die war aber in einem normalen Geigenkasten, den mein Vater irgendwo gebraucht gekauft hatte. Damit bin ich zur Lübecker Straße gegangen, da wohnte der Geigenlehrer.
Leider hatte ich damals als Kind ein absolutes Gehör, und obwohl ich noch nicht lesen konnte, hab ich sehr schnell Noten lesen gelernt und konnte vom Blatt singen. Ich sage bewusst leider, denn wenn ich zum Unterricht kam, waren da immer einige ältere Schüler, und ich wurde vor-

geführt. Das ist nicht gut für den Charakter. Ich habe deshalb nicht so viel geübt, wie ich das eigentlich hätte tun sollen. Das ist mir nach einigen Jahren durchaus bewusst geworden. Ich mochte das dann auch nicht mehr, dieses Vorexerzieren.

*War das Einzelunterricht, den Sie bekommen haben?*

Am Anfang ja. Das ging aber natürlich nur so lange, wie mein Vater noch Geld verdiente. Dann hörte es auf. Das war wohl 1931. Inzwischen waren wir in eine etwas größere Wohnung umgezogen, in einen Neubaublock für kinderreiche Familien in Horn. Meine Schwester, die ebenfalls Geigenunterricht erhalten hatte, konnte inzwischen auch recht gut spielen. Mein Vater, der sich selbst ein bisschen Cellospielen beigebracht hatte, hatte für uns drei Corelli-Noten besorgt. Die waren umgeschrieben für ein Trio. Und so haben wir also sehr häufig abends gespielt. Als das ein Nachbar hörte, der Musiklehrer war, hat er einfach mal geklingelt und angeboten, meiner Schwester und mir weiter Musikunterricht zu geben. Geigenunterricht.

*Und wie wurde der Nachbar bezahlt?*

Als Gegenleistung mussten wir bei kleinen Gruppen, die er leitete, einspringen, wenn ihm ein Musiker fehlte. Wir können also nicht ganz schlecht gewesen sein. Das haben wir übrigens häufiger gemacht.

*Wir haben vom Lesen, von Kunst und Musik gesprochen. Wie hat das Großstadtkind Loki in dieser Zeit die Natur erkundet?*

Als kleines Kind zunächst einmal im Hammer Park. Dort gab es am Teich Flächen mit ungeordneter Natur. Sonst war es ja ein gepflegter Park mit geschnittenen Hecken, aber mit sehr vielen verschiedenen Pflanzen, die meine Mutter kannte. Jedenfalls habe ich da schon Pflanzen in natura gesehen.

In der dicht bebauten Sackgasse, in der wir in Hohenfelde wohnten – man nannte das Terrasse –, wuchsen nur zwei verschiedene Pflanzenarten. Einmal ein kleines Gras, das Poa annua heißt, wie ich inzwischen weiß, und vor allen Dingen Löwenzahn. Dieser Löwenzahn, der zwischen den Pflastersteinen wuchs, der hat mich schon als kleines Kind sehr beschäftigt. Ich weiß noch, dass ich zu meinen Eltern gesagt habe: »Komisch, dieser Löwenzahn hier, der sieht ganz anders aus als der Löwenzahn im Hammer Park. Können wir nicht irgendwo mal ein kleines Stückchen Garten haben? Ich möchte mal die Samen von beiden Löwenzahnarten nehmen und sie aussäen. Mal gucken, wie dann wohl die neuen Pflanzen aussehen.« Das hat mich wirklich beschäftigt, diese verschiedenen »Löwenzähne«, die unterschiedlich waren, weil sie auf unterschiedlichen Böden gewachsen waren.

*Hat es den Garten mal gegeben?*

Nein, den Garten hat es nicht gegeben. Es gab aber in der Volksschule im ersten Schuljahr einen kleinen Schulgarten. Ansonsten hat es nur den Schrebergarten von Freunden meiner Eltern gegeben, irgendwo am Oberlauf der Alster. Zu diesen Freunden sind wir hin und wieder gefahren. Die hatten ein etwas größeres Haus auf ihrem Grundstück und überließen meinen Eltern einen schmalen Streifen in ihrem Garten.

*Wurde er bepflanzt?*

Meine Eltern haben dort Gemüse angebaut, Kartoffeln, Bohnen. Für mich gab es in diesem Garten natürlich viel zu entdecken. Als ich noch sehr klein war, so haben mir meine Eltern erzählt, habe ich einmal Keim- und erste Laubblätter der jungen Bohnen rausgezogen und sie strahlend meinem Vater gebracht. »Limelein«, soll ich gesagt haben, ich konnte noch nicht richtig sprechen. Statt Zuspruch hat mein Vater mir allerdings einen Klaps gegeben, und zwar wohl einen ziemlich heftigen. Ich muss sehr erschrocken sein. Meinem Vater hat es bis an sein Lebensende Leid getan, dass er seine Tochter geschlagen hat.

*Aber ansonsten gehörte Prügel nicht zum Erziehungsstil der Eltern, oder?*

Nein, überhaupt nicht. Die Erziehung meiner Eltern war sehr liebevoll. Ohne viel Gerede wurden Grenzen gesetzt, aber besonders das Verhalten meiner Eltern prägte uns Kinder.

*Als Vorbilder?*

Als Vorbilder, ja. Das spürte man als Kind. Vor allen Dingen konnte man tatsächlich auch als kleines Kind fragen, fragen, fragen. Ich habe es als Lehrerin sehr bedauert, dass man bei manchen Kindern erst einmal wieder die Fragelust und Neugierde wecken musste. Doch dazu später mehr.

*Für Ihre Naturerkundungen war ja auch der Aufenthalt bei den Großeltern in Neugraben bedeutsam.*

1908 hatten sich meine Großeltern in Neugraben, einem Ausläufer der Lüneburger Heide, ein Grundstück gekauft, auf das sie übergesiedelt sind, als mein Großvater Rentner wurde. Neugraben war unser Ferienquartier. Auf dem Grundstück meiner Großeltern hatten wir eine winzig kleine Bude. Etwas anderes kam aus finanziellen Gründen ja auch gar nicht in Frage.

*Dort fuhr die ganze Familie Glaser in den Schulferien hin.*

Mein Vater arbeitete, er kam nur am Wochenende. Aber wir vier Kinder verbrachten dort mit meiner Mutter die Ferien, und zwei Schwestern meiner Mutter hatten ebenfalls kleine Buden auf dem Grundstück. Sie kamen mit unseren Cousins und Cousinen auch dorthin. Was ich Neugraben und der Kinderzeit dort zu verdanken habe, das lässt sich überhaupt nicht ermessen; häufig bin ich allein durch die Gegend gezogen. Es war nicht nur der Rand der Lüneburger Heide, es waren auch Niederungen. Es gab eine riesengroße alte Kiesgrube und auch Waldstücke – also sehr unterschiedliche Lebensbereiche für Pflanzen. Da konnte man viel entdecken und lernen.

*War das alles selbst gesteuertes Entdecken, oder gab es auch Anleitung?*

Ja, die gab es auch! Zufällig hatte ein früherer Lehrer meines Vaters, Herr Feldmann, zusammen mit einem Kollegen ein Doppelhaus auf dem Nachbargrundstück meiner Großeltern bezogen. Die beiden Lehrer teilten wohl die Einstellung meiner Lehrer in der Burgstraße und in der Lichtwarkschule: Die Kinder sollten sich möglichst vielfältig entwickeln und selbständig entdecken und lernen.
Meine Eltern hatten in der Volkshochschule zum Beispiel auch vorgeschichtliche Vorlesungen besucht und mir von

Rentierjägern erzählt. Das fand ich sehr spannend. Herr Feldmann hat mich in diesem Interesse bestärkt und gesagt: »Mach mal deine Augen auf, die haben sicher auch hier gewohnt.« Eine Zeit lang, sicher mehrere Jahre, haben mein Bruder und ich, manchmal auch zusammen mit unserem Vater, die Heidewegränder nach kleinen Klingen und Absplitterungen abgesucht. Wir hatten sehr schnell raus, ob das durch Frost abgesplittert war oder ob Menschen das gemacht hatten. Auch haben wir dann versucht, aus größeren Feuersteinknollen selbst mal Klingen zu schlagen.

*Und, waren Sie erfolgreich?*

Es hat unendlich oft kaputte Finger gegeben, aber richtig hinbekommen haben wir das nicht. Spaß haben wir trotzdem gehabt. Besonders wichtig für mich waren die fabelhaften Pflanzenkenntnisse von Herrn Feldmann. Er konnte mir immer sagen, was ich da nun wieder gefunden hatte. Ich kannte zwar durch mein Kinderbilderbuch sehr viele Pflanzen, habe sie, wenn ich sie dann wirklich mal irgendwo wachsen sah, beinahe wie alte Bekannte begrüßt, nur war die Artenkenntnis noch nicht besonders groß. Aber bei Herrn Feldmann konnte ich anbringen, was ich wollte, er wusste Bescheid.

*Erzählen Sie jetzt doch einmal über das Lernen im Haushalt. Als Sie etwas älter waren, hat Ihre Mutter Sie sicher in die Hausarbeit mit einbezogen.*

Meine Mutter war gelernte Schneiderin und hat, als mein Vater in den dreißiger Jahren fast sechs Jahre arbeitslos war, aber auch vorher, viel für andere Leute genäht. Natürlich habe ich deshalb auch sehr früh Kochen und Nähen gelernt. Mit der Maschine zu nähen habe ich gelernt, als ich neun oder zehn Jahre alt war.

*Das war also extrem früh.*

Mein erstes Kleid habe ich wohl auch in diesem Alter genäht. Natürlich hat meine Mutter mir beim Zuschneiden geholfen. Es war alter Stoff. Sie brachte immer alte Sachen mit von den Familien, für die sie nähte. Ich weiß noch, mein erstes selbst genähtes rotbraunes Wollkleid habe ich zu einem Klassenausflug in der Lichtwarkschule angezogen. Da ich nicht sehr sanft war, sondern möglichst auf jeden Baum kletterte, machte es einmal ratsch, und hinten war dann nicht die Naht, sondern der Stoff gleich neben der Naht aufgerissen. Es war also eigentlich nicht mehr zu benutzen.

Häkeln und Stricken konnte ich auch. Als ich einmal eine Puppe zu Weihnachten geschenkt bekam, habe ich nie damit gespielt, sondern ihr nur dauernd irgendwas zum Anziehen fabriziert.

*Wie funktionierte der Haushalt der Familie Glaser, als die Mutter zum Nähen in andere Familien gehen musste?*

Da wurde dann alles ein bisschen anders organisiert. Ich war damals elf, meine jüngste Schwester war aber noch ein Kleinkind. Zum Glück wohnte eine Schwester meiner Mutter in der Nähe. Wenn meine Mutter also zum Nähen ging, lieferte sie ihr jüngstes Kind bei ihrer Schwester ab, und wir drei anderen gingen zur Schule. Wenn ich nach Hause kam, musste ich erst einmal kochen für meine Geschwister. Die hatten so ihre besonderen Vorlieben.

*Welche waren das?*

»Zitronensuppe« und »Buntes Huhn«. Bei der Suppe wurde eine geschälte Zitrone mit Wasser und Grieß gekocht, dazu ein Eigelb eingerührt. Das Eiweiß wurde geschlagen und als Schwäne geformt auf die Suppe gesetzt.

Beim »Bunten Huhn« war gar kein Huhn drin, sondern Wurzeln und gestampfte Kartoffeln. Dazu ein viertel Pfund ausgelassener Speck und zum Schluss viel, sehr viel Petersilie. Also sehr farbig das Ganze.

*Und wie ging es nach dem Kochen weiter?*

Danach mussten wir abwaschen, und das mochten meine Geschwister gar nicht. Da habe ich mich häufig mit meinem Bruder gezankt, wir haben uns manchmal richtig geprügelt. Aber es half ja nichts, der Abwasch musste gemacht werden. Wenn wir schließlich fertig gezankt hatten und an die Arbeit gingen, haben wir zu dritt oft Kanons gesungen, so ging alles viel leichter.

Dann wurde so ein bisschen sauber gemacht. Manchmal kam meine Mutter so spät von der Arbeit, dass ich meine Geschwister auch abends abfüttern musste und danach erst Schularbeiten machen konnte.

*Fühlten Sie sich für die Erziehung der Geschwister verantwortlich?*

Nein, ich musste meine Geschwister natürlich nicht erziehen. Nur die jüngste Schwester wurde von den drei älteren Geschwistern mit erzogen. Wir hatten alle das Gefühl, möglichst eine kleine Prinzessin aus ihr machen zu müssen. Aus dem armen Kind ist trotzdem was geworden! Ich habe also meine anderen Geschwister nicht erzogen, aber ich habe den Haushalt geführt, wenn wohl auch nicht besonders gründlich.

*Wo war der Vater, wenn er nicht zur Arbeit musste?*

Ja, das ist ja das Besondere. In dieser Zeit der Arbeitslosigkeit hat mein Vater sehr viel für die Schule Burgstraße getan.

*Das war Ihre erste Schule, in der Sie Ihre Grundschulzeit absolvierten. Ein neues Kapitel konnte beginnen.*

# KAPITEL 2

*»Also, manche hatten Schultüten –*
*die waren vielleicht kitschig!«*

## Grundschulzeit in einer Reformschule

*Ihre erste Schule, die Schule Burgstraße, war keine herkömmliche*
*Regelschule, sondern gehörte zu den Hamburger Reformschulen.*
*Warum haben sich Ihre Eltern für eine solche Schule entschie-*
*den?*

Nun, zunächst einmal hatte mein Vater mit seinem Klassenlehrer Herrn Feldmann selbst schon einen sehr fortschritt-
lichen Lehrer gehabt. Die Reformschulen der Weimarer
Republik bauten ja auf den Erfahrungen und Forderun-
gen reformerischer Lehrkräfte der Kaiserzeit auf.

*Schon seit den 1880er Jahren hatte es im Verein der Volksschul-*
*lehrer, der so genannten Gesellschaft der Freunde des vaterlän-*
*dischen Schul- und Erziehungswesens, Bestrebungen gegeben,*
*die autoritäre Schule zu überwinden. Diese Lehrer hatten den*
*Drill und das ausschließliche Lernen nach dem Buch kritisiert.*

Herr Feldmann zum Beispiel hatte einen freieren Umgang in der Klasse gepflegt und auch Unterricht im
Freien praktiziert: das heißt, bei gutem Wetter raus aus
der Klasse und Unterricht auf der Wiese oder bei Ausflügen in der freien Natur; in der Heimatkunde Ausflüge in
die Stadt mit Besuch von Museen. Ähnliches hatte meine
Mutter auch erlebt. Meine Eltern sind wohl ein gutes
Beispiel dafür, dass sich in Hamburg schon vor der Wei-

marer Republik in pädagogischer Hinsicht einiges verändert hatte.

*Deshalb sprach man wohl auch um die Jahrhundertwende von Hamburg als »Vorort der Schulreform«.*

Ja, diese eigenen Erfahrungen mit Reformlehren waren für meine Eltern wohl mitentscheidend für die Wahl der Burgstraßenschule. Darüber hinaus aber vielleicht auch die Kontakte und Gespräche in der Volkshochschule. Meine Eltern hatten sich in diesen Jahren mit Kurt Adams und seiner Familie angefreundet.

*Dr. Kurt Adams war zunächst Dozent und Ende der zwanziger Jahre sogar Leiter der Volkshochschule, dazu auch SPD-Abgeordneter im Hamburger Parlament, in der Hamburger Bürgerschaft also.*

Kurt Adams engagierte sich sehr für eine Reform von Schule und Jugenderziehung und hatte seine Tochter in einer der vier Hamburger Versuchsschulen eingeschult, der Schule Berliner Tor – allerdings meldete er sie schon bald wieder ab.

*Diese Schule, übrigens ganz in der Nähe der Burgstraße, war so radikal in ihrer »Pädagogik vom Kinde aus«, dass selbst engagierte Eltern wie die Adams meinten, dass das Lernen hier zu kurz komme. Am Berliner Tor brauchten die Kinder im Unterricht nicht mitzumachen, wenn sie nicht wollten, jeden Zwang lehnten die Lehrer ab. Deshalb haben die Adams ihre Tochter wohl an die Burgstraße umgeschult. 1930 wurde die Schule Berliner Tor aufgelöst, denn mittlerweile gab es nicht mehr genügend Anmeldungen, die Eltern hatten der Schule sozusagen aufgekündigt.*

Alle anderen Versuchs- und Reformschulen waren aber sehr erfolgreich und wurden von den Eltern vielfältig unterstützt. Dies gilt besonders auch für die Schule Burgstraße, meine Grundschule und die meiner Geschwister.

*Wann genau wurden Sie eingeschult?*

1925, und zwar zu Ostern, denn da begann das Schuljahr. Auch zu Zeiten meiner Eltern fand die Einschulung zu Ostern statt. Das hat sich ja erst in den sechziger Jahren geändert. Außerdem wurde ich nicht in die erste Klasse eingeschult, sondern in die achte, wie alle anderen Schulanfänger auch. Die Schulzeit begann mit der achten, und man wurde aus der ersten Klasse entlassen, es sei denn, man kam in den so genannten Oberbau, der gleich zu Beginn der Weimarer Republik in Hamburg eingeführt wurde und in dem man eine Art mittlere Reife machte.

*Ja, der Oberbau war ein Ausbau der früheren Selekta, die ja Ihre Eltern noch besucht hatten.*

Bereits zu Weihnachten 1924 hatte ich zu meinem Entzücken meinen ersten Ränzel bekommen. Die Ränzel, soweit ich das erinnere, waren bei fast allen Kindern aus Leder. Einige hatten aber auch Ränzel aus einer Art Pappmaché, die außen dann lackiert waren.

*Das war die preislich günstigere Variante für Elternhäuser, in denen das Geld besonders knapp war.*

Die Lederränzel waren allerdings nicht einheitlich, bei einigen zog sich der Deckel über die ganze Ränzelwand, bei den meisten aber nur bis zur halben. Am Deckel befand sich eine metallverstärkte Öffnung, und am Ränzel selbst war ein Stift angebracht. Den konnte man umdrehen, und dann war der Ränzel zu. So war jedenfalls meiner und viele andere auch, aber das ist mir schon als Kind aufgefallen, die Deckel waren verschieden. In meinem Ränzel fand ich dann eine kleine Dose mit Schwamm, eine Schiefertafel mit einem schönen breiten Holzrahmen und einen Griffelkasten mit Schiebedeckel und Griffeln drin.

*Haben Sie auf der Tafel schon mal ein wenig Schreiben geübt?*

Natürlich. Ich glaube, das habe ich sofort getan. Zum Ränzel gab es dann noch eine Brottasche, die war etwa wie der Ränzel in klein, auch aus Leder, mit demselben Verschluss und einem langen Riemen, mit dem man sich die Tasche überhängen konnte. Beides, natürlich mit Schulbrot drin, war meine Ausrüstung am ersten Schultag.

*Und was gab es als Schulbrot?*

Ich bekam ein Butterbrot, allerdings nicht mit Wurst, wie viele meiner Klassenkameraden, sondern entweder mit klein geschnittenen Bananen oder mit klein geschnittenen Datteln oder Feigen, manchmal auch mit frischen Gurkenscheiben. Mein Brotbelag war etwas anders als der Übliche, und so kam es dann häufiger mal zu einem Austausch von Schulbroten in der Klasse.

*Wie war der erste Schultag?*

Da hat mich meine Mutter zwar hingebracht, aber ich hatte gleich gesagt, ich kann allein gehen, ich weiß ja, wo das ist. Die Schule war nicht weit von unserer Wohnung entfernt, und ich kannte sie von außen: ein riesiger Rotklinkerbau mit zwei riesengroßen, schweren, dunkelgrün gestrichenen Eingangstüren, denn es waren zwei Schulen – Burgstraße 33 und Burgstraße 35.

*Ursprünglich waren zwei getrennte Schulen für Jungen und Mädchen beabsichtigt. Die Planungen des Architekten und Stadtbaumeisters Fritz Schumacher für diesen Schulbau stammten noch aus der Zeit vor dem Ersten Weltkrieg, und da gab es ja nur nach Geschlechtern getrennte Schulen.*

Es war wirklich ein sehr beeindruckendes Gebäude, übrigens auch heute noch – wie alle etwa vierzig Schulen, die Fritz Schumacher für Hamburg gebaut hat und die, wie ich finde, immer noch das Stadtbild mitbestimmen.

*Welche war Ihre Schule?*

Burgstraße 35 war unsere, wie wir sagten, »gemischte Schule«, Burgstraße 33 war eine reine Jungenschule, und mit denen hatten wir recht wenig zu tun. Ich habe hinterher mal überlegt: Den Schulhof hatten wir ja gemeinsam, und es gab keine Grenze dazwischen, aber die beiden Schulen haben sich doch sehr auf ihrer jeweiligen Hälfte bewegt.

Als ich in die Klasse kam, war das Eindrucksvollste der Blick in den Raum: Da standen kleine weiße Stühle und weiße Tische, einladend und freundlich. Die hatten Eltern, Väter wohl hauptsächlich, vorher gestrichen. Nach unserer beengten Familienwohnung plötzlich dieser große Raum mit all den kleinen weißen Tischen und Stühlen, das fand ich unglaublich.

*Hat das Weiß gehalten, ist man damit sorgsam umgegangen?*

Ja, ich glaube schon, denn meine Mitschüler waren sicher auch sehr beeindruckt. Im Nachhinein denke ich, dass wir dieses Gestühl wahrscheinlich nur im ersten Schuljahr hatten. Danach war es wohl zu klein, außerdem waren in die Tische keine Tintenfässer eingelassen.

*Gab es eine Schultüte zur Einschulung?*

Unsere Lehrerin, Anni Lenz, hatte vermutlich darum gebeten, dass kein Kind eine Schultüte mitbrachte. Ich hatte auch keine, aber nach der Schule standen dann doch einige Eltern mit großen Schultüten auf dem Hof. Ob aus Enttäuschung oder warum auch immer, als ich nach Hause kam, habe ich zu meinen Eltern gesagt: »Also, manche hatten Schultüten – die waren vielleicht kitschig! Große Tüten, und da waren so Borten draufgeklebt.« Ich fand sie wirklich kitschig, aber vielleicht war ich auch etwas neidisch.

*Hat es am ersten Tag schon eine Stunde Unterricht gegeben? Heute wird ja oft nur festlich eingeführt, und die Kinder sind manchmal doch enttäuscht, dass noch gar keine »richtige Schule« stattfindet.*

Bei mir als Lehrerin hat am ersten Tag immer ein bisschen was stattgefunden. Was bei Anni Lenz war, weiß ich aber nicht mehr.

*Die Schule Burgstraße war nun für vier Jahre der Lernort für Loki Schmidt. Es war eine Schule mit einem besonderen Status, denn sie gehörte in den Jahren der Weimarer Republik zum Kreis der Hamburger Versuchs- und Reformschulen. Diese Schulen waren von Lehrern und Eltern nach der November-Revolution von 1918 gegründet worden, die vor allem mit der alten*

31

*Pauk- und Buchschule der Kaiserzeit brechen wollten. Ähnliche Schulen gab es übrigens auch in Städten wie Bremen, Berlin, Dresden, Magdeburg und im Ruhrgebiet. Reine Versuchsschulen waren in Hamburg vier Volksschulen, darunter die schon erwähnte Berliner-Tor-Schule. Sie waren vom offiziellen Lehrplan befreit.*

*Weitere acht Volksschulen, darunter die Burgstraße und als einzige höhere Schule die Lichtwarkschule, waren zwar keine offiziellen Versuchsschulen und damit nicht vom allgemeinen Lehrplan entbunden, aber diese Schulen versuchten ebenfalls, ihren Schulalltag und ihre Pädagogik neu zu gestalten. Dieser Kreis von Schulen nannte sich »Hamburger Schulengemeinschaft«. Und wegen der Vielzahl dieser Reformschulen galt Hamburg in der Weimarer Republik als Zentrum der Reformpädagogik.*

Sie haben mir auch erzählt, dass einer der Schulleiter der vier Versuchsschulen, Wilhelm Paulsen von der Schule Tieloh im »roten Barmbek«, 1921 als Stadtschulrat nach Berlin berufen wurde. Als im Grunde einfacher Volksschullehrer zum Leiter aller Schulen der Reichshauptstadt! Das unterstreicht die große Bedeutung der Hamburger Reformschulen in jenen Jahren.

*Was genau waren die neuen pädagogischen Wege, die unter anderem auch die Burgstraße kennzeichneten?*

Zunächst einmal die gemeinsame Erziehung von Jungen und Mädchen, die bis dahin aus moralisch-pädagogischen Gründen abgelehnt worden war und allgemein gültig ja auch erst in den sechziger Jahren in der Bundesrepublik eingeführt wurde. Dann als zweiter wichtiger Punkt: der Verzicht auf die Prügelstrafe.

Schule Burgstraße, 1922: Gesamtunterricht

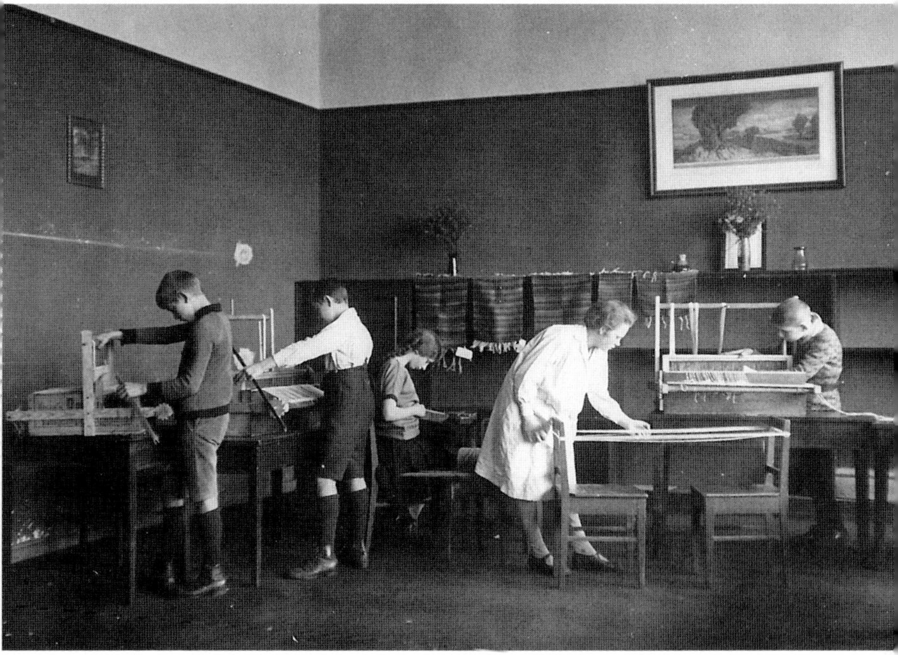

Schule Burgstraße, 1930: In der Weberei

Schule Burgstraße, 1934: Schuloper »Reise um die Welt«

Schullandheim Schönberger Strand, etwa Mitte der zwanziger Jahre:
Eltern richten das Haus für den Sommer her

4

5

Schönberger Strand, Mitte der dreißiger Jahre: Speisesaal mit Schultafel

Schönberger Strand,
etwa Mitte der
zwanziger Jahre:
Kleinbahn zum Strand

6

Schullandheim der
Schule Burgstraße, 1931:
Elternarbeit

7

8

Schönberger Strand, 1926: Singspiel dreier Kochmütter

Schönberger Strand, 1928: Boot von Fischer Kruse

9

Schönberger Strand, 1933: Lehrerin Anni Lenz mit Lokis Schwester Rose

10

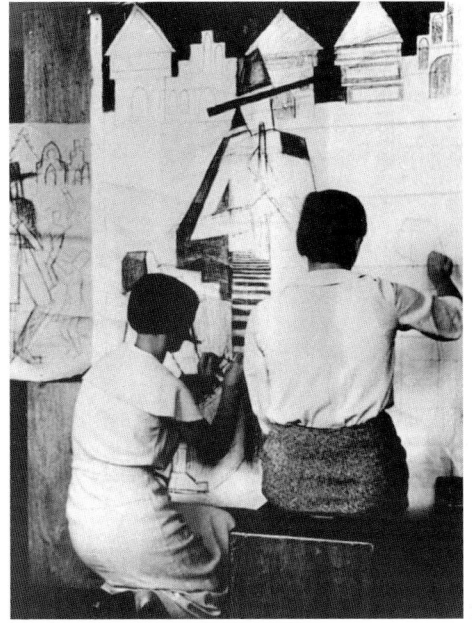

11

Lichtwarkschule, 1935: Schülerin Loki Glaser
(li.) am Wandteppich

12

Gemischte Schülergruppe am Teich vor dem Portal der Lichtwarkschule

Lichtwarkschule: Mädchen und Jungen beim textilen Gestalten »Arche Noah«

Mit Lehrer Walther Teich, 1927

Klassenreise Holsteinische Schweiz, 1930: Kochen im Wald (2. v. li.: Helmut Schmidt)

Nach der Kinderlandverschickung wieder ein erstes Schuljahr, Ostern 1943

Schule Eduardstraße, 1947: Hofpause

16

17

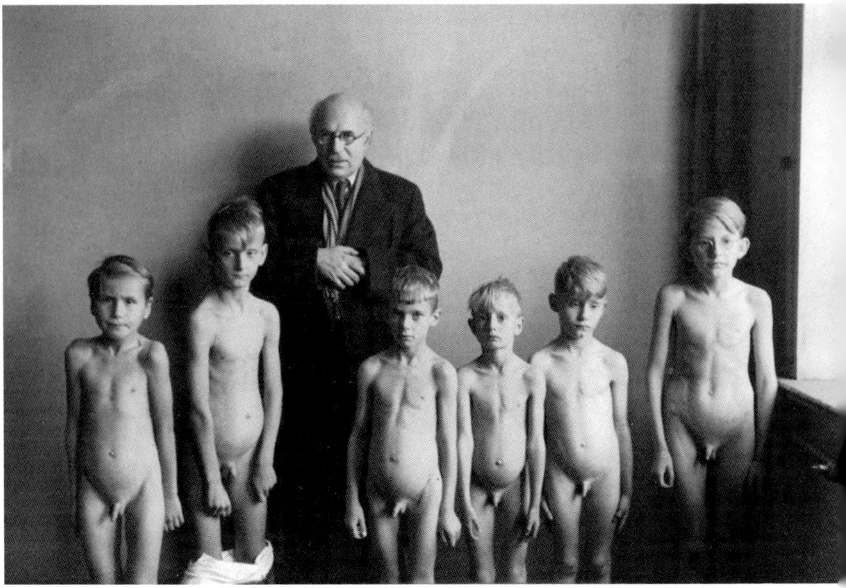

Victor Gollancz mit Schülern der Schule Schanzenstraße, 1946

Auf dem Schulhof, etwa 1947

*Eine weit reichende pädagogische Umkehr, wenn man bedenkt, dass die Stockhiebe auf Finger und Gesäß in der Kaiserzeit gang und gäbe waren.*

Bei meinem Mann gehörte die »körperliche Züchtigung«, wie man das Prügeln vornehm beschrieb, noch in seiner Grundschule der zwanziger Jahre zum Schulalltag.

*Sitzenbleiben und Klassenplätze, das heißt, dass die Schüler entsprechend ihrer Leistungen von vorn nach hinten gesessen hätten, gab es in den Reformschulen natürlich auch nicht mehr.*

Und schließlich war für diese Schule besonders das Bestreben wichtig, aus allen eine Gemeinschaft, die so genannte Schulgemeinde zu machen. Schüler, Lehrer und Eltern wirkten gemeinsam. Es ist nicht übertrieben zu sagen, dass die Schule auch für die Eltern ein wichtiger Teil ihres Lebens war.

*Wenn man bedenkt, dass die Eltern bis 1918 nur mit Erlaubnis des Schulleiters überhaupt mit dem Klassenlehrer reden durften, versteht man, wie stark sich das Klima an den Reformschulen der zwanziger Jahre von dem der Kaiserzeit unterschieden hat. Das galt auch für die pädagogischen Ziele. Die Reformschulen wollten alle Fähigkeiten der Kinder entwickeln, und das ging natürlich nicht, indem man ausschließlich das Buch in den Mittelpunkt des Unterrichts stellte.*

Die Kinder sollten fragen können, Neues entdecken und nicht nur Schreiben und Lesen lernen, sondern zum Beispiel auch mit ihren Händen lernen. Das Wort »begreifen« kommt ja daher, dass man mit allen Sinnen lernt, Dinge auch mit den Händen bearbeitet.

*So hatten Eltern und Lehrer in der Schule Räume für Metall-
und Holzarbeiten und textiles Werken eingerichtet. Ein Foto aus
dem Jahre 1930 zeigt zum Beispiel, wie ein einfaches Klassen-
zimmer zur Weberei wurde. (Foto Nr. 2)*

Die Jungen und Mädchen sind hier mit unterschiedlichen
Arbeiten beim Webvorgang beschäftigt. Die Endpro-
dukte – Teppichläufer – sehen wir am hinteren Klassen-
rand am Bord hängen. Es wird mit einfachen Webrahmen
gearbeitet. Die Lehrerin glättet die Fäden über zwei Stühle,
ein Junge zieht Kettfäden durch einen Kamm.

*Man sieht also, dass es keinen getrennten, geschlechtsspezifischen
Unterricht gab nach dem Muster: Die Mädchen weben, stricken,
nähen und kochen, und die Jungen arbeiten mit anderen Materialien. In der Burgstraße wurde nur im Fach Sport bei den älteren Jahrgängen nach Jungen und Mädchen getrennt. Gibt es weitere Beispiele für das praktische Lernen?*

Schon ab dem ersten Schuljahr gab es für uns am Nachmittag besondere Angebote. Ich erinnere Kneten, Malen,
Ausschneiden und Perlenweberei. Nachmittags gab es auch
zusätzlich zum normalen Turnunterricht Gymnastikstun-
den, vor allem Bodenturnen, Spring- und Laufübungen.
In der Regel war dies freiwillige Mehrarbeit unserer Lehrer. Unbezahlt natürlich. Das Engagement damals war
schon sehr außergewöhnlich.

*Pfingsten 1925, also wenige Wochen nach Ihrer Einschulung,
tagte die Deutsche Lehrerversammlung in Hamburg, und aus
diesem Anlass hatte die Schule Burgstraße ihr pädagogisches
Programm in allen Räumen der Schule ausgestellt. Das ging
von Methoden der Grundschule über Metall- und Holzarbeiten der älteren Schüler bis hin zur Sternwarte auf dem Dach.*

*In einem »Führer durch die Ausstellung der Schule Burg-straße«, der anlässlich dieser Lehrerversammlung erschien, wird ausführlich beschrieben, wie in manchen Klassen Lesen und Schreiben eingeführt wurde. So wurde mit Buchstabentäfelchen gearbeitet, um damit vorgedruckte Wortbilder zusammenzuset-zen. Außerdem gab es ein Bilderlotto und im zweiten Schuljahr Bildertafeln mit Sätzen auf der Rückseite, die reihum vorgelesen wurden. Offensichtlich hat es sogar selbst gefertigte Fibeln gegeben.*

*Für das Rechnen stand wohl in manchen Klassen ein so genann-ter Klassenkaufladen zur Verfügung, wo die Kinder sich Bilder-bücher, Buntpapier und dergleichen kaufen konnten. Wie sah das in Ihrer Klasse bei Anni Lenz aus?*

Anni Lenz war wohl ein wenig konventioneller. Buchsta-bentäfelchen und Bilderlotto erinnere ich nicht aus mei-nem Unterricht, dafür aber die wunderbare *Hansa-Fibel*, mit der wir Lesen und Schreiben lernten.

*Die berühmte* Hansa-Fibel *war von dem Hamburger Lehrer Otto Zimmermann entwickelt und von dem Münchner Illustra-tor Eugen Oßwald bebildert worden. 1914 erstmalig erschienen, ist sie ein Beleg dafür, dass Reformlehrer sich bereits vor dem Ers-ten Weltkrieg um ein kindgemäßes Lernen bemüht hatten. Nach 1918 ist diese Fibel immer weiter entwickelt worden und hat in regionalen Ausgaben eine weite Verbreitung im ganzen Deut-schen Reich gefunden. In Berlin erschien sie zum Beispiel als* Bären-Fibel, *an Rhein und Ruhr als* Glückauf-Fibel *und in Norddeutschland als* Friesen-Fibel.

Mich hat diese Fibel sehr beeindruckt – klare Buchstaben, kräftige Farben und ansprechende Bilder, die der Phanta-sie der Kinder Raum lassen. Also nie zu viel auf einer Seite und damit auch nicht erdrückend, wie es die alten, mit viel Schrift beladenen grauen Fibeln der Kaiserzeit noch gewesen waren.

*Mit welchen Inhalten arbeitete die* Hansa-Fibel?

Mit ihren kindgemäßen Bildern und Inhalten ist die *Hansa-Fibel* etwas ganz Besonderes. Im Mittelpunkt stehen Heini und Lene, zwei Hamburger Kinder. Der Leseanfänger begleitet sie durch ihren Alltag: beim Spielen, in der Natur, zu Hause, in der Schule und in der Großstadt Hamburg. Selbst heute noch macht es mir Spaß, in dieser Fibel zu blättern.

*Beeindruckend finde ich auch die vielen Reime und Lieder, Bewegungs-, Rollen-, Denk- und Ratespiele. Wenn man das heute liest, sieht man auch, wie anders die Spielwelt der Kinder in jenen Jahren gewesen ist und mit welch einfachen Mitteln man die Phantasie und Neugierde von Kindern anregen kann. Mit Themen wie »Alster«, »Elbe«, »Dom«, »Hafen« oder »Speicherstadt« hatte Otto Zimmermann ja auch eine Art Heimatbuch erstellen wollen. Hat man in dieser Fibel tatsächlich auch zu Hause geblättert und gelesen?*

In dem Augenblick, wo man ein bisschen lesen konnte, war die Fibel natürlich durchgelesen. Das ist doch ganz klar. Diese Fibel war wirklich reizvoll, und ich glaube, nicht nur für mich. Allerdings kam auch schnell der Wunsch, was anderes zu lesen, da man ja die Fibel dann schon kannte, auch wenn man sie später noch weiter durcharbeitete. Aber die *Hansa-Fibel* war sicher auch ein erstes Kinderbuch.

*Hatten Sie den Eindruck, dass es große Leistungsunterschiede in der Klasse gab und dass man sich gegenseitig helfen konnte?*

Man half sich gegenseitig. Zum Beispiel beim Lesen half man sich, aber ich kann nicht erinnern, dass sich in meinem Kopf damals das Gefühl festsetzte, der oder die ist schwächer, weniger begabt. Natürlich hat man sehr schnell gemerkt, wer als Erster Lesen lernte, oder beim Rechnen, wer da besonders schnell war. Aber das ist sicher auch ein Verdienst dieser Schule, dass immer wieder versucht wurde, mit allen gemeinsam zu arbeiten und das Gefühl zu vermitteln: Wir sind eine Klasse.

*Ein wichtiger Bestandteil des pädagogischen Konzepts der Reformschulen war der so genannte Gesamtunterricht; das heißt, dass vor allem in den unteren Klassen fächerübergreifend unterrichtet wurde: Lesen, Schreiben und Rechnen wurden anlässlich bestimmter Sachthemen geübt und jeweils »organisch«, wie es hieß, einbezogen.*

So ähnlich ist es bei uns gewesen. Es gibt ein Foto, auf dem Gesamtunterricht zu sehen ist. (Foto Nr. 1) Das Thema ist »Die Stadt«. Die Schüler arbeiten an Gruppentischen, jedes Kind hat offenbar eine eigene Aufgabe zu erfüllen. Die meisten Kinder sind mit der Fertigung von Häusermodellen beschäftigt oder erstellen dazugehörige Dinge wie beispielsweise einen Zaun. Einige Mädchen sind mit der Inneneinrichtung beschäftigt, andere lesen; vielleicht, weil sie bereits fertig sind oder neue Arbeitsaufträge erkunden.

*Dieses Foto zeigt auch die reiche Ausgestaltung des Klassenraums.*

Vor allem sieht man, dass Schülerarbeiten einen Teil der Raumdekoration darstellen. Die Kinder freuen sich darüber, dass ihre Arbeiten zu sehen sind. Mich beeindruckt auch das selbst gefertigte, sicher von Eltern gebaute Kasperle-Theater. Hier kann der Lehrer vorsprechen, oder gehemmte Kinder können beim Theaterspielen das freie Reden üben. Ich glaube aber nicht, dass alle Klassenräume so üppig ausgestattet waren. Bei Anni Lenz war das zumindest nicht so. Auch war wohl die Entscheidung, ob man an Zweier- oder Gruppentischen arbeitete, von dem jeweiligen Thema abhängig.

*Wie erinnern Sie den Unterricht in Ihrer eigenen Klasse?*

Anni Lenz hat ihre Klasse, wie gesagt, verhältnismäßig konventionell geführt, vorwiegend »in Klassenfront«, also frontal unterrichtet. Aber der Umgangston, der war sicher viel freier als an den Nicht-Reformschulen. Man ging lieb miteinander um, respektierte sich, aber ich kann mich zum Beispiel nicht erinnern, dass wir während des Unterrichts, aus welchen Gründen auch immer, viel umhergegangen sind.

Was bei Anni Lenz, zumindest in den ersten zwei Jahren, eine wichtige Rolle gespielt hat, war, dass sie von ihrer Nichte Yvonne erzählte. Diesen Namen hatte ich vorher noch nie gehört. Yvonne war zum Beispiel am 29. Februar geboren, ein Anlass für Anni Lenz, uns das Schaltjahr zu erklären. Sie benutzte diese Figur quasi als Einführungsfigur für neue Themen. Zumindest erinnere ich, dass immer wenn Anni Lenz sich hinsetzte – manchmal sogar auf den Tisch – und von Yvonne erzählte, für uns ein neues Thema kam.

*Gab es Gesamtunterricht bei Anni Lenz?*

Zumindest im ersten Schuljahr gab es keinen Stundenplan, sondern da gab es, wenn Sie so wollen, Gesamtthemen, zum Beispiel die Geschichten von Yvonne, wo wir dann auch erzählen konnten. Außerdem natürlich die Fibelarbeit. Deren Bilder regen ja zum Reden an. Das war dann mit Leseübungen verbunden und hinterher mit Malen – eine Art Gesamtunterricht.

In der zweiten, dritten, vierten Klasse gab es ebenfalls Themen, die häufig an Yvonne anknüpften. Zum Beispiel aus dem Alltagsleben: »Ich helfe meiner Mutter beim Kochen«. Ganz sicher hat das freie Sprechen eine große Rolle gespielt. Ich denke, dass in dem ganzen Komplex Lesen und Schreiben, den Anfängen von Heimatkunde oder Naturkunde immer ein größeres Thema von vielen Seiten beleuchtet wurde. Rechnen wurde einbezogen, sobald es passte. Aber natürlich gab es auch reine Rechenstunden, so wie ich das später als Lehrerin ebenfalls erlebt habe. Wenn man die Kinder erst mal begeistert hat, lieben sie ja Türme-Rechnen. Und das immer und immer wieder.

*Gab es auch Ausflüge?*

Ich meine zu erinnern, dass wir einmal von der Burgstraße aus am Köhlbrand waren. Das war eine so genannte Ferienkolonie an der Elbe, am Rande des Hafens. Man spielte im Elbsand und badete sogar im Fluss.

*Das war aber ein Tagesausflug?*

Später wurde der Köhlbrand eine »Freiluftschule«, da gingen die Schulklassen eine ganze Woche dorthin, fuhren abends aber wieder nach Hause. Schon das Übersetzen mit der Fähre war ein großartiges Erlebnis für uns. Darüber hinaus gab es Ausflüge in die Stadt, sicher zur Stadterkundung. Aber das war nicht mehr oft. Im

vierten Schuljahr, als wir einen gesonderten Heimat-
kundeunterricht von einer anderen Lehrkraft bekamen,
haben wir die Umgebung der Schule erkundet. Im Unterricht haben wir dann kleine Häuser und die Schule
gebaut. Das fand ich interessant. Ich habe das als Lehrerin später etwas ausführlicher als erste Einführung in
die Kartenkunde gemacht. Besonders eindrucksvoll waren für mich auch die Ausflüge zu meiner Großmutter
nach Neugraben.

*Mit der gesamten Klasse?*

Ja, im vierten Schuljahr mit der gesamten Klasse. Meine
Großmutter war darauf eingestellt. Da gab es dann Kaffee
und Kuchen, und mehrere Mütter waren mit dabei. Es
gibt auch noch ein Foto mit einigen Müttern aus der
Klasse, zum Beispiel auch mit Frau Adams, der Frau von
Kurt Adams, und meiner Großmutter. Wir Kinder konnten uns auf dem Grundstück, das recht groß war, wunderbar vergnügen. Allein die Bahnfahrt in der vierten Klasse
war schon ein Abenteuer.
In der vierten, der billigen Klasse war jeder Wagen ein
durchgehender Raum. Nur unter den Fenstern gab es auf
beiden Seiten Bänke. Da passten also unendlich viele Menschen rein, die meisten standen. Und so sind wir natürlich
auch gefahren. Dann ging es vom Neugrabener Bahnhof,
der noch in der Marsch liegt, zu Fuß durch die Heide
und durch weißen Heidesand, der zwar weiß aussah, aber
schwarze Füße machte. Auf diesem Weg durften wir bar-
fuß laufen. Das war ein Klassenausflug, aber Ziel war meine
Großmutter.

*Für die Grundschulzeit gilt ja das Prinzip der Erkundung von der näheren zur weiteren Umgebung. Hat die Lehrerin Anni Lenz das Umfeld der Schule mit einbezogen?*

Da war zunächst einmal der Schulgarten, den insbesondere die unteren Klassen intensiv nutzten. Meine Klasse hatte ein eigenes Beet, in dem zum Beispiel Radieschen gesät wurden. Das war natürlich spannend, vor allen Dingen, wenn man die Radieschen nachher rausziehen konnte. Irgendwann wurde unser Schulgarten dann leider aufgegeben. Er musste weichen für den Bau eines großen Gebäudes, ich glaube, einer Versicherung. Als dort gebaut wurde, war das für uns natürlich hochinteressant. Nach der Schule standen wir immer lange am Bauzaun, um den Fortgang der Arbeit zu beobachten. Leider, muss ich sagen, hat Anni Lenz dieses Baugeschehen vom Ausschachten bis zum langsamen Hochwachsen des neuen Gebäudes nicht in den Unterricht mit einbezogen. Ich als Lehrerin hätte diese Gelegenheit wohl für meinen Unterricht genutzt.

*Wir haben darüber gesprochen, dass die Reformschulen körperliche Strafen strikt ablehnten. Wie verhielt sich Anni Lenz in diesem Punkt?*

Natürlich gab es die auch bei Anni Lenz nicht. In all den vier Schuljahren hat nur ein einziger Junge von Anni Lenz eine Ohrfeige bekommen. Allerdings war es nicht so sehr diese Ohrfeige, die uns alle aufgebracht und wahrscheinlich nicht nur mich dazu bewegt hat, sofort zu Hause von dem Vorfall zu erzählen. Was uns erregt hatte, war die Tatsache, dass die Lehrerin belogen worden war. Dieser Schüler hatte behauptet, er habe seine Schularbeiten gemacht, aber das Heft zu Hause vergessen. Da ist

Anni Lenz an seinen Ränzel gegangen, hat das Heft rausgeholt und ihm einen Backs gegeben. Aber, wie gesagt,
nicht den Backs, sondern die Lüge fanden wir unerhört.
Diese Empörung, die noch ein paar Tage andauerte, zeigt
wohl, was für eine Einstellung wir zu unserer Klassenlehrerin hatten.

*Wie wurde sie angesprochen?*

Wir haben Fräulein Lenz gesagt, während ihre Freundin Erna Schrader, die Klassenlehrerin meiner jüngsten
Schwester, von der Klasse Tante Erna genannt wurde.

*War Anni Lenz eine jüngere Person?*

Nein, allerdings kann man das als Kind schlecht einschät-
zen. Aber sie wird so um die vierzig gewesen sein.

*Und sie war unverheiratet.*

Anni Lenz ist unverheiratet geblieben.

*Das hat sie davor bewahrt, Anfang der dreißiger Jahre entlassen
zu werden. Denn in der wirtschaftlichen Krisenzeit hat der Staat
verheiratete Lehrerinnen als so genannte Doppelverdienerinnen
in den Ruhestand versetzt.*

Ihre Freundin, Erna Schrader, hat irgendwann einen Vet-
ter geheiratet. Das war ein wirkliches Ereignis: Sie hieß
erst *Fräulein* Schrader und wurde dann *Frau* Schrader. Wir
fanden das fabelhaft! Ich erinnere das alles so genau, weil
Anni Lenz und Erna Schrader eng mit meinen Eltern befreundet waren, bis zu ihrem Tod. Anni Lenz und Erna
Schrader lebten später zusammen.

*Die Schule Burgstraße war nicht nur ein besonderer Lernort für die Kinder, auch die Eltern hatten ein außergewöhnliches Verhältnis zu dieser Schule.*

Für viele Eltern war die Schule der Kinder ein ganz wichtiger Teil ihres eigenen Lebens. Bei meinen Eltern war das vielleicht besonders ausgeprägt, aber das galt wohl für viele Familien an dieser Schule. Es haben sich viele Freundschaften zwischen Eltern und Lehrern entwickelt. Es gab kein Fernsehen, es gab kein Radio. Geld, um mal ins Theater zu gehen, war kaum da. Die Schule war also Lebensinhalt und Anregung auch für viele Erwachsene, vor allem nach 1929, in den Jahren der Massenarbeitslosigkeit. Da haben sehr, sehr viele Eltern in der Schule richtig gearbeitet.

Ein gutes Beispiel für die Arbeit der Väter ist die Schulbühne, die, da kein anderer Raum vorhanden war, in der Turnhalle entstand. Das war eine dreifach zusammenschiebbare Bühne. Sie musste verschiebbar sein, damit man die Turnhalle auch weiterhin zum Turnen benutzen konnte. Mein Vater hatte die Pläne gemacht, das Material kauften die Lehrer, und gebaut wurde die Bühne in Zusammenarbeit vieler Väter; die Dekorationen machten die Mütter.

*Damit konnte die Turnhalle also als eine Art Aula genutzt werden.*

Ein anderes wichtiges Beispiel für Elternarbeit waren die Nähmütter. Die Nähmütter, die nachmittags zusammenkamen, besserten alte gesammelte Kleider aus oder machten aus den alten Stoffen neue Anziehsachen. Die gingen dann an Familien, die sich neue Kleidung nicht leisten konnten. Da war natürlich nicht nur meine Mutter, die schneidern konnte, das konnten auch viele andere. Dieser Nähmütterkreis blieb auch noch lange nachdem die eigenen Kinder aus der Schule waren bestehen. Meine Schwester trifft sich heute noch mit Kindern ehemaliger Nähmütter. Für den Zusammenhalt war sicher auch wichtig, dass wir oft unsere Geburtstage in der Schule feierten.

*Am Vormittag?*

Nein, am Nachmittag, und zwar mit der ganzen Klasse. Kuchen wurde von den Müttern mitgebracht, und Kakao wurde in der Schulküche gekocht. Für meinen Geburtstag oder den meiner Geschwister hatte meine Mutter sich meist irgendein Programm ausgedacht, denn etwas spielen musste man ja auch. Besonders eindrucksvoll war, als sie aus verschiedenfarbigem Seidenpapier für alle Kinder Hüte und Mützen in Form von Tierköpfen gebastelt hatte. Dafür hatte sie tagelang geschnibbelt.

*Neben den Geburtstagsfeiern spielten die Schulfeste eine große Rolle.*

Mindestens einmal im Jahr gab es ein großes Schulfest. Die Schulfeste aus meiner Schulzeit sind mir nicht mehr so sehr in Erinnerung, aber die späteren Feste sehr wohl. An denen habe ich als Lichtwark-Schülerin natürlich auch teilgenommen. Bei der Vorbereitung dieser Feste waren vor allem die Eltern gefordert. Fast jeder Klassenraum wurde in Bezug auf irgendein Thema besonders gestaltet. In vielen Räumen gab es Kaffee und Kuchen, und den Kuchen hatten selbstverständlich die Eltern gebacken. Es gab auf diesen Festen auch immer eine Theater- und Musikaufführung und für die älteren Schüler und die Eltern

Tanz in der Turnhalle. Die Eltern setzten das dann bis spät in die Nacht fort.

*Das heißt, die Schule war für die Eltern ein Ort, wo sie ihre Freizeit verbrachten.*

Auf jeden Fall, und für sehr viele Eltern sicher der einzige Ort für kulturelle Erlebnisse. Ich vermute auch, dass manche Eltern dadurch angeregt wurden, sich hier und da noch ein bisschen weiterzubilden.

*Im Schulorchester zum Beispiel, denn da machten, ungewöhnlicherweise, die Eltern ja auch mit.*

Wann das Schulorchester gegründet wurde, weiß ich nicht. Ich habe es erst kennen gelernt, als ich die Schule schon nicht mehr besuchte. Da ich mit sechs, sieben Jahren schon ganz schön fiedeln konnte, aber nicht im Orchester war, vermute ich, dass es erst später entstand. In diesem Burgstraßen-Orchester nun spielten ältere Schüler, die ein bisschen Musik machen konnten, Lehrkräfte, Eltern und auch ehemalige Schüler. Gerade für die Eltern war dies fast immer die einzige Gelegenheit, in einem größeren Rahmen Musik zu machen. Das Schulorchester war daher für uns alle eine wichtige, das Privatleben bereichernde Gemeinschaft.

*Und da haben Sie als ehemalige Schülerin der Burgstraße, inzwischen Lichtwark-Schülerin, auch mitgespielt.*

Da habe ich lange gespielt. Immerhin hat dieses Orchester es fertig gebracht, die Jupiter-Sinfonie von Mozart einigermaßen gut auf die Bühne zu bringen.

*Und Vater Glaser war auch dabei.*

Mein Vater spielte Cello. Geprobt wurde einmal pro Woche, vor Aufführungen auch häufiger. Einen unserer großen Auftritte hatten wir mit der Schuloper »Reise um die Welt«. Ich glaube, es war 1934. Ein Foto (Foto Nr. 3) zeigt, dass die Darsteller Kostüme aus allen Kontinenten tragen. Natürlich waren diese mit Hilfe der Mütter geschneidert worden. Und vorn sitzt das Orchester, mein Vater mit Cello – links neben dem Lehrer-Dirigenten Ernst Peters – und ich an der Bratsche, links vor der Bühne. Später spielte meine Schwester auch im Schulorchester mit.

*Und wie war es mit Theateraufführungen?*

Mein Vater war nicht nur als Musiker, sondern auch als Schauspieler in der Schule aktiv. In einigen niederdeutschen Stücken spielte er sogar Hauptrollen. An diesen Theateraufführungen beteiligten sich auch einige junge professionelle Schauspieler sowie Lehrer, Eltern und ehemalige Schüler. Die professionellen Schauspieler, oft Ehemalige der Burgstraße, kamen von der Niederdeutschen Bühne, dem heutigen Ohnsorg-Theater. Die kamen zu Proben und Aufführungen in unsere Schule!

*Wenn man das alles heute von Ihnen hört, kann man wohl sagen, dass diese »einfache« Volksschule für viele eine Art »Kulturstätte« war. – Für die Elternmitarbeit und die Schulgemeinschaft war vor allem auch das Schullandheim der Burgstraße von großer Bedeutung. Die Schullandheime sind ja geradezu ein Kind der Reformpädagogik. In vielen großen Städten des Reiches kauften oder bauten Schulen in den zwanziger Jahren ihre eigenen Heime. 1925 entstand der »Verband deutscher*

Schullandheime«, den es heute noch gibt. Mit dem Aufenthalt in den Heimen wollte man zum einen die körperliche Gesundheit der Großstadtkinder stärken und zum anderen den Sinn für die Gemeinschaft, für das Zusammenleben in der Schulgemeinde fördern.

Ja, für uns Kinder war das ein wichtiges Gemeinschaftserlebnis. Und für die Lehrer ergab sich ein ganz neuer Blick auf die Kinder, die sie bis dahin immer nur als Schulkinder kannten. Der Schulverein der Schule Burgstraße, das heißt also die Eltern, kaufte das Schullandheim Anfang der zwanziger Jahre und blieb der Träger. Schülerinnen und Schüler, die zu wenig Geld für den Aufenthalt hatten, wurden dann auch über den Schulverein unterstützt.

*Wo genau lag das Schullandheim?*

An der Kieler Förde, an der Ostsee also. Der Abschnitt hieß Schönberger Strand. Wir sprachen immer nur von »Schönberg«. Das Heim war aus einem alten Gebäude entstanden. Die Renovierung und der Umbau wurden weitgehend von Vätern in ihren Ferien vorgenommen. Es wurde auch im Laufe der Jahre immer weiter ausgebaut und vervollkommnet. Ich erinnere, dass mein Vater, als er 1931 arbeitslos wurde, zusammen mit anderen Vätern zum Beispiel den sehr primitiven Waschraum gekachelt hat. Das war um die Osterzeit, als das Heim noch nicht belegt war. Die Väter haben gearbeitet, einige Mütter sind zum Kochen mitgekommen. Aber die Arbeitslosen mussten ja beim Hamburger Arbeitsamt einmal pro Woche, glaube ich, »stempeln« und deshalb zwischendurch nach Hamburg fahren.

*Was genau bedeutet der Ausdruck »stempeln gehen«?*

Als Arbeitsloser musste man sich einmal wöchentlich arbeitsbereit melden. Dafür gab es dann einen Stempel ins Stempelbuch, und erst dann erhielt man sein Arbeitslosengeld. Und dafür sind die Väter morgens früh vom Schönberger Strand mit dem Fahrrad nach Hamburg geradelt und am gleichen Tag wieder zurück. Das machte denen gar nichts aus.

*Wer führte das Heim?*

Das Heim hatte, anders als viele andere Schullandheime, keinen Verwalter oder Heimeltern. Am Anfang der Saison, meist Ostern, fuhren also Eltern nach Schönberg und bereiteten das Heim auf die ersten Klassen vor: Lüften, Putzen, Ausbessern, Streichen. Das war viel Arbeit, aber für die Erwachsenen auch viel Spaß. Und ohne die so genannten Kochmütter hätten natürlich auch die Heimaufenthalte der Klassen nicht funktioniert.

*Wie oft waren Sie in Schönberg?*

In meinen vier Grundschuljahren zumindest zweimal mit der Klasse, später aber sehr viel häufiger mit so genannten Sammelgruppen. Das waren Gruppen, die sich aus Kindern verschiedener Jahrgangsstufen zusammensetzten und mit den Kochmüttern in den Sommerferien dorthin fuhren. Die begleitenden Lehrer nahmen dann ihre ganze Familie mit. Man blieb jeweils drei Wochen. Für alle waren das die Sommerferien. Für andere Ferien hätten die meisten Burgstraßen-Eltern gar kein Geld gehabt.

*Wie verlief Ihre erste Reise?*

Das war 1926. Da war ich in der zweiten Klasse, und mit uns zusammen – ich glaube, wir waren etwa fünfundzwanzig Kinder – ging eine dritte Klasse. Entsprechend begleiteten uns fünf oder sechs Mütter. Wie wir zum Hauptbahnhof gekommen sind, ob unsere Eltern uns mit dem Koffer am Hauptbahnhof abgeliefert haben oder ob es möglicherweise schon einen Bus gegeben hat zum Hauptbahnhof, das weiß ich nicht mehr. Jedenfalls sind wir mit der Eisenbahn nach Kiel gefahren. Gegenüber dem Kieler Hauptbahnhof war die Endstation eines kleinen Bimmelbähnchens – die »Rasende Emma«, wie wir sie nannten. Damit fuhr man dann bis Schönberg, da war Schluss, und wir wurden von Hilfskräften aus den Hotels, die es am Schönberger Strand auch gab, abgeholt.

*Mit einem Bus?*

Nein, mit einem Handwagen! Darauf wurde das Gepäck geladen und ins Heim gebracht. Dort angekommen, musste erst mal aufgeschlossen werden. Den Schlüssel besorgte eine der Lehrkräfte auf dem Weg dahin. Als Erstes wurden dann die Koffer auf die Zimmer verteilt. Es gab am Anfang, glaube ich, zwei große Schlafsäle, vielleicht einen für Jungen, einen für Mädchen. Und dann saß man da als siebenjähriges Kind und harrte der Dinge, die da kommen sollten. Die Mütter haben geholfen, erst mal die Betten zu beziehen. Einige machten sich derweil auf den Weg und kauften ein. Auch mit einem Handwagen. Dieser Handwagen gehörte zum Heim und war für uns unabdingbar; er wurde auch benutzt, wenn man zum Strand wollte. Vier Räder mit Deichsel. Dann mussten die Mütter sich in der Küche einrichten, Feuer machen und Verpflegung für den Nachmittag und Abend vorbereiten. Für fünfzig Kinder sicher eine schöne Herausforderung.

*Wie sah ein Tagesablauf in Schönberg aus?*

Morgens nach dem Wecken Waschen. Als ich mit sieben Jahren zum ersten Mal dort war, funktionierte das noch mit Blechschüsseln auf einer Bank. Anziehen konnten sich wohl fast alle selbst. Zur Not musste eine Mutter einspringen. Aber eigentlich sollten die Kinder hier ja auch selbständiger werden. Zum Thema Anziehen erinnere ich ein großes Ereignis: In der dritten Klasse hatte ein Mädchen schon kunstseidene Unterwäsche. Ich weiß heute noch ihren Namen: Irene. Kunstseidene rosa Unterwäsche. Das fanden wir so toll, dass wir alle mal anfassen wollten. Wir anderen hatten baumwollene Unterwäsche und keine Trikotagen, sondern stoffgenähte Hosen mit einem Gummiband in der Taille und mit einem Gummiband unten an den Beinen. Diese rosa Unterwäsche, das war ...

*... wohl ein Weltwunder.*

Zum Frühstück dann gab es Malzkaffee mit Milch und Marmeladenbrote, die waren fertig gestrichen. Nach dem Frühstück ging's nach draußen. Meistens zu der so genannten Strandhütte. Unser Schullandheim hatte ein eigenes Stück Strand, ich glaube sogar, gemietet. Man musste auf dem Deich vielleicht eine Viertelstunde gehen. In der kleinen Strandhütte, einer Holzbude, konnten wir uns umkleiden. Heute ist am Schönberger Strand bis zu unserer Strandhütte und darüber hinaus alles voller kleiner Schrebergärten und Wochenendhäuser. Doch damals war da nichts. Den Strand hatten wir ganz für uns allein, hatten sozusagen freie Zeit, mussten aber in der Gegend bleiben.

*Durften Sie ins Wasser?*

Gebadet haben wir auch. Aber eigentlich wurden zuerst einmal Steine und Muscheln gesammelt, außerdem Blasentang und Ohrenquallen, mit denen man sich fabelhaft bewerfen konnte. Was bei uns sehr beliebt war, war das von uns so genannte Meerglas, also Glasscherben, die lange im Meerwasser hin und her geschoben worden waren und eine abgerundete Form mit rauer Oberfläche hatten. Dieses Meerglas war sehr begehrt. Hin und wieder gab es auch mal ein kleines Stückchen Bernstein. Das war für uns alle ein großes Ereignis. Wenn einer meinte, Bernstein gefunden zu haben, scharte sich alles um ihn, und dann wurde die berühmte Bernsteinprobe gemacht.

*Und die ging wie?*

Wenn man Bernstein ganz stark reibt, dann zieht er kleine Papierstückchen an. Und trat dies ein, war die Freude riesengroß!
Wenn es warm genug war, gingen wir auch ins Wasser. Die meisten Kinder verhielten sich dabei sehr vorsichtig, denn der Strand bestand nicht aus Sand, sondern aus Steinen, und natürlich waren die Steine auch im Wasser. Das Hineingehen ins Wasser war also schwierig und manchmal auch schmerzhaft. Als striktes Gebot galt, nicht weiter als bis zur ersten Sandbank zu gehen. Das haben aber viele Kinder gar nicht erst gemacht, denn die Kleinen mussten ungefähr bis zur Brust durchs Wasser gehen. Es wurde verhältnismäßig tief, bis man auf die erste Sandbank kam. Dort konnte man dann wieder knöcheltief stehen und den wunderschönen weichen Sand genießen.
Die Mütter gingen natürlich auch mit, zur Aufsicht. Die haben manchmal die ganz ängstlichen Kinder angefasst

oder auf den Arm genommen und auf die Sandbank gebracht, damit sie auch mal diesen schönen, weichen Sand unter den Füßen spüren konnten. Ich erinnere auch, dass wir uns gegenseitig beim An- und Ausziehen geholfen haben.

*Jungen und Mädchen zusammen?*

Ja. Wir mochten es übrigens – ich jedenfalls – als Kind in der zweiten Schulklasse gar nicht so gern, wenn die Mütter uns helfen wollten. Man war ja schließlich schon groß. Also, wir haben uns lieber gegenseitig geholfen.

*An den Versuchsschulen Berliner Tor und Tieloh zum Beispiel wurde nackt gebadet. Dahinter stand die Idee von einer »natürlichen« Erziehung, von einem Aufwachsen ohne Scheu vor Körperlichkeit und ohne falsches Schamgefühl. In der damaligen Presse hat es dagegen bissige Kritik gegeben.*

Von Schönberg erinnere ich, dass die jüngeren, noch nicht schulpflichtigen Geschwister nackt gebadet haben. Wir Älteren aber nicht.

*Was gab es in Schönberg zum Mittag?*

Zum Mittagessen gingen wir zurück ins Heim. Es gab entweder Eintöpfe mit ein bisschen Fleisch und sehr viel Gemüse, oder es gab Frikadellen. Manchmal auch Würstchen oder ein Stück gebratenen Fisch, aber immer sehr viel Gemüse. Hin und wieder gab es auch Vanillepudding oder ein Stück Obst. Wenn ich so zurückdenke – es war ein vernünftiges Essen, nicht nur für die Kinder.

*Gab es zur Unterstützung der Kochmütter Küchendienste für die Schülerinnen und Schüler?*

In den höheren Klassen gab es Küchendienst, um beim Auf- und Abdecken, beim Abtrocknen und beim Kartoffelschälen zu helfen. Als ich später als Studentin im Sommer half, strich ich darüber hinaus abends auch die vielen Brote mit.

*Zur »Gesundheitserziehung« im Schullandheim gehörte die Mittagspause. Wie war das am Schönberger Strand?*

Nach dem Mittag war Mittagsruhe. Die Kleinen mussten ins Bett. Das galt auch für die Sammelgruppe während der großen Ferien, also selbst für die Vierzehn-, Fünfzehnjährigen. Die mussten sich zwar nicht hinlegen, aber Mittagsruhe halten. Da hatte es ruhig zu sein. Mit diesen Sammelgruppen bin ich ja noch lange nach meiner Burgstraßen-Zeit mitgefahren, bis in meine Abiturzeit. Ich war dann schon eine Art »Begleitmutter«.

*Wie ging es dann nach der Mittagspause weiter?*

Nachmittags bekamen wir eine Schnecke oder einen Kopenhagener und Kakao. Manchmal wurde das bei schönem Wetter auf den berühmten Wagen gepackt und mit zum Strand raus genommen. Dann wurde erst gebadet, und hinterher wurde gegessen.

*Eine Schnecke oder einen Kopenhagener am Nachmittag, das muss doch was Besonderes gewesen sein, das werden Sie doch zu Hause nicht jeden Nachmittag gehabt haben?*

Nein, ich glaube, das hatte keiner. Schönberg war eben was Besonderes, für fast alle wohl auch, was das Essen anging.

*Zurück zum Tagesablauf.*

Nachmittags ging es entweder zum Strand, oder es gab, vor allem bei den Älteren, etwas ausgedehntere Wanderungen. Sehr beliebt war auch die Familie Kruse, wo alle Fischer waren. Die haben wir nicht nur besucht, sondern sind ihnen wohl auch manchmal zur Last gefallen. Die Kruses hatten ihre Häuser binnendeichs, zwischen dem Heim und unserem Strandabschnitt. Man kam also, wenn man zum Strand wollte, immer bei ihnen vorbei. Vordeichs hatten sie Gestelle, an denen die Netze trockneten, sowie eine kleine Bude, in der sie alles aufbewahrten, was sie zum Netzeflicken und Fischen benötigten. Und so saßen sie häufig bei den Gestellen und flickten die Netze. Das machten übrigens nur die Männer. Da habe ich Netzeflicken gelernt.

*Das können Sie doch heute noch!*

Ja, tatsächlich. Der Jüngste dieser Fischerfamilie hat vor ein paar Jahren noch gelebt. Da war ich noch einmal in Schönberg und sah ihn dort sitzen und Netze flicken. Als ich fragte: »Darf ich auch mal?«, hat er erstaunt hochgeguckt: »Künn Se dat denn?« Und ich: »Ich will das mal versuchen.« Dann habe ich geflickt, und plötzlich brach es aus ihm heraus: »Sind Se *de* Deern?«

*Die Familie Kruse hat Sie wohl sehr beeindruckt?*

Das ist wahr. Aber Fischer Kruse spielte auch für alle anderen Kinder eine große Rolle, weil dieser Mann so kinderfreundlich war. Der ließ sich ausfragen und erzählte alles noch mal und noch mal. Der gehörte wirklich zum guten Inventar von Schönberg.

*Und wie ging der Tag in Schönberg zu Ende?*

Manchmal mit Erzählen, Singen, Aufschreiben, Fundstücke ordnen oder bei den Kleineren auch mal mit Märchen erzählen. Dann Abendbrot. Oft gab es Bananenbrot, frische Gurkenscheiben und geräucherte Makrelenstücke, frisch von den Fischern. Wohl auch mal Leberwurst, aber sehr selten! Und nach dem Abendbrot saß man draußen noch auf großen Bänken. Da wurde gesungen, erzählt, gespielt. Singspiele mit selbst gemachten Texten, gesungen nach bekannten Melodien, gehörten zum Standardrepertoire. Oft gab es darüber hinaus Stegreifspiele. Und am Abend machten sich auch die Mütter als Schauspieler und Unterhalter verdient.

*Wie wir auf einem Foto mit Mutter Glaser sehen können. (Foto Nr. 8)*

Dieses Foto zeigt ein Singspiel, das »Es ist, um auf dem Kopf zu stehen« hieß. Drei Mütter, meine ganz rechts, stehen hinter einer Pappwand mit aufgeklebten Figuren und Öffnungen für die Gesichter. Übrigens: ganz sicher von Vätern angefertigt! Sehr vergnügt tragen sie ihr Singspiel vor, in dem der oben zitierte Refrain vorkam. Und jedes Mal, wenn der Refrain gesungen wurde, bückten sich die Frauen und zeigten den Zuschauern anstatt ihrer Köpfe ihre auf die Hände aufgezogenen Schuhe.

*Für die Mütter fanden sich also auch vergnügliche Stunden in Schönberg.*

Für viele war es sicher auch ein kleiner Urlaub. Nachmittags und abends gab es genug Zeit, sich zu erholen, Spaß zu haben und zu klönen. Meine Mutter fand Schönberg so toll, dass sie auch mitfuhr, wenn keines ihrer Kinder in der Gruppe war. Selbst als ich Abitur machte, war sie in Schönberg! Ich konnte das aber gut verstehen, ich habe Schönberg auch immer genossen.

*Wurde dort auch gefeiert?*

Vor allem bei den etwas Älteren und bei den Sammelgruppen waren Feste sehr beliebt. Aus Rohrkolben wurden Fackeln geschnitten, die getrocknet und in Petroleum gesteckt wurden. Abends hatte man dann eine wunderbare Festbeleuchtung. Geschmückt wurde mit selbst gemachten Papiergirlanden. Die Kinder aus der Umgebung waren immer mit dabei. Auch beim Spielen am Nachmittag. Als ich letztes Jahr im Sommer wieder einmal in Schönberg war, hat eine Frau, die mich ansprach, noch voll freudiger Erinnerung davon erzählt.

*Vierzehn Tage Klassenfahrt nach Schönberg bedeuteten ja auch vierzehn Tage Ausfall des normalen Unterrichts. Wurde deshalb manchmal auch »normaler« Unterricht erteilt?*

Nein, wohl nicht. In einem Raum gab es zwar eine Wandtafel, an der die Kleinen mal was schrieben oder malten (Foto Nr. 5), aber richtigen Unterricht gab es nicht. Einige Erlebnisse wurden allerdings aufgeschrieben, die Fundstücke geordnet und notiert. Vor allem aber brachte der Aufenthalt so unendlich viel Neues für Hamburger Kinder. Das kann man eigentlich gar nicht alles beschreiben. Zum Beispiel das erwähnte Rohrkolbenschneiden, dann das Meergetier oder die vielen bestaunten Entwässerungsgräben. Woher sollte ein Großstadtkind Entwässerungsgräben kennen? Oder auch der Deich und die Abflüsse durch den Deich ins Meer hinein. Das haben wir uns natürlich alles sehr genau angeschaut.

*Wir würden heute sagen, das war eher ein informelles Lernen,*
*aber schon auch sehr bewusstes Aufnehmen der neuen Umgebung.*

Ein sehr bewusstes! Und wenn nicht, dann genügte ja ein
kleiner Anstoß von den Klassenkameraden oder vom Lehrer: »Schau mal!« Ein anderes Beispiel: Quallen. Wie sie
aussehen, wie sie schwimmen. Natürlich haben wir auch
ausprobiert, wie sie aussehen, wenn sie an Land gespült
werden, und wie sie aussehen, wenn man sie ins Wasser
legt. Oder Taschenkrebse, davon gab es zwar nicht viele,
aber es war hochinteressant zu beobachten, wie sie laufen,
wo sie sich verkriechen. Das sind ja alles Sachen, die so im
Schulunterricht gar nicht vorkamen, hier aber zwangsläufig von den Kindern aufgenommen und damit ja »gelernt«
wurden. Vom Bettenmachen, Schleifenbinden und dem
Einfügen in eine Gemeinschaft mal ganz abgesehen.

*Bei so vielen Gemeinschaftserfahrungen an dieser Schule: Gibt es*
*heute noch Verbindungen der Burgstraßen-Schüler untereinander?*

Die Burgstraße als Volksschule existiert heute nicht mehr.
Das Gebäude wird seit langem von einer Berufsschule
genutzt. Das heißt, die Verbindung der Ehemaligen ist
schwieriger aufrechtzuerhalten als in einer Schule, die ihre
Ehemaligen kontinuierlich zu Schulfesten und anderen
Schulereignissen mit einladen kann. Und dennoch gibt es
immer noch Verbindungen. Vor allem durch meine Geschwister, die alle nach mir diese Schule besucht haben.
Mein Bruder, der seit 1952 in Kanada lebt, ist 1975 eigens
zu einem Klassentreffen nach Hamburg gekommen und
hat heute noch Kontakt zu Klassenkameraden. Heute reist
er nicht mehr, aber von den regelmäßigen Treffen hier in
Hamburg wird er immer unterrichtet. Und meine jüngste
Schwester – die zweite lebt seit vielen Jahren nicht mehr –

hat vor allem Kontakt zu Kindern ehemaliger Nähmütter. Ich glaube, wenn Sie meine beiden Geschwister nach ihrer Schulzeit fragen, werden sie, genau wie ich, sagen: Die Burgstraße, das war eine fabelhafte Schulzeit.

*Das Bewusstsein, an einer besonderen Schule gewesen zu sein, hat sich also verfestigt.*

Das möchte ich sagen, ja. Wir sind Burgstraßen-Schüler, und das ist, glaube ich, bei ehemaligen Burgstraßen-Schülern sehr ausgeprägt. Genauso wie bei den ehemaligen Lichtwark-Schülern.

*Es gibt ja auch ein eigenes kleines Gedicht zur »Burgstroot«, geschrieben in den frühen Jahren dieser Schule von dem damaligen Schulleiter Konrad Höller.*

Darin wird natürlich vieles der eigenen Pädagogik durch den Kakao gezogen, indem einige der damaligen Vorurteile gegenüber den Reformschulen aufgegriffen und ironisiert werden. So heißt es in der ersten Strophe:

> *Wi goht no de Burgstroot, dor*
> *hebbt wi dat fein,*
> *dor speelt wi blot Football vun*
> *acht bit no tein.*
> *Und dann ward erst freustückt un'*
> *beeten krakeelt,*
> *und wenn wi denn satt sünd, dann*
> *ward wedder speelt!*
> *Wi goht no de Burgstroot, dor*
> *kriegt wi nix op,*
> *keen Schrieben, keen Reken, verlot*
> *die darop.*

Ich finde, es war doch mutig, so ein Gedicht öffentlich zu machen. Das kann man nur, wenn man genügend Abstand zu sich selbst hat, aber auch weiß: Wir sind etwas Besonderes und stehen dazu.

KAPITEL 3

*»Schule ist einfach fabelhaft«*
*oder Lernen fürs Leben*

Die Lichtwark-Schulzeit

*Zu Ostern 1929 sind Sie in die Lichtwark-Schule in Hamburg-Winterhude eingeschult worden. Unter den höheren Schulen der Hansestadt war die Lichtwarkschule die Einzige, die sich der Schulreform verschrieben hatte. Wie kam es zu der Entscheidung für diese Schule, die vom Schulweg her für Sie doch sehr weit entfernt war?*

Wie ich erzählt habe, waren meine Eltern mit Kurt Adams, dem Leiter der Hamburger Volkshochschule, befreundet, und seine Tochter war mit mir in einer Klasse in der Burgstraße. Kurt Adams kannte sich in der Hamburger Schullandschaft bestens aus, und deswegen ist es, glaube ich, selbstverständlich gewesen, dass ich in der Lichtwarkschule angemeldet wurde, genauso wie seine Tochter.

*Die Lichtwarkschule war ja auch im Verbund der Hamburger Reformschulen vertreten, so dass viele Schülerinnen und Schüler aus den Reformschulen, wenn sie zur höheren Schule wechselten, die Lichtwarkschule wählten, Kinder von Lehrern aus diesen Schulen eingeschlossen.*

Da haben Sie vollkommen Recht. Ich habe seit der Ausstellung über die Lichtwarkschule Mitte der neunziger Jahre gelegentlichen Briefwechsel mit ehemaligen Lichtwark-Schülern, meistens jünger als ich. Und aus welchen Grundschulen kamen die? Breitenfelder Straße, Telemannstraße, Tieloh, Burgstraße – alles Versuchs- und Reformschulen.

*Die Lichtwarkschule war aus einer Realschule hervorgegangen, nach 1918/19 aber mit einem ganz eigenen Profil quasi neu gegründet worden. Das Kollegium unter dem ersten Schulleiter Peter Petersen, späte Pädagogik-Professor in Jena, hatte die Schule sehr bewusst nach dem ersten Direktor der Hamburger Kunsthalle, Alfred Lichtwark, benannt, denn der galt als ein scharfer Kritiker der »alten«, stofforientierten Schule der Kaiserzeit. Sein berühmtes pädagogisches Motto lautete: »Die Schule geht vom Stoff aus und bleibt am Stoff kleben. Sie sollte von der Kraft ausgehen und Kraft entwickeln. (…) Mit ihrer ausschließlichen Sorge um den Lehrstoff hat die Schule satt gemacht. Sie sollte hungrig machen.« Wodurch hat die Lichtwarkschule diese Ziele erreicht?*

Ich glaube, vor allem durch selbständiges Arbeiten, besonders ausgeprägt bei den so genannten Jahresarbeiten; ferner durch die Betonung von Musik, Malen, Werken, aber eben nicht nur als Kunstbetrachtung, sondern, wie Alfred Lichtwark es wollte, besonders auch durch das Selbermachen; dann durch die tägliche Turnstunde, die sicher im Schulwesen einzigartig war, allerdings nach Jungen und Mädchen getrennt; und vor allen Dingen durch den fächerübergreifenden Unterricht, das heißt, es wurde mehr an einzelnen Themen als an Fächern gearbeitet.

*In gewisser Weise war dies also eine Fortführung der Pädagogik Ihrer Grundschulzeit an der Burgstraße.*

Vor allem auch das Verhältnis Lehrer – Schüler, das vertrauensvolle Verhältnis, das ist eben in beiden Schulen da gewesen, und das halte ich in der Pädagogik für besonders wichtig.

*Kommen wir zu Ihrer Einschulung. Ich nehme an, die Lehrer der Lichtwarkschule hatten sich darauf besonders vorbereitet.*

Die Einschulung ist gewiss etwas ganz Besonderes gewesen. Wir waren alle in der Aula zusammengekommen, zum Teil mit einem Elternteil, manchmal kamen auch Vater und Mutter oder Großmutter mit. Vorher hatte ich mir das Gebäude schon von außen angesehen, denn durch meinen Vater war ich angeregt, mich um Architektur zu kümmern. Mir fiel sofort auf, dass große Ähnlichkeiten mit dem Gebäude der Burgstraßen-Schule bestanden. Später habe ich dann herausbekommen, dass beide von Fritz Schumacher gebaut worden waren. Dieser äußere Anblick war schon wichtig für mich. Und dann in der großen Aula ein Orgelprospekt. So etwas hatte und habe ich bis heute nicht mehr in irgendeiner Schule gesehen.

*Die vor einigen Jahren restaurierte und inzwischen berühmte Orgel stammt ja von Hans Henny Jahnn.*

Ja, der auch den Prospekt entworfen hat. Auf der Bühne vor der Orgel, also ein bisschen erhöht, saßen nun die Lehrer Ida Eberhardt und Hans Liebeschütz, die beiden neuen Klassenlehrer. Begrüßt wurden wir durch den Schulleiter Heinrich Landahl. Der erklärte uns, wir würden nach und nach aufgerufen und hätten jetzt Zeit, uns die beiden neuen Klassenlehrer anzuschauen, und dann könnten wir selbst wählen.

Dann ging das los im Alphabet mit Hilde Adams und so weiter. Hannelore Glaser kam ja auch verhältnismäßig bald, und Helmut Schmidt, mein Mann, der kam ziemlich zum Schluss. Landahl hatte auch noch gesagt, wenn es ungefähr gleichmäßig verteilt sei, dann könne das so bleiben. Ansonsten müssten einige möglicherweise in die Parallelklasse wechseln. Es ergab sich aber, dass wir uns ziemlich gleichmäßig verteilten. Dann gingen die beiden Klassenlehrer, also in meinem Fall Ida Eberhardt, die ich mir ausgesucht hatte, mit uns in ihre Klassen im ersten Stock.

*Warum haben Sie sich für Ida Eberhardt entschieden?*

Natürlich aus äußeren Gründen. Sie sah freundlich aus, hatte rote Bäckchen, und vor allen Dingen hatte sie ein so genanntes Reformkleid an – das waren alles Dinge, die ich mochte. Wir haben uns alle mehr oder minder nach Äußerlichkeiten entschieden. Später haben mein Mann und ich uns einmal über die Einschulung unterhalten und festgestellt, dass eine ganze Reihe von jüdischen Schülern Herrn Liebeschütz gewählt hatte. Der Name deutete ja auf sein Judentum hin, und die Eltern haben das sicher auch beeinflusst.

Gleich am ersten Tag wurde uns noch gesagt: Vorn der kleine Hof, das heißt, der etwas gärtnerisch gestaltete Eingangsbereich, ist nur für die Oberstufe. Unser Schulhof war hinter dem Gebäude. Da der Hinterhof beim Übergang zur Nazizeit eine gewisse Rolle gespielt hat, möchte ich das hier schon mal betonen.

*Wie erlebten Sie in den ersten Wochen den Wechsel von der Grundschule zur Lichtwarkschule? Gab es gravierende Unterschiede?*

Ich glaube, die größte Schwierigkeit machte das Zusammenwachsen der Klassengemeinschaft aus. Der Unterschied der Pädagogik in den verschiedenen Grundschulen war auch bald spürbar. Da gab es Kinder aus sehr autoritär geführten Klassen und am anderen Ende Kinder aus Reformschulen. Einige hatten bisher nur Unterricht »in Klassenfront« erlebt.

*Heute würden wir Frontalunterricht sagen.*

Richtig. Mein Mann zum Beispiel war in der alten Seminarschule in der Wallstraße gewesen.

*Da wurden die angehenden Volksschullehrer ausgebildet, das heißt, sie hospitierten dort und machten ihre ersten Unterrichtserfahrungen.*

Da ging es ganz streng zu, beinahe noch Arbeitsweisen wie in der Kaiserzeit. Die Schüler mussten zum Beispiel die Hände auf den Tisch legen und kriegten was mit dem Stock auf die Hände, wenn sie nicht spurten. Und dies alles musste in der Lichtwarkschule nun zu einer Klasse geformt werden.

Warum meine Schwiegereltern für ihre Kinder die Lichtwarkschule ausgewählt hatten, hat sich uns erst später erschlossen. Die Schmidts waren mit dem Maler Hugo Schmidt und dessen Frau Emma befreundet, die Lehrerin an einer Reformvolksschule war. Durch sie ist wohl die Anregung gekommen.

*Sie waren von Beginn an mit Ihrem späteren Mann in einer Klasse?*

Ja. Für mich ist es, nachträglich betrachtet, ein großes Kunststück gewesen, wie Ida Eberhardt aus diesem wilden Haufen eine Klasse gemacht hat. Allerdings haben einige Schüler möglicherweise dabei geholfen. Ich bilde mir ein, dass auch ich da mitgeholfen habe. Wenn die Jungens zu frech wurden, habe ich sie verprügelt. Nach der Sexta stand dann auch in meinem Zeugnis: »Sie ist ihren schwächeren Kameradinnen ein stets bereiter, tatkräftiger Schutz.« So haben wir uns natürlich auch »zusammengerauft«.

*In der Burgstraße gab es ja fast nur Kinder aus Arbeiterfamilien, das war in der neuen Schule durchaus anders. Aus den Einschulungsbüchern wissen wir, dass Arbeiterkinder mit fünfzehn Prozent an der Lichtwarkschule überproportional vertreten waren, aber dominierend waren eben Kinder aus Beamten- und Angestelltenfamilien, aus der Kaufmannschaft und aus Lehrerfamilien.*

Die sozialen Unterschiede waren, wenn man genau hinguckte, sehr wohl bemerkbar, haben aber im Klassenalltag nie eine Rolle gespielt. Ich habe von einem dänischen Freund gehört, der auch in die höhere Schule kam und kein Schulgeld zu bezahlen brauchte, dass er und zwei Klassenkameraden immer abgestempelt waren als »die Armen«. Das hat es in der Lichtwarkschule niemals auch nur in Ansätzen gegeben, nie.

*Auch in der Weimarer Republik mussten Eltern für den höheren Schulbesuch ihrer Kinder Schulgeld bezahlen. Allerdings gab es erhebliche finanzielle Erleichterungen für Kinder aus den ärmeren Schichten. Wie war das bei Ihnen?*

Schulgeld musste ich nicht zahlen, das hätten meine Eltern auch nicht gekonnt. Aber selbst mein Mann, als Lehrersohn, war teilweise befreit, er brauchte nicht das volle Schulgeld zu zahlen.

*Nun haben Lehrer damals noch nicht allzu gut verdient, und die sozialdemokratisch geführte Schulpolitik wollte eine Staffelung des Schulgeldes. Die Begüterten sollten zahlen, um den Kindern aus den unteren Schichten bessere Bildungschancen zu ermöglichen.*

Das war mir neu, aber doch sympathisch.

*Um das Schulleben an der Lichtwarkschule zu verstehen, sollten wir uns einmal den Unterricht genauer anschauen. Die musische und die ästhetische Erziehung war sicher ein Schwerpunkt, denn sonst hätte man ja nicht den ersten Direktor der Kunsthalle als Namenspatron gewählt.*

Musik und Kunst waren auf jeden Fall ganz besondere Fächer an unserer Schule. Im Musikunterricht hatten wir Herrn Moormann. Es gab zwei Musiklehrer: Herrn Moormann und Herrn Schütt. Herr Moormann hatte sehr bald festgestellt, dass unsere Klasse recht gut singen konnte. Wir haben sehr, sehr viel gesungen, und er hat mir dann mal, vielleicht in der Obersekunda, gesagt: »Ich hab ja ein schlechtes Gewissen euch gegenüber, eigentlich müsste ich euch ja auch mit etwas anderer Musik vertraut machen. Aber ihr könnt so fabelhaft vom Blatt singen, und das reizt mich immer wieder.«

Das war natürlich auch sein Verdienst. Wir konnten zum Beispiel alte Madrigale vom Blatt singen. Stellen Sie sich das mal vor, er verteilte völlig neue Noten, und wir konnten vom Blatt singen! Dass das einen Musiklehrer immer wieder reizt, kann ich gut verstehen.

Zeichnen und Werken hatten wir bei John Börnsen, der kein ausgebildeter Lehrer war, sondern Steinmetz, aber eine ganz ungewöhnliche pädagogische Begabung hatte. Der hat ja zu unserem Vergnügen noch in der Nazizeit auf der Werkbank gesessen und uns »Mackie Messer« beigebracht. Da haben wir alle laut das Haifischlied gesungen.

*Erinnern Sie konkrete Aufgaben aus dem Zeichenunterricht?*

Wir haben häufig Landschaften gezeichnet. Ich habe noch ein Aquarell von mir mit Kopfweiden, das ich mit elf Jahren gemalt habe und das im Keller der Schule den Krieg überstand. Wir malten aber auch Porträts, einer saß Modell, oder wir malten uns auch mal selbst. Wir haben auch abstrakt gemalt – mit Farb- und Formmustern, frei nach Vasarely. Entweder nur Blau-Grün-Töne oder nur Rot-Orange-Töne, Quadrate, Dreiecke und andere geometrische Figuren. Bei John Börnsen haben wir auch mit Holz gearbeitet. Wir haben wunderbare Figuren geschnitzt und Metallarbeiten angefertigt. Das ist also vormittags im Unterricht gewesen.

*Haben Sie auch draußen gemalt?*

Na ja, wir sind wenig nach draußen gegangen, aber hin und wieder doch. Bei Klassenreisen wurde draußen gezeichnet, und auf einer Klassenreise nach Stade, bei der uns John Börnsen begleitete, haben wir die Kirchen in Stade gemalt. Ich habe die sehr alte Wilhadikirche gewählt, eine sehr trutzige, weitgehend romanische Kirche. Und fast kubistisch habe ich sie unten schmaler als oben und dann die Seitenwände weit in den Himmel ragend gemalt.

*Ähnlich hat ja auch Lyonel Feininger seine Kirchen gezeichnet.*

Eben. Ob ich Feininger da schon kannte? Wahrscheinlich, denn sonst kommt man wohl nicht auf eine solche Idee, das kann ich aber nicht mehr sagen. Ich weiß nur noch, dass meine Kirche bei den Klassenkameraden Furore gemacht hat. Wir haben übrigens auch draußen Aquarelle gemalt, ich erinnere einen Blick über die Marsch.

*Ein Markenzeichen der Lichtwarkschule war die tägliche Sportstunde. Sie war ja – zusammen mit der wöchentlichen Schwimmstunde – für eine höhere Schule mit Sicherheit reichsweit eine Besonderheit.*

Und wäre es heute immer noch. Im Sommer haben wir uns in den Umkleideräumen neben der Turnhalle umgezogen und sind dann in Turnzeug in den Stadtpark auf die Jahnkampfbahn gegangen. Da gab es aber auch noch eine kleine Sportstätte, »Platz 1« genannt. Einmal pro Woche gab es Schwimmunterricht.

*Für Nicht-Hamburger muss man sagen, dass der Stadtpark nur wenige Meter von der Schule entfernt war.*

Die Schule lag unmittelbar am Stadtpark. Da fand Leichtathletik statt, da fanden aber auch die Wettkampf- und Ballspiele statt: Treibball, vor allem Völkerball und Schlagball. Die Bälle, Leinen und »Klippen« für das Schlagballspiel nahmen wir aus der Schule mit. Faustball war in jenen Jahren auch noch sehr verbreitet.

*Faustball kennt heute auch kaum einer mehr, ein Spiel über die Schnur, bei dem der Ball mit der Faust geprellt wird.*

Beim Faustballspielen habe ich entdeckt, dass ich ein versteckter Linkshänder bin. Ich war also immer Mittelspieler, weil ich mit beiden Armen gleich gut arbeiten konnte. Im Winter haben wir natürlich in der Halle Boden- und Geräteturnen gemacht.

Vielleicht noch eins zur Benotung im Sportunterricht: Grundlage der Zensur waren die Bedingungen des Sportabzeichens. Wenn man eine Eins haben wollte, musste man alle nur möglichen Bedingungen des Sportabzeichens erfüllen. Normalerweise standen drei zur Auswahl. Und wer nur das normale Sportabzeichen schaffte, bekam ein »genügend«.

*Wie sah die Turnkleidung aus?*

Wir Mädchen hatten schwarze Turnanzüge mit Pumphosen, aber mit der Zeit haben wir natürlich alle versucht, unsere Eltern zu beeinflussen, dass wir weiße Hemden bekamen. Das offizielle Turnzeug war später blaue Hose und blaues Hemd und das Emblem »LS« für »Lichtwarkschule« vorn auf der Brust.

*Als Identifikation mit der Schule.*

Diese offizielle Kleidung war natürlich auch eine finanzielle Frage. Nur bei den jährlichen Sportfesten mit anderen Hamburger Schulen war es ganz wichtig, dass man so auftrat. Bei diesen Wettkämpfen haben wir Lichtwark-Schüler immer sehr gut abgeschnitten. Im Sport waren wir eigentlich immer alle sehr gut.

*Neben dem Unterricht am Vormittag hatte die Lichtwarkschule ein großes außerunterrichtliches Angebot am Nachmittag.*

Dazu möchte ich sagen, dass man das Außerunterrichtliche und das Unterrichtliche manchmal kaum trennen konnte. Zum Beispiel, was den Chor und das Orchester anging, wurde, wenn irgendwelche Aufführungen anstanden, auch mal vormittags geprobt. Das konnte man nicht trennen. In den Schulchor kam man nach etwa zwei, drei Schuljahren. Ich war gleich dabei, Helmut allerdings nicht. Ich war Mezzosopran und wurde immer so hingestellt, dass ich zur Not auch mal den Sopran unterstützen konnte. Ganz hoch kam ich wohl nicht. Manchmal fehlten Tenorstimmen, und dann musste ich Tenor singen. Deswegen stand ich immer so dazwischen. Eigentlich habe ich eine Alt-Stimme.

Dann gab es ein kleines Orchester für die unteren Klassen, in das von der Sexta an alle Schüler kamen, die ein Instrument spielten. Das leitete Herr Moormann. Außerdem gab es ein großes Orchester, dem ich schon am Ende der Sexta oder am Anfang der Quinta angehörte. In dem kleinen Orchester fehlte eine Bratsche. Da brachte Herr Moormann eine mit, die ich dann die ganze Schulzeit über geliehen bekam: »Du musst die Finger nur ein bisschen spreizen, und los geht's!« Ich weiß noch heute, es war die »Bauernkantate« von Bach, die wir da gespielt haben, und weil das ganz gut klappte, bin ich schon bald in das große Orchester gekommen.

*Nun, Sie waren ja musikalisch auch schon gut vorgebildet.*

Ja. Vielleicht hatte das damit zu tun, dass ich frühzeitig mit dem Geigenunterricht begonnen hatte. Die Musik spielte für die Schule eine so große Rolle, dass sich einige Schüler als Schulabschluss zum Abitur ein Solokonzert aussuchen konnten. Das war dann deren Abschlussarbeit in Musik, zum Beispiel ein Flötenkonzert. Ich erinnere auch, dass jemand sogar ein Fagottkonzert – das war sehr selten – als Abschluss gab. Für die Eltern und anderes Publikum fanden abends viele Orchesteraufführungen statt, wie die Brandenburgischen Konzerte oder Mozart-Sinfonien.

Aber das Orchester spielte auch bei großen Schulfesten, wo kleine Opern aufgeführt wurden. Ich erinnere den »Ja-Sager« von Hindemith, ein Stück mit Chor und Einzelstimmen und dem Orchester. Ein Klassenkamerad, mit dem wir immer noch hin und wieder Verbindung haben, war der Ja-Sager. Das ist eine sehr rührselige Geschichte, in der sich ein junger Mann opfern muss, und der Chor sang dann immer: »Er hat ja gesagt, er hat ja gesagt. Er hat dem Brauch gemäß geantwortet.« Das summte die ganze Schule noch ziemlich lange. Natürlich gab es auch Theateraufführungen. Allerdings waren mein Mann und ich nie daran beteiligt, wir waren wohl nicht so tüchtig.

*Und das Goethefest 1932, anlässlich des hundertsten Todestages des Dichters?*

Das war ganz großartig. Vor- und nachmittags wurde eine Woche lang geprobt und vorgetragen, abends das Lustspiel *Die Laune der Verliebten* oder der *Jahrmarkt zu Plundersweiler* aufgeführt. Die ganze Schule war ausgestattet mit großen Pappkulissen, die an den Wänden der Flure standen. Die Aula war der Marktplatz für den *Jahrmarkt zu Plundersweiler*. Und wir hatten alle Kostüme an. Mehrere Tage sind wir nur in Kostümen durch die Schule gelaufen. Den Jungen waren lange Hosen, weißes Hemd und Weste vorgeschrieben. Die Westen bestanden aus einem groß karierten Stoff, den die älteren Schüler im Werkunterricht mit einem Pinsel bemalt hatten. Das war damals der billigste Baumwollstoff, den es gab. Die Mädchen mussten alle weiße Kleider mit Puffärmeln und weite Röcke aus dem gleichen Stoff anhaben. Da hatten natürlich bei den Kleineren die Mütter mitgeholfen. Man konnte doch manchmal erkennen, dass einige Hausschneiderinnen einen etwas besseren Stoff genommen hatten und das ganze Kleid ein bisschen schicker war.

*Wie war das bei Mutter Glaser?*

Sie hat sich an das Übliche gehalten und einen schönen krausen Rock genäht. Ich glaube, daraus sind nachher Kopfkissenbezüge entstanden.

*Es gibt Fotos, auf denen Sie beim Weben zu sehen sind. Ich denke, dies und andere Textilarbeiten gehörten sicher auch zum Nachmittagsangebot.*

Nachdem ich einige Jahre in der Lichtwarkschule war, kam Elsbeth Middelhaus als Referendarin bei John Börnsen in die Schule. Diese junge Lehrerin war nachmittags ganz besonders engagiert. Bei ihr habe ich zum Beispiel Brettchenweben gelernt. Dazu kamen verschiedene Hohlsaumarten. Ich hatte mir im Museum für Kunst und Gewerbe auch schon manches abgeguckt und habe das bei Elsbeth Middelhaus ausprobiert. Vor allen Dingen habe ich Weben bei ihr gelernt, und zwar richtiges Gobelin-Weben. Das Ergebnis einer gemeinsamen Arbeit war dann der große Rattenfängerteppich, der auf einem Foto zu sehen ist. (Foto Nr. 11) Den haben wir John Börnsen geschenkt. Aber ich habe auch kleine Gobelins gewebt, einen Baum auf einer Wiese und andere Motive.

*Auf einem anderen Foto sehen wir Schülerinnen beim Weben in der Klasse. (Foto Nr. 13)*

Das ist kein Weben, sondern »Applikation«. Dabei werden aus Stoff geschnittene Ornamente oder hier eine Darstellung von Palmen und Tieren auf einen Stoffuntergrund gestickt. Ich habe an Techniken, glaube ich, so ziemlich alles gelernt. Entweder angeregt durch Elsbeth Middelhaus oder durch meine Besuche im Museum für Kunst und Gewerbe.

*Diese Besuche im Museum für Kunst und Gewerbe haben Sie recht gezielt gemacht, um für die Schule und den Unterricht Anregungen zu erhalten?*

Oder für mich. Und da ist kürzlich etwas ganz Eigenartiges passiert. Im Museum für Kunst und Gewerbe wurde ein riesengroßer Gobelin aus dem Archiv geholt, der reparaturbedürftig war. Das Museum hatte aber kein Geld dafür, und deshalb sollte es einen Spendenaufruf geben. Die Museumsleitung wusste, dass mich so etwas interessiert. Ich bin also hingegangen und habe mir den Teppich angesehen. Zwei Kunstgeschichtlerinnen waren dabei und Herr Hornbostel, der Direktor.
»Den kenn ich«, sagte ich, als ich den Teppich sah. – »Kann gar nicht angehen, völlig unmöglich. Der ist immer im Archiv gewesen«, war die Antwort. Aber der Direktor ist dann wohl doch unsicher geworden, so dass er nachgeschaut hat. Und tatsächlich hat er eine Aufnahme aus den dreißiger Jahren gefunden, 1934, glaube ich, als dieser große Blumenteppich in einem mittelalterlichen Raum ausgestellt war.
Ich bin also in meiner Schulzeit aus Neugierde häufiger da gewesen und habe mir zum Beispiel die schon erwähnten komplizierten Hohlsaumstickereien angeschaut und dann versucht, die Technik selbst rauszukriegen, was mir eigentlich auch immer gelungen ist.

*Hat die Mutter da auch geholfen, oder war das immer nur Ihr eigenes Interesse?*

Das war mein eigenes Interesse. Meine Mutter hat sich natürlich dafür interessiert, aber die hatte gar keine Zeit.

*Bei all den vielen Schulaktivitäten am Nachmittag, gab es auch mal Zeit für Freundinnen, für Kinobesuche, ganz privat?*

Nein, so gut wie nicht. Ich hatte auch nicht das Bedürfnis. Natürlich war Kino was Fabelhaftes. Der erste Film, den mein Bruder und ich uns angeschaut haben, war der *Siegfried*-Film von Fritz Lang, ein Stummfilm. Das ist ja auch eine Sache der Finanzen gewesen. Dann hat mich mal eine Freundin ins Kino eingeladen. Ein ganz alberner Spielfilm, *Ich will nicht wissen, wer dich küsst* oder so ähnlich, irgendetwas Belangloses. Es war natürlich vom Technischen her dennoch faszinierend. Und jetzt fällt mir ein, dass ich mit meinem Bruder zusammen auch einen Film mit dem Titel *FP 1 antwortet nicht* gesehen habe. Das war so ein bisschen abenteuerlich, mit einer Plattform, die im Meer schwamm, und die Hauptrolle spielte Hans Albers. Das war in der Kinder- und Jugendzeit an Kinovergnügen wohl das Einzige.

*Und wie war es mit Tanzen?*

Tanzunterricht, wie man sich das heute vorstellt, habe ich nicht gehabt. Aber ich hatte einen Onkel und eine Tante, die jüngste Schwester meiner Mutter, die, wenn man so will, Schüler von Anna Helms und Julius Blasche waren. Sie sind schon vor dem Ersten Weltkrieg über die Dörfer gezogen, um alte Volkstänze zu sammeln, denn schon damals befürchtete man, dass dieses Kulturgut verloren gehen könnte. Meine Tante und mein Onkel setzten das fort, mein Onkel hat die Musik aufgeschrieben.

Er hatte ein Bandoneon, hat sich die Melodie vorsingen lassen, sie nachgespielt und dann notiert, und meine Tante schrieb die Choreographie auf. Nun brauchten sie aber auch einige Leute, die diese Tänze mal tanzten und ausprobierten. Sie hatten einen kleinen Tanzkreis, der hieß zuerst »Geestländer« und später, glaube ich, »Neustädter«. Ich war eine der Jüngsten, sie hatten mich gefragt, ob ich da mitmache. Wir haben unsere Volkstänze im Keller einer Schule am Zeughausmarkt ausprobiert und geübt.

*Sind Sie auch aufgetreten?*

Ja. Meistens beim »Verein geborener Hamburger«, wenn die irgendwelche Veranstaltungen hatten. Wir hatten auch eine Art Kostüm: gleich geschnittene Kleider, einfarbig, aber jeder konnte sich die Farbe aussuchen; die Jungs trugen lange Hosen und weiße Hemden. Das hat eigentlich viel Spaß gemacht. Da habe ich, das muss auch 1933/34 gewesen sein, bei einem feierlichen Abend eine junge blonde Sängerin gesehen, die sich selbst auf einem Bandoneon begleitete. Und diese Sängerin hieß Heidi Kabel. Da haben wir uns kennen gelernt.

Der Tanzkreis ist nachher von den Nazis vereinnahmt worden. Wie vieles andere aus der Volkskunde auch, passte das in die Zeit. Er hieß dann »Ring für Heimattanz«. Den Namen haben sie nach dem Krieg behalten. Inzwischen ist eine meiner Nichten die Leiterin dieses »Ringes für Heimattanz«. Sie tanzen diese alten Tänze nach wie vor, sind aber inzwischen auch sehr international. Sie laden Tanzgruppen aus anderen Ländern ein und fahren selbst auch in andere Länder. Das sind also die Tanzvergnügen, die ich kennen gelernt habe.

*Hatten Sie Kontakte zu Jugendgruppen? Immerhin gab es zum Beispiel die zahlreichen Jugendorganisationen der Arbeiterbewegung in der Weimarer Republik.*

Nein. Das hängt natürlich damit zusammen, dass meine Eltern schon sehr früh aus ihrer Partei, der USPD, ausgetreten waren. Aber vor allem: Bei uns war wirklich auch keine Zeit mehr dazu. Die Schule Burgstraße war familienfüllend mit den vielen Dingen, die wir dort machten. Musik, mal mit Freunden singen und Schönberger Strand. Und durch die Lichtwarkschule war ich erst recht ausgelastet. Wenn ich abends, zum Beispiel nach einer Orchesterprobe, nach Hause kam, musste ich ja auch noch Schularbeiten machen. Dann räumte ich ein bisschen auf und setzte mich an den Küchentisch. Im Wohnzimmer konnte ich meine Hausaufgaben abends nicht machen, denn da schliefen ja meine jüngeren Schwestern schon. Mein Vater, wenn er im Hause war, kochte dann schweigend eine Tasse Kaffee, legte eine Zigarette an den Rand, schob mir das hin und ließ mich in Ruhe. Da war ich also ungefähr fünfzehn Jahre alt. Er wusste, dass ich hin und wieder mal rauchte. Diese rührende Geste meines Vaters ist natürlich für mich etwas ganz Wichtiges.

*Ihre Eltern haben also auch geraucht?*

Mein Vater hat geraucht, meine Mutter gelegentlich mal – zu unserer großen Belustigung. Sie spitzte nämlich immer die Lippen sehr eigenartig und pustete den Rauch gleich wieder von sich. Sie war keine Raucherin.

*Haben Ihre Eltern bei den Hausaufgaben nachgefragt oder kontrolliert?*

Nein, denn Schularbeiten waren kein besonderes Thema. Unsere Eltern waren davon überzeugt, dass wir das ordentlich machten. Als ich jedoch in der Lichtwarkschule Mathematik bekam, hat mein Vater häufig mit mir Schularbeiten gemacht. Aber nicht, um mir zu helfen, das konnte er nämlich nicht, sondern um von mir zu lernen.

*Und die Mutter, hat die sich auch für Schularbeiten interessiert?*

Meine Mutter hat sämtliche Schulbücher von uns verschlungen, besonders Geschichtsbücher.

*Das ist ja interessant. Die höhere Schule der ältesten Tochter haben die beiden Eltern benutzt, um ihren Wissensdurst noch weiter zu stillen. Helfen konnten sie Ihnen ja in der Tat nicht mehr.*

Aber diese gemeinsamen Mathematikarbeiten haben meinem Vater und mir viel Spaß gemacht.

*Haben Sie auf dem Schulweg in der S-Bahn auch gelesen?*

Morgens in der Bahn habe ich häufiger gelesen. Aber auch schnell noch mal Schularbeiten gemacht oder irgendetwas durchgesehen. Auf dem Rückweg bin ich sehr bald mit meinem späteren Mann gemeinsam gefahren, und dann haben wir angefangen zu »philosophieren«. Er stieg eine Haltestelle vor mir aus, fuhr aber manchmal auch bis zu meiner Haltestelle, brachte mich halb nach Horn. Dann habe ich ihn wieder zum Bahnhof gebracht. Sie kennen die Geschichte: Wenn man noch nicht durch ist mit dem Thema, pendelt man häufig hin und her.

*Ich möchte noch einmal auf die pädagogischen Ziele der Lichtwarkschule zu sprechen kommen. Die Schule hatte sich als Ziel die Förderung der Selbständigkeit und Kritikfähigkeit der Schüler gesetzt. Mit welchen Mitteln hat man dies erreicht?*

Das Wichtigste waren die Jahresarbeiten. In der ersten Klasse, das heißt in der Sexta, haben wir eine Klassenreise nach Neugraben gemacht, das war später die Freiluftschule in Neugraben, und hinterher ein Tagebuch darüber geschrieben. Das war also der Anfang von etwas selbständig zu Erarbeitendem. Danach haben wir dann nach jeder jährlichen Klassenreise eine Jahresarbeit angefertigt, die ganze Schulzeit hindurch. Es war uns völlig freigestellt, welches Thema wir wählten. Viele haben sich anregen lassen durch die Klassenreise, aber man konnte sich auch ganz andere Themen suchen. Und dann war man allein gelassen. Allerdings, wenn man gar nicht zurecht kam, konnte man fragen und bekam einen Hinweis, zum Beispiel auf ein Buch und wo man sich das besorgen konnte, oder auf ein Museum, wo man Material finden konnte. Aber grundsätzlich war man allein gelassen, und zwar schon in der Quinta. Das halten mein Mann und ich heute noch für sehr sinnvoll.

*Trug man dann die Arbeit in der Klasse vor, oder wurde sie nur schriftlich abgegeben?*

Die Arbeit wurde schriftlich abgegeben, aber in Kunst und Musik zum Beispiel waren es ja nicht nur schriftliche Arbeiten. Eine gezielte Förderung der Kritikfähigkeit kann ich übrigens überhaupt nicht erinnern, oder würden Sie dazu zählen, dass in Kunst und Musik die Arbeiten, ganz gleich, was es war, gemeinsam besprochen wurden?

*Wenn die Schüler einbezogen waren …*

Das war so, ob das nun Zeichnen war oder Musik. Mein Mann zum Beispiel hat für die Klasse einmal »Der fröhliche Landmann« auf dem Klavier gespielt, und dann konnten wir sagen, was wir davon hielten.

*Genau das ist doch Kritikfähigkeit: sich selbständig ein Urteil zu bilden und es begründet vorzutragen. Um die Bandbreite dieser Jahresarbeiten zu verdeutlichen, wären einige Beispiele von Themen, die Sie bearbeitet haben, interessant.*

Als wir auf Helgoland waren, habe ich über die Vögel und Pflanzen auf der Insel geschrieben. Ein andermal habe ich ein kleines Moor in Neugraben ganz sorgfältig untersucht. Alle Pflanzen, die da waren, habe ich selbst bestimmt und gezeichnet. Ich bedaure, dass diese Arbeit durch den Krieg verloren gegangen ist. Es wäre schön, wenn man das mit heute vergleichen könnte, denn das Moor existiert noch. Diese Arbeit fiel mir nicht so schwer, weil ich die meisten Pflanzen durch mein Kinderbilderbuch kannte. Heute würde man sagen, es war eine Biotopaufnahme. Das Wort »Biotop« wurde aber damals noch nicht benutzt.

Auf einer Klassenreise ins Weserbergland war ich sehr beeindruckt von den Trachten, die die alten Frauen zum Teil noch auf den Straßen trugen. Da habe ich als Jahresarbeit kleine Puppen hergestellt. Zunächst habe ich Köpfe geschnitzt und dann aus Stoff die Körper über einem Drahtgestell geformt. Die Figürchen waren so 25, 30 Zentimeter groß. Maßstabgerecht habe ich einen Mann und eine Frau angezogen und natürlich eine Arbeitsbeschreibung mitgeliefert – das war eine andere Jahresarbeit.

Dazu muss ich sagen, ich habe mich sehr früh um Architektur gekümmert, neugierig, wie ich war. Mein Vater und ich sind, wenn wir Zeit hatten, auch häufig mal zusammen durch die Stadt gegangen und haben uns die verschiedenen Bauten und Baustile angeschaut. Gut, die Petrikirche mochte ich nicht, weil sie neugotisch ist. Das habe ich Pappdeckelgotik genannt. Barock war für mich lange Jahre Kitsch, dieses Schwülstige, damit konnte ich nichts anfangen. Doch dann machten wir in der Unterprima eine Klassenreise nach Dresden, und ich war überwältigt, denn das war ja nun Barock vom Feinsten.

*Und darüber haben Sie dann eine Arbeit geschrieben?*

Ja, das hat mich besonders interessiert. Von den Jahresarbeiten meines Mannes erinnere ich auch noch einiges, zum Beispiel einen Vergleich zwischen den Häfen Rotterdam und Hamburg. In Musik hat er einmal einen Choral bearbeitet und mehrere vierstimmige Sätze dazu geschrieben.

*Das waren dann ja doch sehr anspruchsvolle Themen.*

Man saß ziemlich lange an einer solchen Arbeit. Ich weiß aber, dass einige, wenn sie irgendwo eine Blockade hatten, entweder zu Ida Eberhardt oder einem anderen Lehrer, den sie für geeignet hielten, gingen und ein längeres Gespräch führten. Da gab es natürlich Ratschläge, aber dann musste man wieder selbständig weitermachen. Das war schon anspruchsvoll, und die Themen waren ja auch alle immer ein bisschen fächerübergreifend.

*Die bereits erwähnten Klassenfahrten an der Lichtwarkschule folgten pädagogischen Zielen: Sie gehörten zum Schuljahresprogramm, dienten der Gemeinschaftsfindung, sollten vom Nahen zum Fernen führen und auch mit dem Unterricht verbunden sein.*

So war es gedacht. Neugraben, unsere erste Reise, habe ich schon erwähnt. Eine wichtige Rolle spielte bei dieser Reise, dass wir ja erst noch dabei waren, eine Klasse zu werden, das Rücksichtnehmen auf den anderen zu lernen und das Einpassen in eine Gemeinschaft. In der Quinta waren wir dann in der Holsteinischen Schweiz. Übernachtet haben wir in Jugendherbergen. Wir hatten große Kochtöpfe mit und haben manchmal draußen gekocht. Auf offenem Feuer zu kochen, das war für alle etwas Neues. Ansonsten hatte Frau Eberhardt Mittagessen in der Jugendherberge organisiert, wo wir auch manchmal selbst kochten. Morgens und abends gab es nur trockenes Brot. Dafür gab es aber pro Tag fünfzig Pfennig!

*Die wurden ausgezahlt?*

Ausgezahlt, und wir mussten das Zubrot selbst kaufen. Fand ich pädagogisch sehr interessant. Was wir mit den fünfzig Pfennig gemacht haben, war natürlich ganz unterschiedlich. Einige sind in den Schlachterladen gegangen und haben für fünfzig Pfennig Schmalz gekauft. Das gab genug und reichte für mehrere Tage. Und andere haben Pfefferminzbruch gekauft, was damals bei uns sehr beliebt war. Es gab natürlich auch anständige Pfefferminzstücke, die waren aber teurer. Wenn man rot-weißen Pfefferminzbruch kaufte, gab es eine große Menge. Das alles war ja von unserer Lehrerin sehr bewusst gemacht, dieses Selbstversorgen und Mit-dem-Geld-auskommen-Müssen.
In der Quarta waren wir im Weserbergland. Für fast alle war das zum ersten Mal eine ganz andere, neue Landschaft; denn Verreisen mit den Eltern gab es ja noch wenig. Frau Eberhardt war nicht allein mit uns, sondern ein zweiter Lehrer, Hans Roemer, ist mitgewesen. Morgens wurde oft gesagt: Es gibt eine kleine, aber auch eine große

Wanderung. So eine große Wanderung war dann manchmal über dreißig Kilometer lang. Da konnte sich jeder frei entscheiden. Die großen Wanderungen waren dann wirklich eine körperliche Leistung, aber natürlich entdeckte man auch sehr viel Neues. Das war die Quarta. In der Untersekunda waren wir mit Herrn Roemer in der Heide. Das war auch das letzte Mal, dass die Klassenkameraden dabei waren, die nach der Untersekunda ausschieden ...

*... Die mittlere Reife erlangte man nach der Untersekunda.*

Richtig. Was sich heute wohl auch keiner mehr vorstellen kann: Eine Klassenkameradin, mit der die Verbindung dann aber noch sehr lange gehalten hat, ging vor Ostern ab, weil sie eine Lehrstelle bekommen hatte. Sie kam danach gelegentlich mal zu dem einen oder der anderen am Wochenende zu Besuch. Damals verdiente sie hundertfünfzig Mark, das war mir unglaublich. Sie hatte also keinen richtigen Schulabschluss, hat aber gleich die Lehrstelle angenommen, weil den Eltern das wichtiger war.

In der Obertertia ging die Reise nach Helgoland. Helgoland war für uns alle ein Erlebnis. Da spielte das Geologische natürlich auch schon eine Rolle, dieser Buntsandstein, der mitten aus dem Meer herausragt. Ich weiß nicht, ob jemand uns vorher etwas über die geologische Besonderheit erzählt hat oder ob einer von uns darüber berichtet hat. Wir waren natürlich fasziniert davon, dass Helgoland Zollausland war, das kannten wir noch nicht. Deswegen kauften einige sich heimlich »lange Laurens«, das waren endlos lange Zigaretten, die es da billig gab. Das Besondere für mich war auf jeden Fall die Vogel- und die Pflanzenwelt, und darüber habe ich dann auch eine Jahresarbeit geschrieben.

In einem anderen Jahr waren wir in Klingberg in Schleswig-Holstein, wir sind also entfernungsmäßig wieder zurückgekommen. Dort haben wir viel gebadet und uns die Landschaft angeguckt. In Bad Schwartau haben wir die große Marmeladenfabrik besucht und in Lübeck die Marzipanherstellung und haben uns dumm und dösig gegessen.

*Aber Lübeck wurde doch sicher auch als alte Hansestadt erkundet?*

Wir waren in der Quinta ja schon dort gewesen. Damals wurden wir geführt von Herrn Geist, einem alten Herrn, der dort Fremdenführer spielte. Er ging mit uns natürlich auch zum Buddenbrookhaus und zum Holstentor. Bei meinem Mann und mir hat das den Wunsch geweckt, mal in Ruhe allein hinzufahren. – Die Reise nach Klingberg war insofern auch etwas Besonderes, weil eine ganze Reihe neuer Schüler in die Klasse gekommen war, und zwar weitgehend Sitzenbleiber. Wie einige ohne Hehl erzählten, sei es bei uns ja einfacher, und deshalb hätten die Eltern sie zu uns geschickt.

*Das heißt, das waren Schüler aus anderen Schulen.*

In der Lichtwarkschule gab es keine Sitzenbleiber, die kamen von anderen Schulen. Mit einem habe ich immer noch Verbindung. Er sagt heute noch: »Das war für mich ein solches Glück, an die Lichtwarkschule zu kommen, ich konnte mir gar nicht vorstellen, dass Schule so sein kann.« Alle, die in unsere Klassen gekommen sind, haben das so erlebt.

*Und durch die höhere Motivation sind sie wahrscheinlich auch zu besseren Leistungen gekommen.*

Ja, sie haben alle Abitur gemacht. Und alle waren der Meinung: Wenn Schule immer so wäre, dann macht das ja Spaß. Diese besondere Art der Lichtwarkschule, ich möchte sagen, diese beinahe unverfälschte Art des Miteinanders, die selbst noch in der Nazizeit da war, die hat alle sofort eingenommen.

*Eine Auslandsreise haben Sie mit Ihrer Klasse nicht gemacht, sicher wegen der politischen Umstände nach 1933.*

Nein, die letzte Reise ging nach Dresden, wo ich, wie gesagt, den Barock für mich entdeckte. Ich kann von den ersten Jahren auch nicht erinnern, dass es jedes Jahr Auslandsreisen an der Schule gab. Was allerdings bei uns eine Rolle gespielt hat, war ein Schüleraustausch mit England, allerdings nur, wenn die Eltern Geld hatten. Mein Mann ist zum Beispiel in England gewesen, und der Junge aus der englischen Familie war dann auch in Hamburg und in unserer Schule. Hilde Adams war in England und brachte das Mädchen, bei dem sie gewohnt hatte, mit. Ich weiß noch, die hat auf uns großen Eindruck gemacht: Sie war sehr viel größer als wir alle, auch ein Jahr älter, radebrechte ein bisschen Deutsch und erzählte immer sehr laut und energisch, sie sei aber sehr »eifersupti«, weil der und der nichts von ihr wissen wollte.

*Aus dem, was Sie über die Klassenreisen berichten, sieht man ja schon, dass die Lichtwark-Lehrer mit diesen Reisen nicht nur das Miteinander in der Klasse verbessern, sondern auch ganz stark durch Erkundungen vor Ort den Erfahrungshorizont der Schüler erweitern wollten. Von anderen Klassen weiß ich, dass sie zum Beispiel zum Thema Industrialisierung ganz gezielt eine Reise ins Ruhrgebiet gemacht und dort Industriebetriebe und Bergwerke besucht haben.*

Das bietet sich doch eigentlich auch für die oberen Klassen sehr an.

*Der Kulturkundeunterricht an der Schule eignete sich ja ebenfalls gut als Vorbereitung von Klassenreisen.*

Im Kulturkundeunterricht waren die Fächer Deutsch, Geschichte und Religion zusammengefasst. Im Grunde war das vergleichbar mit dem, was wir heute Gesamtunterricht nennen. Eigentlich ist es das, was ich in meiner Lehrerinnenzeit mit den kleineren Kindern gemacht habe. Man hat ein Thema und versucht es von vielen Seiten anzugehen. Und dabei achtet man nicht auf Fächer, sondern wie man dem Thema gerecht wird.

*Die Fragen und Probleme der Wirklichkeit sind ja nicht in Fächer aufgeteilt.*

Eben. Wenn man thematisch arbeitet, kommt das Zusammenführen verschiedener Seiten ganz zwangsläufig.

*Und der Kulturkundeunterricht hat offenbar durch die Zusammenlegung von verschiedenen Fächern Lehrer und Schüler geradezu ermutigt, Aufgaben und Fragen umfassend anzugehen. Und bei Oberstufenthemen wie »Der Zionismus in seiner wirtschaftlichen Bedeutung« (1928), »Alfred Lichtwarks Anschauungen und Ziele« (1927) oder »Der faschistische Staat in Italien« (1930), die ich in den Schulunterlagen entdeckt habe, zeigt sich, dass in diesem Unterricht hohe Ziele gesetzt waren.*

Ja. Und ganz gleich, welches Thema es war, es wurde immer von verschiedenen Seiten angegangen.

*Frau Schmidt, auch an der Lichtwarkschule wurden ja Schüler-leistungen bewertet. Nun gab es ja sicher bei der Schülerin Loki Glaser durchaus unterschiedliche Talente – oder waren Sie in allen Fächern gut?*

Sprachlich bin ich ausgesprochen unbegabt; mein Englisch war nicht besonders gut, erst im späteren Leben, als ich es benötigte, habe ich es etwas fließender gesprochen. Latein war mal eben befriedigend. Aber in den Naturwissenschaften und der Mathematik – ich trenne das, denn für mich ist Mathematik keine Naturwissenschaft – war ich gut. Auch im Sport bin ich gut gewesen, obwohl ich eigentlich ein bisschen pummelig war. Natürlich war ich in Musik und in den anderen musischen Fächern auch recht gut.

*Das ist sicher eine Untertreibung. Und wie war es mit Biologie?*

Biologie war immer mein Lieblingsfach. Wir haben Biologie nicht als gesondertes Fach gehabt, aber in Biologie konnte ich den anderen einiges erzählen.

*Wie sahen Zeugnisse an der Lichtwarkschule aus?*

Bei uns war, wenn ich das richtig erinnere, auf den Zeugnissen ein ganz großer freier Kopf mit einem Bericht, so wie wir es übrigens nach dem Krieg ja auch wieder hatten, und dann aber Zensuren.

*Ganz am Anfang wurde offensichtlich sogar mit reinen Berichts-zeugnissen experimentiert; denn ich habe ein Zeugnis von 1923, das überhaupt keine Ziffern aufweist. Für Sie werden Berichte ja nichts Besonderes gewesen sein, denn ich vermute mal, dass Sie in der Burgstraße auch Berichtszeugnisse gehabt haben und keine Ziffernzeugnisse.*

Ich kann zwar die Zeugnisse aus der Burgstraße überhaupt nicht mehr erinnern, aber: Bei Zensurenzeugnissen würde man ja vergleichen mit dem Nachbarn, und das hat in der Burgstraße nie stattgefunden.

*Und was halten Sie heute von dieser Zusammenführung von Berichten und Ziffern, wie es in der Lichtwarkschule wohl später praktiziert wurde?*

Unmittelbar nach dem Krieg war es so, dass die Lehrer für das erste Schuljahr nur einen Bericht machten, und ab dem zweiten Schuljahr gab es dann Bericht und Zensur. Das finde ich sehr sinnvoll.

*Denn für manches Kind kann zum Beispiel ein »befriedigend« …*

… eine gute Leistung sein, und dann kann man auch hineinschreiben, dass dieses Kind möglicherweise für das Klassengefüge etwas ganz Wichtiges darstellt. Dies dem Kind und den Eltern mitzuteilen, halte ich für ganz wichtig.

*Wie man als Schüler eine Schule erlebt, hängt nicht nur von den Zensuren, sondern auch stark vom Miteinander in der eigenen Klasse ab. Zunächst einmal: Wie war die soziale Zusammensetzung in Ihrer Lichtwark-Schulklasse?*

Es war eine heterogene Schülerschaft: Arbeiterkinder, Kinder von Lehrern, Ärzten; die Schüler, die aus etwas wohlhabenderen Familien kamen, waren wahrscheinlich oft jüdischer Herkunft. In der Oberstufe bin ich häufiger bei einer Klassenkameradin gewesen, die mit den Sitzenbleibern aus einer anderen Schule gekommen war. Der Vater war Kaufmann. Da habe ich also ein Reiche-Leute-

Haus kennen gelernt. Sie hatte ein eigenes Zimmer, toll eingerichtet. Was mich da allerdings verblüffte, war, dass man eine halbe Treppe runter musste, um zum Klo zu kommen. Ich weiß heute noch, dass ich das meinen Eltern als Erstes erzählt habe und erst dann, wie fabelhaft das riesengroße Zimmer war. Es war ein älteres Haus mit Alsterblick.

Ein anderer Klassenkamerad, der auch ein bisschen später zu uns kam, durfte schon Motorrad fahren. Der hatte also ein Motorrad und holte mich gelegentlich mal ab, damit ich ihm bei den Mathematikaufgaben half. Der Vater war Pastor, und zwar an der St. Gertrudkirche. Das ist der Pastor, der mich als Dreiundzwanzigjährige getauft hat und mich vorher unterweisen musste, denn sonst wird man ja als Erwachsener nicht getauft. Ein ganz orthodoxer Pastor, der nichts von Darwinismus und von Evolution hielt – und das mir! Wir haben uns gezankt, jedes Mal mit Wonne gezankt, er hat mich aber trotzdem getauft.

*Wirkte sich das in der Klasse aus, dass es eben doch sehr starke soziale Unterschiede bei den Elternhäusern der Schüler gab?*

Eigentlich nicht. Es hat keinen Unterschied gemacht, aus welchem Elternhaus die Kinder kamen. Wir hatten uns spätestens nach dem zweiten Jahr des Zusammenlebens so aneinander gewöhnt, dass der Einzelne galt und das Elternhaus nebensächlich war.

*Für Sie war ja auch die gemeinsame Erziehung von Mädchen und Jungen an der Lichtwarkschule nichts Besonderes. Das kannten Sie bereits aus der Grundschule.*

Für mich war es überhaupt nichts Besonderes. Und dass Mädchen eine mehr sprachliche und Jungen eine mehr naturwissenschaftliche Begabung hätten, wie heute wieder diskutiert wird, hat sich bei uns nicht bestätigt. Auch aufgrund meiner Beobachtungen als Lehrerin halte ich es für verkehrt, wenn Jungen und Mädchen nicht zusammen erzogen werden.

*Gab es im Unterricht Partnerarbeit, also Arbeit zu zweit oder auch Gruppenarbeit?*

An Gruppenarbeit kann ich mich nicht erinnern. Es sei denn, dass man zum Beispiel bei Festen oder Aufführungen zu zweit oder zu dritt die Dekoration machte. Allerdings hat es viel gegenseitige Hilfe gegeben, meist nachmittags und auf privater Basis.

*Aus anderen Klassen gibt es aber durchaus Berichte über Gruppenarbeitsformen und auch Fotobelege dazu.*

Ja, auf einem Foto ist Walther Teich zu sehen, der uns immer von seinem Buch *Frank entdeckt Alcudia* erzählte. (Foto Nr. 14) Er hat auch vorübergehend bei uns Deutschunterricht gegeben, aber Gruppenarbeit hat er mit uns nicht gemacht. Nun waren wir inzwischen älter, die Kinder auf dem Foto sind ja Zehn-, Elfjährige. Die Unterrichtsformen hingen natürlich auch in der Lichtwarkschule stark von den einzelnen Lehrern ab.

*Auf dem Foto sieht man auch die beweglichen Tische und Stühle als Schulmobiliar. Heute eine Selbstverständlichkeit, damals neu, denn man hatte allgemein noch fest am Boden verschraubte lange Bankreihen, in denen die Schüler sich kaum bewegen konnten und sollten. Die Lehrer der Lichtwarkschule hatten sich bei der Einrichtung der Schule stark für das bewegliche Mobiliar eingesetzt.*

Wir hatten Zweiertische. Da hat man sich natürlich auch besser gegenseitig helfen können.

*Wie war die Atmosphäre unter den Schülern?*

Es gab bei uns ein ausgesprochenes Zusammengehörigkeitsgefühl. Das war auch nicht nur bei uns so. Wehe, wenn da einer schief angeguckt wurde, die Klasse stand dann, wie sich das für eine anständige Familie gehört, zusammen. Eine große Rolle spielte die Tatsache, Lichtwark-Schüler zu sein. Das können Sie ja heute noch merken. Bei den Sportfesten, darüber haben wir ja schon geredet, kam das ganz besonders zum Vorschein. Außerdem gab es zwischen den Schülern der oberen Klassen natürlich Liebeleien. Es hat, glaube ich, unter den etwa dreihundertsechzig Abiturienten, die an der Schule Koedukationsklassen durchlaufen haben, etwa sechzig Ehen gegeben.

*Ein hoher Prozentsatz.*

Das ist ein hoher Prozentsatz. Mein Mann und sein Bruder haben ja auch beide Klassenkameradinnen geheiratet. Wir halten das für eine positive Sache. Es könnte ja sein, dass jemand sagt, das habe den Unterricht gemindert, aber das sehen wir nicht so. Die gemeinsam erlebten Einflüsse durch die Schule, besonders in der Pubertät, sind eine fabelhafte Basis für eine Ehe. Das glauben wir beide.

*Wie eng war Ihr Verhältnis zu den jüdischen Mitschülern?*

Da gab es gar keine Unterschiede. Sowohl ich als auch viele andere haben ja überhaupt nicht gewusst, wer ist Jude, wer ist Nicht-Jude …

*... Wenn man das nicht gerade aus persönlichen Kontakten wusste.*

Wenn es nicht orthodoxe Juden waren, hat man das nicht bemerkt. Bis 1933 haben wir überhaupt nicht wahrgenommen, dass viele der Lichtwark-Schüler Juden waren.

*War das bis 1933 wirklich kein Thema?*

Nein! Ein Beispiel: Die Tochter unserer Zahnärztin, Ruth Ortmann, war vier Jahre älter als ich und ebenfalls Lichtwark-Schülerin. Natürlich begrüßten wir uns sehr vergnügt, wenn wir uns in der Schule sahen. Muschi wurde sie genannt, und für mich war das Muschi und nicht eine jüdische Schülerin. Muschi hat mich allerdings häufig geärgert. Sie hat mir immer erzählt: »Wenn ich groß bin, heirate ich deinen Vater.« Ich habe sie auch beim ersten großen Schultreffen 1977 wiedergesehen. Ich habe sie sofort wiedererkannt, sie mich auch. Wir sind uns um den Hals gefallen, und dann fragte sie als Erstes: »Lebt Hermann noch?« – Das ist mein Vater. Ich sagte: »Nee, den kannst du nicht mehr heiraten.« Da haben wir beide erst mal furchtbar gelacht.

*Gab es jüdische Schüler in Ihrer Klasse?*

Wir hatten anfangs keine jüdischen Schüler in der Klasse. Deswegen haben mein Mann und ich später gerätselt, ob die bei der Einschulung alle Herrn Liebeschütz gewählt hatten; denn in der Parallelklasse gab es etliche jüdische Schüler. Zwischen diesen beiden Klassen hatten sich verschiedene Freundschaften gebildet. Mein Mann war besonders befreundet mit Helmut Gerson. Der ist rechtzeitig mit seiner Familie nach Kalifornien emigriert und dort später Architekt geworden. Vor einigen Jahren hat er uns besucht.

*Und wie war das Verhältnis zu den Lehrern?*

»Vertrauensvoll« ist wahrscheinlich das beste Wort, um dieses Verhältnis zu beschreiben, zumindest bis zur Nazizeit. Sowohl von den Schülern zu den Lehrern als auch umgekehrt. Also vertrauensvoll, und sehr respektvoll von Seiten der Schüler. Aber auch von den Lehrern gab es Respekt den Schülern gegenüber, besonders den älteren, Respekt vor deren Leistungen.

*Duzten sich Schüler und Lehrer, oder blieb es beim »Sie«?*

Ich kann mich nicht erinnern, dass eine Klasse ihren Lehrer geduzt hat, ich weiß es aber nicht. In unserer Klasse waren wir uns einig, dass uns fremde Lehrer nach der mittleren Reife zu siezen hatten. Was mich angeht, hatte ich, wie die meisten Schüler, ein besonderes Verhältnis zu John Börnsen, unserem Kunstlehrer, was man auf jeder Fotografie, glaube ich, sieht. Ich hatte aber ein genauso enges Verhältnis zu dem Musiklehrer Moormann, der unser Klassenmusiklehrer war, und zu Hermann Schütt, der von allen »Papi Schütt« genannt wurde. Der hatte die großartige Gabe, gleichzeitig Respekt und Liebe einzuflößen. Ferner ist da Elsbeth Middelhaus zu nennen, von der ich unendlich viel gelernt habe.

*Und Ihre erste Klassenlehrerin Ida Eberhardt?*

Das war auch ein besonderes Verhältnis. Frau Eberhardt und ich haben öfter zusammen den Naturkundeunterricht vorbereitet. Wir sind in den Stadtpark gegangen und haben dort Material gesammelt, Pflanzen, Blätter oder Pilze. Manchmal sind wir zu einem Teich und haben Kaulquappen rausgefischt oder Wasserflöhe und Wasserpestblätter für unsere ersten Mikroskopuntersuchungen. Ab und zu haben wir auch Spinnen gesammelt. Davon gibt es ja viele verschiedene. Wir haben Streichholzschachteln mitgenommen und die Spinnen hineingesetzt. Am nächsten Tag wachte ich auf und war voller roter Quaddeln, an den Händen und im Gesicht. Ich kam in die Schule, und Ida Eberhardt sah genauso aus! Eine von den Spinnen war also giftig gewesen und hatte ihre Spuren hinterlassen.

*In der Schule Burgstraße waren Ihre Eltern, wie andere Eltern auch, sehr aktiv, gehörten zur Schulgemeinde. Wie war das in der Lichtwarkschule?*

Meine Eltern waren mit der Burgstraße »verheiratet«. Sie hatten gar keine Zeit für anderes. Ich habe mal überlegt: Außer beim Kostümenähen zum Goethefest 1932 kann ich mich nicht erinnern, dass meine Eltern an irgendeiner Arbeit für die Lichtwarkschule beteiligt waren. Allerdings hing das sicher damit zusammen, dass die Lichtwark-Schüler zwischen zehn und neunzehn Jahre alt waren. Und die Siebzehn-, Achtzehn-, Neunzehnjährigen konnten natürlich vieles, was die Schüler in der Burgstraße noch nicht selbst erledigen konnten. Dennoch ist mein Eindruck, dass an der Lichtwarkschule die Elternarbeit nicht von größerer Bedeutung war.

*Sicher nicht wie in der Burgstraße, aber es gab zum Beispiel in den ersten Jahren eine regelmäßig erscheinende Elternzeitung und ab 1930 einen Verein »Schulgemeinschaft der Lichtwarkschule«, der »die Gemeinschaft zwischen Eltern und Schule« fördern wollte.*

Das ist möglich. Ich erinnere nur Klassenelternabende, aber selten. Allerdings kam Ida Eberhardt regelmäßig zu uns nach Hause, weil meine Mutter ihr Kleider nähte. Wie schon erwähnt, trug sie ja das, was man damals Reformkleider nannte. Die beiden haben sich immer viel unterhalten, auch über Schule und Pädagogik. Das interessierte meine Mutter.

*Hat der proletarische Hintergrund Ihrer Eltern, der Vater bald arbeitslos, vielleicht eine Rolle dabei gespielt, dass Ihre Eltern in der Lichtwarkschule nicht aktiv waren?*

Das hat, wie gesagt, in der Lichtwarkschule überhaupt keine Rolle gespielt. Andere Eltern halfen auch nicht in der Schule.

*Bei den Elternratswahlen hatten an der Lichtwarkschule die Vertreter der sozialdemokratischen Liste »Schulfortschritt« die Mehrheit, was eine Ausnahme war an den höheren Schulen, die in ihrer ganz großen Mehrzahl politisch stark konservativ geprägt waren. Die Lehrerschaft an der Lichtwarkschule war ohne Zweifel in ihrer überwiegenden Mehrheit demokratisch-republikanisch gesinnt, einige gehörten sogar der Kommunistischen Partei Deutschlands an. Der Schulleiter Heinrich Landahl war seit 1924 für die Deutsche Demokratische Partei Mitglied in der Bürgerschaft, ab 1932 war er sogar für die linksliberale Staatspartei Reichstagsabgeordneter. Nationalistischen Kritikern galt die Schule als »rotes Mistbeet am Stadtpark«. Hat man als Schülerin eine Politisierung durch die Lehrerschaft bemerkt?*

Parteipolitisch gar nicht. Politik ist für mich erst ab 1933/34 spürbar geworden. Natürlich wussten wir von den politischen Haltungen einiger Lehrer, aber da gab es ja sehr unterschiedliche. Aus einer Revue zum Goethefest gibt es dazu einen Song, der spricht das ganz deutlich aus: »Wo ist der Mond? Wo ist der Mond? Hat denn keiner den Mond geseh'n? Und da kriegt er von Herrn Bollhorn einen Schubs nach rechts, und da kriegt er von Herrn Heine einen Schubs nach links ...«

*Dass Sie den demokratisch-republikanischen Grundkonsens an der Lichtwarkschule, so möchte ich mal die politische Haltung der Schule benennen, als nichts Besonderes erlebt haben, ist ja letztlich auch aus Ihrer damaligen Schülersicht und Biografie zu erklären. Sie kamen aus einem politisch bewusst »linken« Elternhaus, die Schule Burgstraße war eine Reformschule gewesen, und insofern war es sehr wahrscheinlich für Sie nichts Bemerkenswertes, in einer freigeistigen Schule zu sein.*

Möglicherweise ...

*... war das für Sie eher selbstverständlich.*

Das möchte ich annehmen. Insofern muss man das vielleicht tatsächlich so sehen, denn dass die Lichtwarkschule sich fundamental unterschieden hat von vielen anderen höheren Schulen nicht nur in Hamburg, das ist uns natürlich erst sehr viel später klar geworden.

*Sie haben in der Lichtwarkschule eine unbeschwerte und interessante Schulzeit gehabt, hatten ein enges Verhältnis zu den Lehrern, ja, Sie waren, wie bei Ida Eberhardt, manchmal sogar in die Vorbereitung des Unterrichts einbezogen. Hat dies alles schon früh den Wunsch in Ihnen geweckt, selbst Lehrerin zu werden?*

Nein, in mir war lange noch der Wunsch, Biologie zu studieren. Als ich mit Frau Eberhardt im Stadtpark gesammelt habe, war meine Vorstellung, dass ich mal Naturforscherin werden könnte. Selbst später, als mein Verstand mir längst gesagt hatte, dass dies wegen der Länge des Studiums und wegen des Geldes unmöglich war, blieb immer noch die Vorstellung im Hinterkopf, Biologie zu studieren. Auf die Idee, Lehrerin zu werden, bin ich damals nicht gekommen. Ich wusste auch nicht, dass das Lehrerstudium praktisch unentgeltlich war. Aber mit Kindern konnte ich ja immer gut umgehen. Das habe ich in den Sammelgruppen der Schule Burgstraße im Schullandheim ja häufig ausprobieren können. Und so hat sich das gefügt.

*Wenn Sie für die Lichtwark-Schulzeit bis zum Jahr 1933 ein Resümee ziehen wollten, wie sähe das aus?*

1933 war ein politischer Einschnitt, der weder für meinen Mann noch für mich eine große Änderung des Schulalltags bedeutete. Als wichtigste positive Erfahrungen würde ich nennen: selbständiges Arbeiten und selbständiges Erarbeiten. Wer das gelernt hat, der hat ein ganz anderes Selbstbewusstsein. Dazu gehörte, dass man unsere Neugier geweckt und damit einen großen Wissensdurst ausgelöst hat. Die Neugier ist mein Leben lang geblieben. Die musischen Fächer kommen für mich als Wichtigstes gleich danach, denn das ist eine ständige Begleitung meines gesamten Schullebens gewesen.

*Und durch das ganze Leben.*

Für mich und für meinen Mann auch. Weiter war wichtig die Kameradschaft untereinander; die hat es sicher in anderen Schulen auch gegeben, aber sie war doch etwas Besonderes für mich. Wir haben ja 1987 noch das fünfzigjährige Abiturjubiläum hier bei uns im Haus gefeiert. Auch die Erziehung zur Toleranz war wesentlich. Da möchte ich ein Zitat von Ida Eberhardt anführen, das sie uns schon in der Quinta, spätestens in der Quarta mitgegeben hat: »Hütet euch vor dem *die*«, hat sie wiederholt gesagt und dann ausgeführt: »*Die* Jungs, *die* Mädchen, *die* Schwarzen – hütet euch vor diesem *die*, das ist etwas Schlimmes.«

*Sie meinte die Verallgemeinerung.*

»Hütet euch vor dem *die*« – das hat für mich eine große Bedeutung gehabt, und ich hoffe, dass ich Ida Eberhardts Ermahnung immer beachtet habe.

Zum Resümee gehört auch das wenige Negative. Für meinen Mann und für mich gilt: zu wenig Literatur, vor allem keine Gedichte. Das vermissten wir beide, wir haben praktisch kein Gedicht gelernt. Außerdem nur wenig zusammenhängender Geschichtsunterricht. Was mein Mann und ich an Geschichtskenntnissen haben, das haben wir uns hinterher zusammengesammelt.

*1977 gab es im Gebäude der früheren Lichtwarkschule ein erstes großes Wiedersehen der Ehemaligen, und zwar aller Klassen. Als »experience of a lifetime« hat dies ein in die USA emigrierter Schüler beschrieben. War auch für Sie noch etwas von dem früheren Zusammengehörigkeitsgefühl bemerkbar?*

Es war zu Anfang, als alle nach und nach eintrafen, ein riesengroßes Umarmen und Schulterklopfen. Und es herrschte sofort eine ganz vertraute Atmosphäre. Das hing vielleicht auch mit der Aula zusammen, die sich nicht verändert hatte, aber nicht nur damit. Unser Wiedersehen war für alle, die dabei waren, ein ganz großes Erlebnis. Viele waren ja von weit her, aus den USA, Israel und Südamerika gekommen. Wir haben dann leider zu denen, die von außerhalb angereist waren, keine Verbindung halten können.

Aber irgendwann, als mein Mann Bundeskanzler war, haben wir einen offiziellen Besuch in Ungarn gemacht. Bei einer Pressekonferenz, alles voller Journalisten, guckt mich einer an, ich denke, das Gesicht kennst du doch! Als ich meinen Mann auf ihn aufmerksam mache, sagt er: »Das muss Peter Renyi sein.« Es war ein ehemaliger Lichtwark-Schüler, auch emigriert und dann in Ungarn geblieben.

Es war also ein Schultreffen mit unendlich viel Rührung und Erinnerung. Heute würde man sagen: sehr emotional. Das Wort ist mir eigentlich zu abgeklappert in diesem Zusammenhang. Es war ja Rührung *und* Erinnerung. Und für alle, die da waren, besonders natürlich für die, die von Gott weiß wo angereist waren, war es ein bisschen das Zurückgehen in eine schöne Schulzeit, die man nicht vergessen hat. Ich glaube, in dem Augenblick, als wir in der Aula saßen, ist jeder, ohne es zu wollen, zurück in seine eigene Schulzeit gerutscht.

*Der 30. Januar 1933 brachte dann die so genannte Machtübernahme der Nationalsozialisten. Was sind Ihre Erinnerungen an diesen Umbruch?*

Bei uns zu Hause war das so, dass mein Vater 1933 nach der Wahl sagte: »Das bedeutet Krieg.« Aber damit war das Thema beendet. Darüber wurde erst einmal nicht weiter gesprochen. Doch dieses »Das bedeutet Krieg«, das war so durchdringend von ihm gesagt, dass ich das heute beinahe noch höre.

*Was geschah an Ihrer Schule?*

Wir behielten zunächst einmal unsere vertrauten Lehrer, so dass der politische Umbruch für uns im Unterricht nicht zu spüren war und sich auch später an der Schulatmosphäre nichts änderte. Veränderungen in der Schule waren für mich erst mit der Absetzung unseres Schulleiters Landahl nach den Sommerferien 1933 sichtbar.

*Obwohl es Fotodokumente gibt, die zeigen, dass auch an Ihrer Schule für die Märzwahlen 1933 Plakate zur Unterstützung Hitlers angefertigt wurden.*

Möglicherweise waren das Schüler der Oberstufe, die sich da politisch engagieren mussten oder wollten.

*Aber auch in Ihrem engeren Umfeld gab es schon in den ersten Wochen und Monaten politische Veränderungen. Zum Beispiel wurde Kurt Adams, der Freund Ihrer Eltern, von seinem Posten als Leiter der Volkshochschule entfernt.*

Das wussten meine Eltern. Für die Adams hat dann eine schwierige Zeit angefangen. Er hat mit Kaffee- und Margarineverkauf die Existenz der Familie sichern müssen.

*Und sich ja wohl auch weiter politisch gegen die Nationalsozialisten betätigt. 1944 ist er dann ins KZ gekommen und dort ermordet worden.*

Ich erinnere von dieser Zeit, dass meine Eltern manchmal Besuch von Lehrkräften der Schule Burgstraße bekamen. Eine der Lehrerinnen brachte immer ein kleines Kind im Kinderwagen mit. Ich sollte es draußen spazieren fahren, und dafür bekam ich fünfzig Pfennig, was viel Geld war. Diese Lehrerin hat mir viel, viel später als Neunzigjährige geschrieben: »Wir haben dich immer rausgeschickt, denn du warst ein so aufgewecktes, neugieriges Kind, und wir wollten nicht, dass du die Gespräche mithörst, um dich nicht zu gefährden.« Da ist also politisch etwas besprochen worden, was aber sehr sorgfältig vor mir verheimlicht worden ist. Als Kind habe ich das nicht gemerkt.

*Wie war das mit der Entlassung des Lehrers Gustav Heine? Heine war wegen seiner KPD-Mitgliedschaft bereits im Mai 1933 aus dem Dienst entfernt, ja, wie Zeitzeugen beschreiben, aus der Klasse abgeführt worden.*

Ich glaube, uns wurde erzählt, er habe leider die Schule verlassen. Er sei versetzt worden und ginge woandershin.

*Der politische Hintergrund war nicht ersichtlich?*

Für uns nicht. Wir haben davon tatsächlich überhaupt nichts mitbekommen. Auch davon nicht, dass unsere frühere Klassenlehrerin Ida Eberhardt später versetzt worden ist – wahrscheinlich ist sie ja auch entlassen worden. Von ihr habe ich nur hinterher gehört, sie sei wieder in ihren Geburtsort zurückgegangen, nach Dissen am Teutoburger Wald. Aber all das haben wir, naiv wie wir waren, nicht mit dem Machtwechsel in Verbindung gebracht.

*Aus den Akten wissen wir, dass der neue Schulleiter Zindler 1935 die Entlassung Ida Eberhardts wegen politischer Unzuverlässigkeit betrieben hat. Über sechshundert Lehrer und Lehrerinnen sind in Hamburg im Zeitraum bis 1936 entlassen worden, die Hälfte der Schulleiter wurde ausgetauscht und Hunderte von Lehrern und Lehrerinnen wurden zwangsversetzt. Einer der Entlassenen war Ihr Schulleiter Heinrich Landahl.*

Das war nach den Sommerferien 1933 und sehr offiziell.

*Fast ein demonstrativer staatlicher Akt.*

Die ganze Schule war in der Aula versammelt. Zindler, der neu eingesetzte Schulleiter, hat ihn verabschiedet und – wie mein Mann und ich erinnern – durchaus in einer angemessenen Form. Dann hat Heinrich Landahl eine Abschiedsrede gehalten. Da brachen einige, besonders bei den Älteren, in Tränen aus. Da mein Mann und ich Heinrich Landahl nicht bewusst erlebt hatten ...

*... Sie meinen, dass Sie ihn nicht als Lehrer gehabt hatten und ihn daher nicht näher kannten ...*

... deshalb haben wir nicht geweint. Nach der Feier in der Aula mussten wir alle auf dem hinteren Schulhof antreten. Erwin Zindler sprach vom zweiten Stock aus dem Fenster und sagte den berühmten Satz: »Diesen roten Miststall werde ich ausmisten!« Solche Töne waren wir nicht gewohnt. Das hat uns alle, ich möchte beinahe sagen, verstört.

*Nun, das war ja seine Rolle. Als Parteimitglied sollte er Ihre als politisch verdächtig geltende Schule auf den neuen Kurs bringen.*

Das war seine Aufgabe. Das hat aber höchstens ein Jahr gedauert, diese Haltung bei Zindler. 1935 hat die Schulbehörde einen Brief an meine Eltern geschrieben mit dem Hinweis, da ein Studium bei unseren finanziellen Mitteln ja nicht in Frage käme, werde sie die Schulgeldbefreiung für die Lichtwarkschule nicht weiter bewilligen.

*Das heißt, Sie sollten die Schule verlassen.*

Ja, ich sollte nach der mittleren Reife von der Schule gehen. Natürlich habe ich erst mal versucht, im Botanischen

Garten eine Lehrstelle zu bekommen, ich bin ins Botanische Institut gegangen, dort aber in der Hierarchie nicht sehr weit vorgedrungen. Dann hieß es: »Hier bei uns im Botanischen Garten, ein Mädchen? Selbst wenn Sie studiert hätten, das kommt überhaupt nicht in Frage.« Dann habe ich mir überlegt, eine Buchbinderlehre anzufangen; denn Buchbinden hatte ich ja bereits in den Nachmittagsstunden in der Schule gut gelernt.

Aber dann passierte Folgendes, und das muss ich Zindler hoch anrechnen: Irgendwann, nachdem meine Eltern den Brief erhalten hatten, wurde ich zum Schulleiter gebeten, zu Herrn Zindler. Der eröffnete mir, dass er und die Lehrer, die uns unterrichteten, beschlossen hätten, dass ich an der Schule verbleiben solle. Es hatte also meinetwegen eine Konferenz gegeben, die musste er ja einberufen haben. Besonders unser Mathematiklehrer, der erst 1934 an die Schule gekommen war, hätte sich für mich eingesetzt. Er hätte gesagt, ich sei der »Sonnenschein der Klasse«. Jedenfalls hat Zindler mir das alles erzählt, und dann sagte er: »Kannst du nicht vielleicht in den BDM eintreten? Besprich das mal mit deinen Eltern.« Und außerdem sollte ich mir eine andere Frisur zulegen.

*Warum eine andere Frisur?*

Weil ich aussah wie ein kleiner Chinese, ich komme noch einmal darauf zurück. Den BDM-Beitritt habe ich also mit meinen Eltern im Familienrat besprochen. Meine beiden etwas jüngeren Geschwister waren auch dabei. Es wurde beschlossen, ich solle in den BDM eintreten.

Bei diesem Gespräch, Ostern 1935, hat mir Herr Zindler auch zum ersten Mal gesagt, dass die Behörde eine Schließung der Lichtwarkschule plane, dass er aber versuchen wolle, die Schule zu erhalten. Danach hat er noch mehrere Male mit mir darüber gesprochen, wohl immer, wenn er von der Behörde kam. Aber Ostern 1935, das weiß ich genau, hat er mir das zum ersten Mal gesagt. Nachträglich bin ich immer wieder verwundert, wenn ich das Revue passieren lasse, wie viel Zutrauen er zu mir gehabt haben muss.

*Das ist in der Tat erstaunlich, vor allem, da es aus der Aktenlage heraus keine Zweifel an Zindlers NS-Haltung gibt.*

Für die Schule hat er sich immer eingesetzt.

*Wie wirkten sich die neuen politischen Verhältnisse im Alltag der Schulklasse aus? Schließlich gab es ja ab 1933 zahlreiche Erlasse, um eine Gleichschaltung auch im Schulalltag zu erreichen: Einführung von Hitlergruß und Flaggenappell, Rassenkunde als fachübergreifendes Thema.*

Der Geist in der Klasse und weitgehend auch an der Schule blieb unverändert. Ich meine damit das Miteinander unter uns Schülern. Es kamen aber neue Lehrer an die Schule, und wir hatten damals, 1933/34 waren wir vierzehn, fünfzehn, durchaus schon ein Gefühl für Menschen.

*Sie sprechen von politischer Einschätzung.*

Selbst wir Jugendlichen hatten schon ein Gefühl dafür entwickelt, einen sechsten Sinn, schnell zu wissen, ist das ein Nazi oder nicht. Wenn man in einen großen Raum kam, wusste man nach kurzer Zeit, hier kannst du etwas offener reden, da musst du vorsichtig sein. Das ist eine eigenartige Sache, mein Mann und ich und viele Freunde, wir haben das alle so erlebt. Bei diesen neuen Lehrern wussten wir ganz schnell, ist das ein Nazi oder nicht. Da haben wir bald festgestellt, dass es zwei Gruppen von neuen Lehrern gab, nämlich die Nazis, und die Lehrer, die andere Schulen loswerden wollten.

*... oder auch von der Behörde zwangsversetzt wurden.*

Das war ja eine günstige Gelegenheit, aus welchen Gründen auch immer.

*Die Zwangsversetzungen waren natürlich ein Mittel der politischen Einschüchterung. In der Lichtwarkschule hat Zindler ja auch die Auswechslung aller Klassenlehrer verfügt, um das Vertrauensverhältnis zwischen Schülern und Lehrern zu durchbrechen.*

Unser neuer Klassenlehrer war Hans Roemer. Er verhielt sich aber völlig indifferent gegenüber den neuen Verhältnissen, also Nazi war der auf keinen Fall. Zu den anderen, neuen Lehrern gehörte der Mathematiklehrer Nölle, der sich so vorstellte: »Ich heiße Nölle mit Töddel, Töddel.« Da war natürlich klar, der hieß bei uns nur »Töddel-Töddel«. Das war der Mathematiklehrer, der sehr dafür gekämpft hatte, dass ich in der Schule bleiben konnte.

Nun war ich in Mathematik gut, das muss ich dazu sagen. Mit seinem Unterricht war ich aber nicht ganz einverstanden. Er war nämlich ungerecht zu denjenigen, die das Fach nicht so liebten. Die hat er angeblafft. Das hat mich sehr geärgert. Mein lieber Mann mochte Mathematik nicht so gern wie ich, und dem hab ich morgens manchmal schnell die Hausaufgaben in sein Heft geschrieben. Das ging gut, denn wir hatten damals eine fast identische Schrift. Nun ergab es sich aber bei unserer Hochzeit, dass auch Herr Nölle uns gratulierte und fragte, ob wir noch alte Mathematikhefte hätten, die würde er sehr dankbar entgegennehmen. Da haben wir dann doch Bedenken gehabt, dass er vielleicht etwas merkt.

*Und Sie haben die Hefte behalten.*

Vor etwa fünfzehn Jahren passierte etwas Seltsames. Wir bekamen einen Brief von Herrn Nölles Sohn, der den Nachlass seines Vaters ordnete. Er schickte uns Zeugnisnotizen seines Vaters aus unserer Schulzeit. In seinem Begleitbrief schrieb der Sohn, dass sein Vater immer wieder gesagt habe: »Die Lichtwark-Schulzeit war meine schönste Lehrerzeit. Ich bin so dankbar, dass ich das noch erleben durfte.«

*Kamen noch weitere neue Lehrkräfte in Ihre Klasse?*

Wir hatten auch einen neuen Lateinlehrer, von dem uns klar war, dass er kein Nazi war. Der war sehr ruppig. Latein war nun nicht mein Lieblingsfach. Da hat er mich auch mal angeschrien, ich hätte alles falsch gemacht, und er würde mir noch mal den Hals abknicken wie einer Mohnblume. Das fand ich weniger schön. Aber Herr Müller kam zur Prüfung der mittleren Reife – damals mussten wir eine richtige Prüfung ablegen –, teilte uns das Thema mit und sagte dann zu uns: »Ich weiß ja, dass keiner von Ihnen mogelt, in einer halben Stunde komme ich wieder.« Das war Herr Müller. Für uns waren die beiden, Herr Müller und Herr Nölle, ganz einwandfrei keine Nazis.

*Erinnern Sie denn einige von den neuen Lehrern, die überzeugte Nationalsozialisten waren?*

Ja, ein Herr Ohm, ein ganz unangenehmer Mensch, der bei uns aber nur mal eine Vertretungsstunde gab und sich dabei die Fingernägel sauber machte ...

*... und der in den höheren Klassen im Unterricht* Mein Kampf *lesen ließ und die »nationalsozialistische Erhebung« behandelte. Ohm wurde auch Zindlers neuer Stellvertreter.*

Ein anderer mit Namen Etzrodt, den wir allerdings auch nur mal als Vertretungslehrer hatten ...

*... und der öfter in SA-Uniform in der Schule erschien, wie mir Schüler seiner Klasse berichteten. Aber 1934, als ein jüdischer Schüler dieser Klasse an einer Darmkrankheit verstarb, führte dieser Parteigenosse Etzrodt seine Klasse geschlossen auf den jüdischen Friedhof Ohlsdorf zur Beerdigung. Vorher hatte er sogar gebeten, dass jeder wegen des jüdischen Ritus eine Kopfbedeckung tragen möge. Und das als überzeugter Nazi!*

Das ist wieder ein Beispiel für dieses merkwürdig Zwiespältige in dieser Zeit. Das hätte ich dem Etzrodt nicht zugetraut.

*Wie war es mit dem Hitlergruß und dem Flaggenappell, der seit dem Sommer 1933 von der Schulverwaltung angeordnet worden war?*

An Flaggenappelle auf dem Schulhof kann ich mich nicht erinnern, jedenfalls haben wir keinen mitgemacht; mein Mann bestätigt das. Natürlich hat es irgendwelche politischen Veranstaltungen in der Aula gegeben. Da wurde dann das Deutschlandlied und das Horst-Wessel-Lied gesungen. Und den Hitlergruß, den habe ich später – allerdings unter merkwürdigen Umständen – nur in

der Klosterschule erlebt: Dort hieß es entweder mit aus-
gestreckter Hand »Moin«, oder unser Geschichtslehrer
kam herein, streckte die Hand aus und sagte dann aber
nicht »Heil Hitler«, sondern: »Setzen Sie sich, meine Damen.«

*Das ist interessant, denn in der behördlichen Verfügung war sehr
detailliert beschrieben, wie der Hitlergruß auszuführen sei. – Als
eine politische Maßnahme muss Zindlers »Säuberung« der Leh-
rerbibliothek gesehen werden. Alle Titel mit demokratischem und
marxistischem Inhalt wurden schon 1933 ausgesondert.*

Erwin Zindler ist wahrscheinlich ein strammer Deutschnationaler gewesen, der hauptsächlich geprägt war durch
seine Soldatenzeit im Ersten Weltkrieg. Aber, wie gesagt,
er hat sich dann vom vorherrschenden Geist der Schule
beeindrucken lassen.

*Als Deutschnationaler hatte er politisch begonnen, aber 1933
war er bereits Mitglied der NSDAP.*
*Gemäß der Ideologie des Nationalsozialismus wurde in den
Schulen die Rassenkunde verpflichtend. Haben Sie das im Unterricht erlebt?*

Ja, aber mit sicher nicht gewollten Folgen. Unser Klassenlehrer Hans Roemer, übrigens nach 1962 Schulleiter meiner Tochter, kam in den Unterricht und sagte: »Wir müssen heute Rassenkunde machen.« Dazu hatte er eine Art
Schublehre mitgebracht und sagte: »Als Erstes wollen wir
mal feststellen, wer von euch nun wirklich ein reiner Arier
ist.«

*Ich nehme an, dass dies ein so genanntes Schädelmessinstrument
war, denn das sollte im Unterricht verwendet werden.*

Ja, das wird es gewesen sein. Wir haben dann vorgeschlagen, er solle mal unseren blonden Klassenkameraden als Erstes prüfen. Also, rein arisch war der nicht. So was könnte man »dinarisch« nennen, sagte Herr Roemer. Er hat noch ein paar andere geprüft, und schließlich meinte er: »Also, jetzt wollen wir mal Lokis Schädel messen, denn die sieht ja schon aus wie ein Chinese.« Und siehe da, ich hatte den arischsten Schädel in der Klasse. Das hat er dann laut verkündet, unter brüllendem Gelächter der ganzen Klasse natürlich, und das war auch schon das Ende der Rassenkunde in unserer Klasse.

Der Geschichtsunterricht bei Herrn Roemer war ebenfalls sehr interessant. Eigentlich hatten wir ein Geschichtsbuch, und unser Thema sollten die Ottonen sein. Aber wenn der Unterricht begann, meldete sich entweder mein Mann oder Jürgen Remé, ein Pastorensohn, der geschichtlich auch sehr interessiert war, und die fragten zum Beispiel: »Herr Roemer, wie war das eigentlich mit der Emser Depesche?« oder irgendwas anderes. Dann gab es ein spannendes Dreiergespräch, die ganze Stunde hindurch. Wir anderen konnten meist nur mit Staunen zuhören, denn die beiden wussten wirklich viel. Sie stellten immer Fragen zur neueren Geschichte, von 1848 angefangen bis zum Weltkrieg. Und wenn es schließlich klingelte, sagte Roemer: »Ihr könnt dann den Stoff im Geschichtsbuch von Seite sowieso bis Seite sowieso durcharbeiten.« Das war unser Geschichtsunterricht – ich habe nicht übertrieben. Es war immer ein interessantes Dreiergespräch, aber nie das, was der Lehrplan vorgegeben hatte.

*Ihre jüdischen Mitschüler an der Lichtwarkschule müssen die Veränderungen sicher als belastend empfunden haben. Waren 1932 noch etwa sechzehn Prozent der Lichtwarkschüler jüdi-*

*schen Glaubens, so hatte sich der Anteil 1936/37 auf etwas über zwei Prozent reduziert.*

Ich habe mit meinem Mann noch mal darüber gesprochen. Uns ist eingefallen, dass wir 1933/34 drei jüdische Schüler in unserer Klasse hatten. Die waren aber später gekommen, das heißt, sie kamen aus anderen Schulen. Lange waren sie nicht in unserer Klasse, sie sind nämlich 1935 nach der mittleren Reife abgegangen. Ob sie möglicherweise abgegangen sind, weil die Eltern ausgewandert sind, weiß ich nicht.

*War das denn kein Thema, als ab 1934 die beiden jüdischen Lehrer Hans Liebeschütz und Dr. Ernst Loewenberg und die vielen jüdischen Mitschüler nach und nach die Schule verließen?*

Nein, soweit ich erinnere, nicht. Es gingen ja schon von der Sexta an immer wieder Schüler aus der Klasse ab. Aber das kann man heute schwer verständlich machen: Für uns waren es keine *jüdischen* Schüler, sondern drei ganz normale Klassenkameraden. Auf die Idee zu sagen: »Das sind Juden«, sind wir gar nicht gekommen.
Vor kurzer Zeit habe ich mit einer ehemaligen Lichtwark-Schülerin telefoniert, die seit etwa 1935 in Israel lebt. Als ich ihr erzählte, dass ich von heutigen Schülern in der ehemaligen Lichtwarkschule gefragt worden bin: »Wie sind Sie mit den jüdischen Mitschülern umgegangen?«, war die geradezu empört: »So ein Quatsch, wir waren doch alle Lichtwark-Schüler.« Sie hat mir dann allerdings auch erzählt, dass 1934 oder 1935 ihr Klassenlehrer gekommen sei und gesagt habe, dass sie leider nicht weiter in der Schule bleiben dürfe. Aber das haben wir nicht mitgekriegt.

*Von vielen Ehemaligen wird die Lehrerin Erna Stahl als beson-*
*ders prägende Pädagogin erinnert, vor allem auch wegen ihrer*
*strikten Ablehnung des Nationalsozialismus.*

1934/35 hatten wir bei ihr Deutschunterricht. Der Unterricht hat allerdings weder auf meinen Mann noch auf mich
einen großen Eindruck gemacht, wenig Literatur, klassische
Literatur überhaupt nicht. Aber es gab ihre Nachmittagsle-
sezirkel. Da kamen sechs, sieben Schüler, die sie ausgesucht
hatte, zu ihr nach Hause. So viele Sitzgelegenheiten gab es
gar nicht, einige haben auch auf dem Fußboden gesessen.
Und an diesen Nachmittagen las sie uns vor.

*War Ihr Mann auch dabei?*

Ja, aber es waren immer dieselben Schüler, die kommen
durften. Das habe ich damals als ungerecht empfunden,
auch wenn es für mich schmeichelhaft war, dass ich immer
dabei sein durfte. Das fand ich nicht …

*… pädagogisch sinnvoll.*

Genau, denn die anderen aus der Klasse bekamen das doch
mit. Aber die Schüler ihrer eigenen Klasse, die jünger waren als wir, waren begeistert von Erna Stahl. Wir sollten
erwähnen, dass sie verraten worden ist und im Gefängnis
war.

*Nachdem sie 1935 zwangsversetzt worden war, behielt sie Kon-*
*takt zu Schülern aus ihrer Lichtwark-Schulklasse. Die haben*
*sich bei ihr getroffen und unter anderem auch von den Nazis ver-*
*botene Literatur gelesen. Und von einem dieser Schüler ist das*
*der Gestapo verraten worden, so dass Erna Stahl von 1943 bis*
*Kriegsende in Haft war.*

Nach dem Krieg war ich als Prüflehrerin für die Aufnahmeprüfungen an der Albert-Schweitzer-Schule, die von Frau Stahl geleitet wurde. Dort habe ich mit ihr und auch mit ihrer Freundin Ilse Ahlgrimm sehr viel zu tun gehabt, und auch privat haben wir uns gesehen.

*Die Lichtwarkschule ist offenbar politisch nicht wirklich gleichzuschalten gewesen. Ostern 1937 wurde sie offiziell aufgelöst.*

Meine Klasse ist bereits Ende 1936 aufgelöst worden. Die Jungen blieben als Jungenklasse in der Lichtwarkschule und machten Ostern 1937 ihr Abitur. Wir Mädchen gingen ein halbes Jahr in die Klosterschule. Dann mussten wir ein halbes Jahr Hauswirtschaft machen, entweder privat oder irgendwo in einer öffentlichen Stelle.

*Und erst dann bekamen Sie das Abitur.*

Ja, nachdem man vorgezeigt hatte, dass man Hauswirtschaft absolviert hatte. Die Verabschiedung von uns sechs Mädchen von der Lichtwarkschule fand vor den Weihnachtsferien statt. Da kam Herr Zindler noch zu mir, hat mich in den Arm genommen und gesagt: »Loki, Loki, was haben sie bloß aus unserer schönen Schule gemacht.« Ich nehme es ihm wirklich ab, weil ich ja oft solche Gespräche mit ihm hatte.

*Aber er war der von den Nazis eingesetzte Schulleiter, und es gab sicher viele Schüler und Lehrer, die ganz andere Erfahrungen mit ihm gemacht haben.*

Das ist möglich. Aber ich bin nicht die Einzige, die auch andere Seiten an ihm erlebt hat. 1996, als ich die Lichtwark-Schulausstellung des Schulmuseums in der Hamburger Staatsbibliothek eröffnet habe, kam hinterher eine ganze Reihe ehemaliger Lichtwark-Schüler – mein Alter und älter, aber auch aus der Klasse meines Schwagers und meiner Schwägerin, zwei Jahre jünger als wir – und hat gesagt: »Das war gut, dass einer Herrn Zindler mal verteidigt hat.« Das waren nicht drei, das waren über zehn. Es kommt wohl darauf an, was man mit ihm erlebt hat.

*Wie wurden Sie als ehemalige Lichtwark-Schülerinnen an der Klosterschule aufgenommen?*

Heute sagt jeder Klosterschule, aber die Schule hieß damals eigentlich Schule am Lübecker Torfeld. Die ehemalige Klosterschule am Holzdamm war längst in dieser Schule aufgegangen. Nun kamen wir noch als Gruppe aus der Lichtwarkschule dazu. Außer uns sechs Primanerinnen wurden alle Lichtwark-Schulmädchen in die jeweiligen Klassen integriert. Wir Ältesten blieben zusammen und wurden vom Schulleiter Kleeberg freundlich empfangen: »Wir wollen Sie nicht mehr umerziehen, das wird uns ja doch nicht gelingen«, sagte er. »Darum habe ich mir gedacht: Oben ist ein Kartenzimmer, das haben wir jetzt leer geräumt, und da können Sie dann Unterricht haben.« Es kam noch ein Mädchen dazu, aus der Richard-Wagner-Schule. Das war die ehemalige Aufbauschule für die Schüler, die nach der siebten Klasse zum Abitur geführt werden sollten.

*Vornehmlich eine Schule für Arbeiterkinder, die in der Weimarer Republik eingerichtet worden war und von den Nazis ebenfalls aufgelöst wurde.*

Nun waren wir sieben und hatten ein Kartenzimmer für uns. Es gab einen ausgezeichneten Musikunterricht, von dem ich sehr begeistert war. Die Lehrerin grüßte, glaube ich, mit »Heil Hitler«. Aber kaum ein anderer Lehrer grüßte so, wenn er da oben zu uns kam. Von dem Geschichtslehrer, der den Arm hob, aber nicht »Heil Hitler«, sondern »Setzen Sie sich, meine Damen« sagte, habe ich ja schon erzählt. Beim Sportunterricht gab es allerdings Kleinkaliberschießen. Und das habe ich sofort abgelehnt.

*Wo wurde das Schießen durchgeführt?*

In der Turnhalle auf der Matte liegend. Ich glaube, ich habe gesagt, ich sei Pazifist, es wurde jedenfalls anerkannt. Ich habe also nie Kleinkaliberschießen mitgemacht. Was für uns alle schlimm war: Es gab ein- oder zweimal Luftschutzübungen, und die waren wie eine Art Wehrübung. Wir zogen mit Tarnuniformen und Wasserspritzen durch die Straßen und haben dabei einmal John Börnsen getroffen, unseren Kunstlehrer von der Lichtwarkschule. Wir konnten ja nicht ausweichen, weil wir im Zug marschieren mussten. Der hat uns vielleicht entsetzt angeguckt!
Bei einer anderen Luftschutzübung, die damals in ganz Hamburg durchgeführt wurde, mussten alle Schülerinnen in den Keller. Aber wir sieben, die wir unterm Dach »wohnten«, hatten das Dach zu verteidigen. Wir mussten Wasserschläuche anschließen, Eimer füllen und uns einrichten. Zum Glück dauerte es höchstens zehn Minuten, bis die jungen Lehrer nach oben kamen. Die haben wir mit Wasser nass gespritzt, und es wurde dann also eher erheiternd.

*Aber es war doch auch Einstimmung auf den Krieg.*

Das hatte ich 1938 schon einmal zu spüren bekommen, als ich zum Einholen gegangen war und unser Krämer gesagt hatte: »Ich kann euch leider in Zukunft nur noch so viel Butter und so viel Kaffee geben, wie ihr immer gekauft habt. Mehr gibt es nicht.« Ich habe den Mann entsetzt angestarrt, bin nach Hause gelaufen, hab das meinen Eltern erzählt, und da war uns vieles klar.

*War ein Unterschied zwischen der Pädagogik der Klosterschule und der Lichtwarkschule zu bemerken?*

Der Unterricht war vermutlich im Allgemeinen etwas konventioneller, als wir das gekannt hatten. Bei uns sieben Mädchen allerdings nicht. Wir hatten eine Sonderrolle. Und das war wahrscheinlich für die Lehrer auch ein Vergnügen, denn wir waren es ja gewohnt, offen zu reden und selbständig zu sein. Meine Schwester, die vier Schuljahre unter mir war, ist aber, wie die anderen jüngeren Lichtwark-Schülerinnen auch, in die jeweiligen Klassen integriert worden. Die sind dort nicht so tolerant behandelt worden wir wir. Meine Schwester konnte das nicht aushalten und hat die Klosterschule deshalb nach der elften Klasse verlassen. Meine Eltern haben das auch geduldet.

Damals hatte meine BDM-Zeit begonnen. In einem Kutschergebäude hatten wir einen Raum als »Heim«, wie das damals hieß, zur Verfügung gestellt bekommen, und die Einrichtung dieses Heims bestimmte meine erste BDM-Zeit. Da ich ja Phantasie hatte und auch handwerklich ganz geschickt war, habe ich das alles ein bisschen organisiert. Das lief wunderbar und hat natürlich Spaß gemacht, ist doch ganz klar. Einen etwas schmuddeligen, leeren Raum zu was Wohnlichem einzurichten macht Spaß.

*Aber es gab ja sicher auch andere Aktivitäten.*

Kaum. Einmal habe ich eine Nachtwanderung mit einem großen Feuer miterlebt. Alle saßen um das Feuer herum, einige alte Lieder von der bündischen Jugend wurden angestimmt. Ich muss bekennen, dass dieses Feuer, dieses große Feuer und das Singen im Dunkeln mich damals durchaus beeindruckt haben. Aber auch bei den Heimabenden wurde viel gesungen. Irgendwann hatte ich einmal meine Bratsche mitgenommen, und das war meine Rettung für viele, viele Jahre, denn kurz darauf wurde ich ins BDM-Orchester eingeladen und bin dort geblieben.

*Das heißt, von den normalen BDM-Treffen waren Sie damit befreit. Und was wurde bei den Proben politisch gemacht?*

Gar nichts! Das BDM-Orchester wurde geleitet von einer jungen Frau, die niemals politisierte. Wir haben bei den Orchesterproben nie über Politik geredet, sondern es ging sofort mit der Probe los. Diese Dirigentin, von der ich gern wissen würde, was aus ihr geworden ist, spielte nur Barockmusik mit uns. Das Orchester war gar nicht schlecht, vielleicht auch, weil sie sehr genau auswählte. Nur gelegentlich fehlte mal ein Instrument, zum Beispiel bei den Brandenburgischen Konzerten. Dann hatte sie aber immer andere Musikerinnen parat, die Soloinstrumente spielten. Aber auch mit denen gab es nie ein politisches Wort. Und wehe, wenn sich zwei mal unterhalten haben über Kino oder sonst etwas. Das mochte sie überhaupt nicht haben, da wurde musikalisch streng gearbeitet.

*Wo ist das Orchester aufgetreten?*

Aufgetreten sind wir natürlich bei irgendwelchen politischen Veranstaltungen, wobei Barockmusik ja nicht immer passte. Sie hätte aber nie was anderes mit uns gespielt als Barockmusik. Bach, Telemann, Händel, ich weiß nicht, ob sie auch mal Italiener genommen hat. Es war jedenfalls eine wunderbare Musikmachzeit. Dieses Orchester hat mich dann auch während meines Studiums gerettet.

*In der Prüfungsordnung der Hochschule für Lehrerbildung steht, dass Verhalten und Leistungen in der NSDAP und ihren Jugendorganisationen für Zulassung und Prüfung mit entscheidend sein sollten.*

Das weiß ich nicht. Viele Studenten waren sicher im NS-Studentenbund, ich aber konnte – glücklicherweise – meinen »Dienst« im BDM-Orchester weitermachen.

# KAPITEL 4

*»Ihre Lehrbücher, Herr Professor, habe ich nicht gelesen, aber wie mein Biologieunterricht später aussehen soll, das weiß ich genau«*

Arbeitsdienst und Studienjahre im Nationalsozialismus

*Bevor Sie das Studium begannen, mussten Sie zum Arbeitsdienst.*

Ja. Zwar war der Arbeitsdienst damals noch freiwillig, aber wenn man studieren wollte, war er Pflicht. Vom Frühjahr bis Herbst 1938 lebte ich also in Hagenow-Stadt – die Bahnstation hieß Hagenow-Land, auf der Strecke zwischen Hamburg und Berlin – in einem Herrenhaus aus dem neunzehnten Jahrhundert. Wir Mädchen, die den Arbeitsdienst absolvierten, waren dort auf dem Dachboden untergebracht.

Da standen Gestelle mit Strohsäcken, die in der Mitte einen Schlitz hatten, damit man das Stroh morgens wieder richtig aufarbeiten konnte. Auf einer riesengroßen Bank befanden sich Waschschüsseln. Das Wasser mussten wir mit einem Eimer hochschleppen. Unten gab es zwei große Räume, Tagesraum und Essensraum. Wir gingen morgens nach dem Frühstück zur Arbeit auf die verschiedenen Höfe und blieben bis zum Nachmittag, hatten also dann noch Zeit.

Beaufsichtigt wurden wir zunächst von einer sehr energischen Lagerführerin.

*Das war dann sicher auch gleichzeitig Ihre BDM-Führerin.*

Nein, der BDM spielte im Arbeitsdienst keine Rolle. Diese Lagerführerin mochten wir alle nicht leiden. Aber immerhin, wir waren ja kurz vor Ostern gekommen und machten zu Ostern gleich eine Fahrt an den Schaalsee. Da haben wir auch im Stroh geschlafen. Das war richtiges Lagerleben, stur mit Flaggenappell. In Zarrentin haben wir die Kirche besichtigt, das war gar nicht so schlecht für den Anfang.

Gleich nach Ostern bekamen wir dann unsere verschiedenen Höfe zugeteilt. Wir mussten nicht das ganze halbe Jahr bei einem Bauern arbeiten, sondern es wechselte – mal jede Woche, mal nach vierzehn Tagen. Manchmal baten die Bauern beziehungsweise die Bauersfrauen darum, jemanden zu behalten, wenn man sich gut eingearbeitet hatte. Ich weiß nicht mehr, wo ich angefangen habe, jedenfalls hat mir die Arbeit Spaß gemacht, ich habe immer versucht, draußen auf dem Feld zu arbeiten.

*War es nur schwere Arbeit, oder haben Sie auch etwas gelernt?*

Ich habe viel gelernt: Ich kann Garben binden, wenn das Korn noch mit einer Sense geschnitten ist, ich kann natürlich Garben aufstellen, ich kann Garben hochstapeln auf einem Wagen, ich kann Heu wenden, ich kann Kartoffeln legen und Kartoffeln wieder einsammeln. Ich kann Rüben verziehen und Rüben hacken, und, was für mich ganz neu war, ich habe dort das erste Maisfeld meines Lebens gesehen. Das kann man sich heute nicht mehr vorstellen: Mais gab es damals in Deutschland nicht. Aber es gab einen Bauern, der das mal ausprobieren wollte. Der Mais wurde mehr als mannshoch und musste gehackt werden wie Kartoffeln und Rüben.

*Hat die körperliche Arbeit Ihnen wirklich immer Spaß gemacht?*

Meistens ja. Es war für mich ja ein neuer Lebensbereich mit neuen Erfahrungen. Pro Tag erhielten wir zwanzig Pfennig, die Jungen fünfundzwanzig. Eigentlich unerhört! Dafür mussten wir aber nicht ganz so lange arbeiten. Nach der Hälfte der Zeit gab es ein »Bergfest«. Wir sind auch mal in das Gestüt Redefin gefahren, wo ein großes Arbeitsdiensttreffen stattfand, mit Arbeitsmaiden und Arbeitsmännern aus allen mecklenburgischen Lagern. Inzwischen hatten wir eine neue Lagerleiterin bekommen, die es mit der politischen Erziehung nicht so genau nahm, Ruth Schmarje. »Wisst ihr was, amüsiert euch mal ruhig ein bisschen, aber pünktlich um zehn seid ihr wieder hier«, sagte sie. Natürlich sind wir alle mit jungen Arbeitsmännern losgezogen. Pünktlich um zehn waren wir aber wieder da, und sie strahlte. Einige erzählten stolz, dass sie den ersten Heiratsantrag erhalten hätten, und brachten kleine Fotos mit.

*Also, alles in allem erinnern Sie die Zeit des Arbeitsdienstes als keine schlechte Zeit.*

Nein, für mich war das eine angenehme Zeit, in der ich viel Neues gelernt habe.

*Nach dem Arbeitsdienst begannen Sie Ihre Lehrerausbildung in Hamburg. Zum Wintersemester 1936/37 hatten die Nationalsozialisten die in Hamburg seit 1926 bestehende universitäre Ausbildung für Volksschullehrer beendet und die so genannte Hochschule für Lehrerbildung (HfL) eingerichtet, die Sie dann besuchten. Eine wichtige Änderung war, dass das Studium sehr verschult und verkürzt worden war. Doch zunächst einmal, wie war es zur Entscheidung für das Lehrerstudium gekommen?*

Meinen Wunsch, Biologie zu studieren, hatte ich natürlich längst abgehakt; denn da musste man jedes Seminar und jede Vorlesung bezahlen. Das war völlig ausgeschlossen. Ich habe mich also an der Uni erkundigt, welches das kürzeste Studium war, ich lag ja meinen Eltern auf der Tasche. An der HfL musste ich nur die Einschreibgebühr bezahlen. Das war aber ziemlich viel Geld, zweihundert Mark, und das hatten meine Eltern nicht. Deshalb musste ich mir das Geld von Freunden meiner Eltern leihen und wieder zurückzahlen. Ich konnte aber bei meinen Eltern wohnen und essen. Taschengeld haben meine Geschwister und ich übrigens nie bekommen. Ich musste nebenbei arbeiten.

*Das fehlende Geld war also ein Grund für Ihre Entscheidung zum Lehrerberuf, aber der Umgang mit Kindern hat Ihnen ja durchaus auch gelegen.*

Ich glaube, ich bin – nachträglich besehen – eine gute Lehrerin gewesen. Die Verbindungen zu so vielen ehemaligen Schülern legen das zumindest nahe. Obwohl man selbst natürlich häufig etwas verzagt nach Hause ging, weil es nicht so gelaufen war, wie man wollte.

*Bereut haben Sie die Berufswahl nie.*

Nein, niemals. Das ist für mich selbst ja auch eine Riesenbereicherung gewesen. Ich muss Ihnen ehrlich gestehen, mir macht es heute noch Spaß, mit Kindern ins Gespräch zu kommen. Das klappt immer noch.

*Das habe ich ja selbst oft miterlebt. Wann genau haben Sie Ihr Studium aufgenommen?*

Im Wintersemester 1938/39. Bei der Einschreibung musste ich die Bescheinigung des Arbeitsdienstes und das Abiturzeugnis vorlegen.

*Gab es eine gemeinsame Einführung für die Studierenden?*

Fünf Tage dauerte die Einführung der Erstsemester, und zwar auf der Heideburg in den Schwarzen Bergen in Hamburg-Harburg. Bei dieser Einführung sondierte man natürlich schon ausgiebig, was das für Kommilitonen waren, ob Nazi oder Nicht-Nazi ... Ähnlich tat man es dann auch mit den Dozenten. Wir hundertachtzig Erstsemester bekamen alles vorgeschrieben, der Studienaufbau war für alle festgelegt.

*Wo waren die Gebäude der Hochschule für Lehrerbildung?*

Es gab mindestens sechs Studienorte. Zunächst der Bornplatz, ein früherer Ausspann, wo man Wagen und Pferde mieten konnte. Über der Tür ist noch das Emblem, eine kleine Kutsche, zu sehen. Dann gab es Vorlesungen in der Binderstraße, in der alten Talmud-Thora-Schule.

*Wussten Sie, als Sie dort hinkamen, dass das zuvor eine jüdische Schule gewesen war?*

Nein, das habe ich erst viel später herausbekommen. Der dritte Studienort war das Unigebäude.

*Das Hauptgebäude in der Edmund-Siemers-Allee.*

Ja. Dort gab es aber nur Vorlesungen über Erziehungswissenschaft, bei Wilhelm Flitner, den ich sehr geschätzt habe und der auch nach dem Krieg noch an der Universität war. Der vierte Ort war die Angerstraße. Dort gab es Musik und andere musische Fächer. Fünftens das Schwimmbad Kellinghusenstraße, denn wir mussten in der Ausbildung einen Rettungsschwimmerschein machen, was ich heute noch sinnvoll finde. Und zu guter Letzt die Jahnkampfbahn im Stadtpark.

*Das Studium war also über die ganze Stadt verteilt, was weite Wege nach sich zog.*

Da brauchte man natürlich eine Monatskarte, das Geld musste ich mir dazu verdienen. Zusätzlich zu dem vorgeschriebenen Stundenplan musste jeder ein Wahlfach belegen. Im ersten Semester habe ich Nadelarbeit bei Margarete Martens genommen. Die schien mir auch politisch ganz vertrauenswürdig. Nach dem ersten Semester sagte sie: »Sie können wirklich das Wahlfach wechseln, bei mir können Sie nichts mehr lernen. Ich selbst habe so viel von Ihnen gelernt …« – Lichtwarkschule! Und dann habe ich Musik gewählt.

*Alles andere war vorgeschrieben. Und das war bei fünf Prüfungsgebieten ja nicht wenig: Erziehungswissenschaft, Charakter- und Jugendkunde, Vererbungslehre und Rassenkunde, Volkskunde sowie Allgemeine und besondere Unterrichtslehre.*

Das alles war vorgeschrieben. Nachher bei der Prüfung, zu der wir ja noch kommen, konnte man sich noch ein zusätzliches Fach aussuchen. Pro Semester gab es zwei Praktika in der Grundschule. Das gestaltete jeder Betreuungslehrer natürlich anders, aber bei mir war es so: Erst bekam ich einen kurzen Hospitationsplan, und dann konnte ich wenigstens schon mal eine halbe Stunde selbst unterrichten. Eine ganz sorgfältige Nachbesprechung und eine Planung der nächsten Stunde schlossen sich an.

*Das machten Sie mit dem betreuenden Lehrer zusammen?*

Ja, der nahm sich Zeit. Mein erstes Praktikum fand in der Schule Ahrensburger Straße statt. Schwierigkeiten mit der Lehrerrolle hatte ich nicht, aber zunächst ganz schöne Selbstzweifel. Was hast du eigentlich in einer halben – oder später einer ganzen – Stunde erreicht? Hinterher habe ich über all die Lehrer nachgedacht, bei denen ich Praktika hatte, die sich viel Mühe gegeben haben mit mir und sicher mit den anderen genauso. Ich vermute, dass das Lehrer der Reformschulen gewesen sind, die ihre Erfahrungen gern weitergeben wollten. Ich habe also bei den Praktika nur Lehrer getroffen, die einen mir vertrauten Unterrichtsstil hatten.

*Das ist nicht verwunderlich, denn die Schule Ahrensburger Straße hatte bis 1933 zum Kreis der Reformschulen gehört und war eine der ersten Reformschulen im Deutschen Reich, über die bereits in den zwanziger Jahren ein Buch, eine Art Schuldokumentation, geschrieben worden ist:* Die Schule am Dulsberg *von dem Lehrer und Universitätsdozenten Julius Gebhard.*

Neben den Praktika in den Stadtschulen war das Landschulpraktikum für mich ganz besonders wichtig. Die Gegend konnten wir uns aussuchen, und ich wollte gern ins Teufelsmoor, schon wegen der Worpsweder Maler. Aber da gab es leider keine Möglichkeit. Deshalb bin ich schließlich nach Hambergen gekommen. Das wurde mir angeboten; es liegt am westlichen Rande des Teufelsmoors nördlich von Osterholz-Scharmbeck.

*Haben Sie dann dort auch gewohnt?*

Ja, ich wohnte beim Lehrer und seiner Frau. Da war eine zweiklassige Schule. Der Hauptlehrer hieß Backhaus. Ich übernahm die Klassen eins bis vier, und er unterrichtete die Klassen fünf bis acht. Familie Backhaus und ich haben uns erst mal unterhalten und, ohne dass wir darüber direkt gesprochen hätten, gemerkt, dass wir nicht zu den Nazis gehörten. Bei meinem Unterricht schaute Herr Backhaus hin und wieder mal zu, aber ansonsten hat er mich frei arbeiten lassen.

In der großen Pause spielten die Kinder auf dem Hof. Herr Backhaus und ich frühstückten immer auf der Veranda vor seinem Schulhaus, von wo wir den Schulhof überblicken konnten. Dort haben wir über den Unterricht gesprochen, aber auch über einzelne Kinder. Ich bin diesem Landschulpraktikum ungeheuer dankbar, denn da hab ich eins gelernt, was für mich später wichtig war: im Unterricht zu differenzieren, damit jedes Kind das richtige »Futter« bekam. Wie man das macht, das habe ich dort gelernt.

*Wie lange ging Ihr Landschulpraktikum?*

Eigentlich waren es vier oder sechs Wochen, aber ich bin länger geblieben, weil der Krieg ausbrach. Unmittelbar vor Kriegsausbruch musste Herr Backhaus die Schule kurze Zeit schließen, denn er musste vor Ort Lebensmittelkarten austeilen. Da sind wir beide, er hatte ein Auto und auch noch ein bisschen Sprit, umhergefahren – viele einställige Höfe gehörten dazu, weit weg im Moor – und haben Lebensmittelkarten ausgeteilt. Zum ersten Mal habe ich dort Menschen getroffen, die keine Unterschrift geben konnten. Analphabeten, die drei Kreuze machten.

Das waren Familienmitglieder, die geistig ein bisschen behindert waren. Sie waren aber auf den Höfen völlig integriert und hatten feste Aufgaben, den Hof sauber zu halten, zum Beispiel. Herr Backhaus hat mir dann bestätigt, dass die Bauern sich geweigert hatten, diese Menschen ins Heim zu geben: »Unsere Kinder kommen nicht in ein Heim, die bleiben hier bei uns!« Auch wenn die Nazis das anders gewollt hatten.

*In meiner Familie ist eine behinderte Schwester meines Vaters zwangsweise in ein Heim überführt worden und kurz vor Kriegsende dann dort umgebracht worden.*

Das hat man hinterher ja häufiger gehört. Wir saßen eines Abends zusammen, die Backhausens und ich, und hatten nur ein Gesprächsthema: Wann beginnt der Krieg? Da kam der Pastor, Herr Plarre, auf seinem Pferd an und sagte: »Es ist so weit, es ist Krieg.«
In diesem Zusammenhang möchte ich etwas zu meiner Haltung zur Kirche erzählen, denn Pastor Plarre hat mich getraut. Mein späterer Mann und ich waren uns schnell einig, dass der Krieg böse ausgehen und dass danach eine schlimme Zeit kommen würde. Armut, das war klar, aber das kannte ich ja nur zu gut. Wir fürchteten mehr den psychischen Bruch und haben überlegt, dass das nach dem Krieg eigentlich nur die beiden Kirchen auffangen könnten. Das war für mich der erste Grund, mich taufen und dann auch kirchlich trauen zu lassen. Der zweite Grund war die Tatsache, dass die Kirche inzwischen von den Nazis ja sehr angefeindet wurde. Mein Entschluss für die Kirche war also eine Mischung aus Opposition und dem Denken an die Nachkriegszeit.

*Wie haben Ihre Eltern darauf reagiert?*

Meine Mutter war entsetzt, als ich ihnen gestand, mich taufen zu lassen. Doch da ich ihnen auch die Gründe nannte, sagte mein Vater: »Das kann ich gut verstehen.« Die standesamtliche Trauung war ja kein Problem, aber eine kirchliche Trauung, das ging mit meiner Mutter nicht. Da sind wir auf die Idee gekommen, wir könnten uns eigentlich in Hambergen in der Kirche von Pastor Plarre trauen lassen. Ich habe also angefragt bei Familie Backhaus, ob wir da einmal übernachten könnten, und bei dem Pastor, ob er uns trauen würde. Wir sind nach Hambergen gefahren und haben dort in der Kirche geheiratet. Und es gab sogar einen Chor, der wunderschön gesungen hat und mich anstrahlte. Es waren nämlich viele meiner Ehemaligen in diesem Chor. Das war also eine zweite Verbindung zu Hambergen und meinem Landschulpraktikum.

Irgendwann in den siebziger Jahren, wir waren schon in Bonn, bekam ich die Nachricht, die Kirche habe ein großes Jubiläum, ob ich nicht kommen könne. Da bin ich wieder nach Hambergen gefahren. Es war eine große Freude. Auf dem Empfang sagte jemand beinahe beiläufig: »Wollen Sie nicht noch einmal Ihre alte Schule sehen?« Die war nämlich etwas außerhalb des Dorfes gelegen. 1942 bei der Trauung hatte ich mit meinem selbst genähten Brautkleid auf Heidewegen zur Kirche gehen müssen. Ich stapfe also durch den Heidesand mit einer gewissen Freude, mache die Tür auf, und da sitzt mein ganzer Klassenraum voll. Das waren die Ehemaligen, und jeder hatte sich auf seinen alten Platz gesetzt. Ich habe fast geheult vor Rührung.

*Dieses Landschulpraktikum hatte ja nachhaltige Folgen.*

Eigentlich war ich ja nicht sehr lange da. Aber nach wie vor halte ich das Landschulpraktikum für ganz wichtig für mich.

*Eine bedeutende pädagogische Erfahrung, weil Sie mit Kindern unterschiedlichen Alters umgehen und deshalb auch notgedrungen methodisch und inhaltlich differenziert arbeiten mussten.*

Ja, das war einem nachher so selbstverständlich, gerade wenn man Klassen hatte, in denen das intellektuelle Niveau sehr auseinander ging.

*Kommen wir zurück zu Ihrem Studium.*

Von den Vorlesungen erinnere ich kaum etwas. Bei vielen Veranstaltungen war ich wohl nur anwesend, weil ich das Testat brauchte. Die Räume waren überfüllt, was ja kein Wunder war bei hundertachtzig Studenten. Einige saßen auf dem Boden, das ist also nichts Neues. Ich habe immer versucht, einen Platz zu erwischen, weil ich heimlich unterm Tisch strickte. Ich musste ja noch Geld verdienen, und das habe ich unter anderem auch mit Stricken getan. Also, Stricken in der Uni ist auch nichts Neues. Das habe ich schon früh exerziert.

*Wie war es mit der vorgeschriebenen Vererbungslehre und Rassenkunde?*

Rassenkunde erinnere ich ein wenig. Da wurde nämlich hauptsächlich über Gregor Mendel geredet. Da ich Mendel aber schon lange vorher kannte, weil mich der Biologe Mendel und seine Versuche zur Vererbung interessierten, habe ich wohl nicht besonders zugehört. Hin und wieder wurden Referate gehalten. Mein Referat war über Charles

Darwin und Trofim Denisowitsch Lysenko, Letzterer ein russischer, heute würde man sagen, Genetiker. Das genaue Thema weiß ich nicht mehr. Ich glaube, es hieß etwa: »Wie weit sind erworbene Eigenschaften an die nächsten Generationen weiterzugeben?«

Lysenko war eigentlich Agrarier. Er meinte, dass die Umwelteinflüsse bei Pflanzen und auch bei Menschen vererbbar seien. Damals habe ich das natürlich prompt angezweifelt und habe die Meinung vertreten, Umwelteinflüsse könnten nur eine Generation verändern, nicht aber an die nächste Generation weitergegeben werden. Das war sicher nicht ganz das, was meine Dozenten hören wollten, aber es wurde als meine Sicht der Dinge akzeptiert.

*Gab es auch Exkursionen?*

In einem Semester hatten zwei Dozenten, nämlich Dr. Block in Deutsch und Dr. Niekerken in Niederdeutsch, etwas Abenteuerliches geplant. Sie wollten mit ihren Studenten des höheren Lehramts, Wahlfach Deutsch und Niederdeutsch und wohl auch Mittelhochdeutsch, nach Holland und in den flämischen Teil Belgiens fahren. Mit Hilfe des Stifters Alfred C. Toepfer ist ihnen das tatsächlich gelungen. Alfred Toepfer lag die Verbindung mit dem niederdeutschen, holländischen Sprachraum sehr am Herzen.

*Da Alfred Toepfer aus der Jugendbewegung kam, lag ihm ja vielleicht auch das pädagogische Anliegen Ihrer Exkursion am Herzen.*

Vielleicht. Zu ihm sind Niekerken und Block auf jeden Fall gegangen und haben ihm das vorgetragen. Er fand die Idee gut. Ich wurde gefragt, ob ich nicht mitwolle, obwohl ich gar nicht zu den Studenten des höheren Lehramts gehörte, wahrscheinlich, weil ich plattdeutsch sprechen konnte und weil ich ja auch Volkstänze kannte. Noch ein weiterer »Gast« war dabei, und zwar der Sohn der sehr tüchtigen und liebenswerten Bibliothekarin der Hochschule für Lehrerbildung, Frau Ernst. Es waren also neunzehn Studenten des höheren Lehramtes, der junge Ernst, der, glaube ich, erst achtzehn war, und ich. Wir hatten alle kein oder wenig Geld, aber Herr Toepfer besorgte Devisen, und er besorgte Pässe, und das in der Nazizeit!

Ich habe darüber an anderer Stelle mal etwas Kurzes geschrieben; der junge Lektor hat daraufhin gesagt, das brauche man doch nicht extra zu erwähnen. Da hab ich ihm geantwortet: »Sie haben keine Ahnung! Kein Mensch bekam Devisen, es sei denn, dass er im Ausland etwas Kriegswichtiges oder für die Nazis Wichtiges erledigte. So wie Sie das heute gewohnt sind – das hat es nicht gegeben.«

*Wann genau fand die Exkursion statt?*

Das war Anfang 1939. Wir fuhren mit dem Fahrrad, denn wir mussten ja sparsam mit dem Geld umgehen, und wir kochten uns auch meistens in mitgenommenen Töpfen selbst etwas zu essen.

*Das kannten Sie ja schon von Ihren Schulfahrten.*

Übernachtet haben wir meistens in Jugendherbergen, die gibt es ja in Holland und Belgien auch, gelegentlich mal in Kuhställen und ganz selten in einfachen Hotels. Als wir über die Grenze kamen, ist besonders den jungen Männern aufgefallen, dass die Menschen so fröhlich aussahen, bis sie merkten: Die Frauen hatten alle angemalte Lippen.

Das war doch bei uns verboten. Wir haben gemeinsam überlegt, warum die Leute fröhlicher wirkten, und kamen zu dem Ergebnis: Die lebten hier anders als wir. Uns beschlich das starke Gefühl, dass wir aus einem Land kamen, das wie ein Gefängnis war.

*Wie sah Ihr Exkursionsprogramm aus?*

Ich war ja nur eine »Mitgenommene« in der Gruppe. Ich habe die Kunstschätze in den holländischen Museen, die wir besuchten, genossen, das können Sie sich ja vorstellen; oder die alten flämischen Städte, das war überwältigend. Dann haben wir den Schriftsteller Felix Timmermans besucht, die Erkundung des Niederdeutschen war ja ein Ziel der Reise. Wir waren bei ihm angekündigt worden und wurden aufgenommen wie altbekannte Freunde. Er war ein wirklich imponierender Mann.

Es gibt übrigens in Deutschland eine Felix-Timmermans-Gesellschaft, die sich später an mich gewandt und um die Schilderung meiner Erlebnisse gebeten hat. Für mich war es nur ein guter halber Tag bei ihm, und richtig vorbereitet war ich nicht. Die anderen Reiseteilnehmer haben ihn aber doch sehr gezielt ausgefragt, auch nach bestimmten Werken. Dieser Besuch war schließlich einer der Gründe, warum wir losgefahren waren. Wir besuchten auch Sten Streuvels, auch ein Schriftsteller – ein ganz seltsamer Mensch, Priester, ganz schmal und hager. Er sah aus wie eine Figur von dem spanischen Maler El Greco.

*Den haben Sie auch besucht …*

Dort kamen wir nun in ein ganz anderes Zuhause, keine Familie und eine streng möblierte Wohnung. Er hatte zwei Siamkatzen, die immer mal auf seiner Schulter saßen.

Er war sehr streng, aber nicht ablehnend. Ein sehr in sich zurückgezogener Mensch, ganz im Gegensatz zu Felix Timmermans, der uns beinahe umarmt hätte. Das war schon interessant.

Wir haben auch alte Kriegsschauplätze des Ersten Weltkriegs besichtigt, zum Beispiel Langemarck. Das klingt jetzt geradezu kitschig: Es war Frühsommer, das ganze Gräberfeld war mit Mohnblumen übersät, und es regnete auch noch. Plötzlich kam die Sonne raus, und es gab einen Regenbogen. Kitschiger kann man sich das nicht vorstellen. Aber ich habe es nun mal so erlebt.

*Langemarck war ja ein Heldenmythos der Nazis, da hier deutsche Freiwilligen-Regimenter, mit zahlreichen Studenten darunter, in der Schlacht vom 11. November 1914 ihr Leben gelassen hatten.*

Es war so kitschig. Aber alte Schützengräben, in denen noch einzelne Stiefel lagen, das war dann nicht mehr so pittoresk.

Ich hatte ein Erlebnis in einem flämischen Dorf, das werde ich mein Lebtag nicht mehr vergessen. Etwa vier von uns waren von der Gruppe abgekommen. In einem sehr schönen, neu gebauten Dorf sind wir in ein Haus gegangen, weil wir so furchtbaren Durst hatten. Dort saßen sechs Männer und eine Frau mit einer Wiege und einem kleinen Kind. Wir haben gefragt, ob wir ein wenig Wasser bekommen könnten. Wir sprachen grundsätzlich plattdeutsch auf der ganzen Reise. Die Leute sagten freundlich: »Guten Tag, wo kommt ihr denn her? Wir können euch verstehen, aber das ist ja nicht unsere Sprache.« Einer von uns hat geantwortet, dass wir aus Deutschland kämen. – So etwas Versteinertes plötzlich, das kann man sich überhaupt nicht vorstellen. Keiner rührte sich mehr.

Die Wiege stand neben mir. Ich habe dann mit dem Kind gespielt, und das hat mir auch den Gefallen getan: hat meinen Finger genommen, gekreischt und gejuchzt. Es war jedenfalls sehr laut und fröhlich. Daraufhin ging die Frau schließlich raus und sagte: »Ich hole Ihnen was zu trinken.«

*Aber die Reserviertheit gegenüber den Deutschen war sehr zu spüren.*

Die war wie eine Mauer. Wir haben etwas zu trinken bekommen, und wir wurden befragt. Irgendwie haben sie wohl gemerkt, dass wir keine bösen Nazis waren und haben uns erzählt, was mit ihrem Dorf geschehen war; das war von Deutschen im Ersten Weltkrieg völlig zerstört worden und hatte später wieder neu aufgebaut werden müssen. Ich habe natürlich im Krieg häufig an dieses Dorf gedacht, wusste aber den Namen nicht mehr. Ich glaube, wir hatten gar nicht danach gefragt. Also, dieses Erlebnis, aber auch die Reise insgesamt, war sehr eindrucksvoll.

*Kommen wir zu Ihrem Abschlussexamen. Welche Themen haben Sie bearbeitet?*

Als Thema für meine schriftliche Examensarbeit hatte ich mir das alte Dorf Horn, heute ein Stadtteil von Hamburg, ausgesucht. Das war möglich. Für diese Arbeit habe ich viele Gespräche mit alten Hornern geführt, habe Aquarelle von alten Häusern gemalt, sogar ein paar Fotos gemacht, denn mein Vater besaß einen Fotoapparat, in den man noch so eine gläserne Kassette reinschieben musste. Die Fotos sind nicht sehr gut geworden. Dann wurde die ganze Arbeit fachmännisch eingebunden. Das hatte ich ja in der Lichtwarkschule gelernt.

*Wurde die Arbeit auf der Schreibmaschine getippt?*

Nein, Hand geschrieben und in blauem Samt eingebunden mit einem Holzrücken. Leider ist sie im Krieg verloren gegangen. Es wäre ja heimatkundlich interessant gewesen, zu sehen, was sich dort alles verändert hat.

Bei der mündlichen Prüfung in Erziehungswissenschaft hatte ich einen Professor, dessen Namen ich nicht mehr weiß. Ich hatte keine besonders große Angst vor dieser Prüfung, denn ich war häufiger vom Landwehr-Bahnhof aus mit ihm in die Stadt gefahren. Morgens trafen wir uns und haben uns natürlich auch unterhalten. An dem Prüfungstag, das muss ich bekennen, bin ich sehr früh zum Bahnhof gegangen und habe so lange gewartet, bis ich mit ihm im Zug saß. Als ich in die Prüfung kam, sagte er: »Ach, wir haben uns ja heute Morgen schon so gut unterhalten, das können wir ja jetzt fortsetzen.« Die Prüfung war also recht einfach und schnell erledigt.

Im Wahlfach Nadelarbeit und meinem zusätzlichen Wahlfach Musik gab es keine Prüfung mehr. Ich hatte mich aber noch in Biologie für eine zusätzliche Prüfung angemeldet, und zwar bei Herrn Garms.

*Harry Garms war ja nach dem Krieg ein sehr bekannter Schulbuchautor für Biologie. In meiner Schulzeit in den sechziger Jahren war der »Garms«, wie das Lehrbuch genannt wurde, an den höheren Schulen ein Standardwerk.*

Dass er später so erfolgreich war, wusste ich gar nicht. Nur, für die Biologieprüfung hatte er mir einen dicken Stapel Bücher gegeben, die ich durcharbeiten sollte. Ich habe in einigen rumgeblättert und beschlossen: Das bringt nichts, die Zeit benutzt du lieber, um noch ein bisschen Geld zu verdienen. Ich kam also in die Prüfung und habe zu Herrn Garms gesagt: »Entschuldigen Sie, Ihre Lehrbücher habe ich nicht gelesen, aber wie mein Biologieunterricht später aussehen soll, das weiß ich genau.« Da hat er mich mit sehr großen Augen angeguckt und schließlich gesagt: »Na, dann beginnen Sie mal.« Nun, ich habe ihm ich weiß nicht was erzählt, und nach einer guten halben Stunde, als ich gerade dabei war, ihm meinen idealen Schulgarten mit einer kleinen Wetterstation zu entwerfen, hat er zu mir gesagt: »Ja, das reicht, alles Gute für Sie, Zwei.«

*Da hatten Sie aber einen freundlichen Prüfer …*

Hinterher habe ich mir überlegt, dass es ja eigentlich eine Frechheit war, die Bücher einfach nicht zu lesen. Aber wenn jemand sagt, er habe genaue Vorstellungen und die sich ungefähr mit denen des Prüfers decken – und das hab ich ja später bei seinen Büchern gemerkt –, dann ist das für den wahrscheinlich mehr wert, als wenn jemand nur aus Büchern Stoff auswendig lernt. Soweit zur Prüfung.

*Lassen Sie uns noch einmal auf die politische Erfassung der Studierenden an der Hochschule für Lehrerbildung kommen. Ziel dieser Ausbildung war es, so steht es in der Prüfungsordnung, Lehrer »im Geiste des Nationalsozialismus« auszubilden. »Deshalb«, so geht es weiter, »sind Verhalten und Leistungen in der NSDAP und ihren Gliederungen (…) entscheidend (…) auch für das abschließende Urteil.«*

Ich habe ja über meinen »Glücksfall« BDM-Orchester berichtet. Für mich spielten deshalb der BDM und der NS-Studentenbund keine Rolle. Ich war im Orchester, und da blieb ich. Den Beitritt sowohl in den NS-Studentenbund als auch in die Partei, was uns als Studenten immer mal wieder angetragen wurde, habe ich strikt abgelehnt, indem ich gesagt habe, ich sei im Orchester engagiert und mit meiner Bratsche dort unabkömmlich.

*Sie haben angedeutet, dass Sie wegen der schlechten finanziellen Lage Ihrer Eltern das ganze Studium hindurch nebenbei gearbeitet haben.*

Ja, hauptsächlich habe ich Nachhilfeunterricht gegeben. Und, was es damals tatsächlich auch schon gab, ich habe bei wohlhabenden Eltern, die sich nicht genug um ihre Kinder kümmern mochten, Schularbeiten beaufsichtigt. Dafür bekam ich eine Mark. Das war für mich eine Menge Geld. Für die Nachhilfestunden bekam ich sogar zwei Mark. Da ich das fast jeden Tag machte, kam ich damit gut zurecht. Ich habe übrigens auch, und das möchte ich nicht missen, in den ersten Semesterferien in einer Fabrik gearbeitet: Röntgenmüller, heute Philips, in der Nähe des Hamburger Flughafens. Ich bin der Meinung, dass es gut wäre, wenn Lehrer auch heutzutage irgendein längeres Praktikum in einem Betrieb absolvieren würden. Das muss nicht gerade wie bei mir dort die Arbeit mit Tetrachlorkohlenstoff sein. Das wünsche ich keinem. Aber mal einen richtigen Produktionsgang mitzumachen oder zu planen, diese Erfahrung halte ich für eine gute Sache, auch für angehende Lehrer.

# KAPITEL 5

## Mit »Pakatang« in die Kinderlandverschickung
## Der etwas andere Berufseinstieg

*Ende April 1940 waren Sie mit dem Examen fertig. Die meisten Ihrer Kommilitoninnen mussten Stellen in den besetzten Gebieten in Polen annehmen – wie war das mit Ihnen?*

Wegen der finanziellen Situation meiner Eltern konnte ich in Hamburg bleiben. Gleich nach dem Examen bin ich zu Fritz Köhne in die Schulbehörde gegangen. Lehrer aus der Burgstraße, mit denen ich ja immer noch in Verbindung war, hatten mir gesagt: »Gehen Sie doch mal zu Fritz Köhne, keinen Schreck bekommen, der trägt immer ein Parteiabzeichen, ist aber vertrauenswürdig.«
Köhne war schon in der Weimarer Zeit Schulrat. Nach dem Krieg erfuhr ich, dass er zu einer Gruppe befreundeter Lehrer gehört hatte, die beschlossen: Einer von uns muss in die Partei eintreten, damit wir wissen, was da geplant wird. Fritz Köhne war das Opfer. Er trug ständig das Parteiabzeichen und konnte so manches verhindern.

*Diesem Schulrat ist nach dem Krieg von vielen Lehrern, auch von Nazigegnern, das Vertrauen ausgesprochen worden, und die Briten haben ihn in seinem Amt ausdrücklich bestätigt. Das Urteil Ihrer Burgstraßen-Lehrer war also richtig.*

Ich bin also zu Fritz Köhne gegangen und habe ihm erzählt, dass ich gerade Examen gemacht hätte und nun eine Lehrerstelle bräuchte. Und dabei ist mir rausgerutscht:

»Gibt es in Hamburg eigentlich noch Koedukation?« Da habe ich dann aber einen Schreck bekommen, denn das hatten die Nazis ja seit 1935 verboten …

*… und die wenigen Schulen, die eine gemeinsame Erziehung von Mädchen und Jungen praktiziert hatten, hatten das längst einstellen müssen.*

Fritz Köhne hat mich mit seinen blauen Augen sehr lange angeguckt: »Mein Deern, warum willst du das denn wissen?« Da sind mir dann erst mal einige Steine vom Herzen gefallen, und ich konnte ihm einen langen Vortrag über meine pädagogischen Vorstellungen halten. Er antwortete darauf, jetzt wieder mit »Sie«: »Es gibt eine einzige Schule mit Koedukation, und zwar in Horn. Dorthin sind in einer kleinen Siedlung die aus dem Gängeviertel Sanierten angesiedelt worden, und diese Kinder gelten als asozial. Da keine andere Schule sie aufnehmen will, gibt es da Klassen mit Mädchen und Jungen. Kein Mensch will an der Schule unterrichten. Wenn Sie freiwillig dorthin wollen, sind wir hier in der Behörde froh.«

*Und Sie wollten nach Horn?*

Da wollte ich natürlich hin. Ende April hatte ich Examen gemacht, und am 2. Mai 1940 kam ich in der Schule an. Ein sehr warmer Tag. Ich betrat die Schule, um den Schulleiter zu suchen, und wurde von einer älteren Lehrerin angefahren: »Du weißt doch ganz genau, dass du in der Pause hier nichts zu suchen hast.« Da konnte ich nur leise flöten, ich sei die neue Lehrerin.
Der Schulleiter saß aber nicht in dem Schulgebäude am Bauerberg 44, wo meine Klasse war, sondern in der Schule Beim Pachthof. Er leitete diese Schule, in der nun diese

Gängeviertel-Sanierten – ich bleib mal bei dem komischen Ausdruck – untergebracht waren, in Personalunion.

*Der Bauerberg 44 war eine Art Zweigstelle.*

Ja, aber an seiner Begrüßung beziehungsweise an meiner Einführung konnte man gleich erkennen, dass es keine Zweigstelle, sondern ein unliebsames Anhängsel für ihn war.

Ich ging zum Pachthof, stellte mich vor, und wir gingen dann gemeinsam zum Bauerberg. Er machte eine Klassentür auf und sagte zu den vierundfünfzig Jungen und Mädchen, die da saßen: »Hier ist eure neue Lehrerin, Fräulein Glaser.« Und zu mir sagte er: »Hier ist Ihre Klasse« und verschwand. Ich kam also zu vierundfünfzig zehn- und elfjährigen Kindern, eine vierte Klasse war das, und hatte weder eine Namenliste noch eine Ahnung, was sie bislang im Unterricht gemacht hatten.

*Wie hat das Kollegium Sie aufgenommen? Der Schulleiter hat Sie ja offensichtlich völlig sich selbst überlassen.*

Er hat mich überhaupt nicht unterstützt. Im Kollegium, das hatte ich gleich gespürt, waren keine überzeugten Nazis, Bespitzelungen hat es da nicht gegeben, auch kein Misstrauen. Die Kollegen haben mir allerdings auch nicht geholfen. Ich musste also sehen, wie ich mit meiner Klasse allein fertig wurde. Mit zwei Kollegen habe ich mich aber schnell angefreundet: Christian Bollmann, Arbeiterabitur an der Lichtwarkschule, und Fritz Liebnau. Wenn wir uns über Politik unterhalten wollten, hieß es immer: »Lass uns doch mal spazieren gehen.« Wir drei waren natürlich gegen die Nazis, hatten aber überhaupt keine richtige Vorstellung davon, wofür wir eigentlich waren. Das ist, glaube ich, auch typisch für die Zeit, und das sollte man auch erwähnen. Der erste Demokratieversuch in der Weimarer Republik war ja, wenn Sie so wollen, schief gegangen. Und eine richtige Idee, wie Demokratie funktionieren konnte, hatten wir nicht.

*Fast sechzig als schwierig geltende Kinder, allein all die Namen – wie schafft man das als Berufsanfängerin?*

Also, Herr Lehberger, ich habe in meinen fast dreißig Schuljahren nie eine Klasse unter vierzig Kinder gehabt. Sehr bald weiß man, dass es das Wichtigste ist, jedes Kind beim Namen zu nennen; denn »du da hinten«, das hilft einem nicht lange weiter. Ich merkte bald, dass diese Kinder es gar nicht gewohnt waren, dass sich jemand um sie kümmerte. Sie fassten schnell Vertrauen. Antwort auf mein Nachfragen, was sie denn eigentlich bisher im Unterricht gelernt hätten, kam nach und nach und war gleichzeitig für die Kinder eine Art Wiederholung.

*Lesen konnten sie alle?*

Das ja, Grundrechnungsarten waren bruchstückhaft. Was sie überhaupt nicht gewohnt waren, war ein freies Sprechen, doch das kam dann langsam, aber sicher. Das Immer-wieder-nachfragen-und-Berichten, was war, das hat doch eine Art Gemeinschaftsgefühl geweckt.

*Die Kinder waren offensichtlich eher einen Befehlston vom Lehrer gewohnt.*

Wahrscheinlich. Was am meisten geholfen hat: Ich bin fast jeden Nachmittag in der Schule gewesen. Ich hatte nämlich einen Schlüssel für die Sportgeräte; die gehörten zum

Pachthof, aber wir durften sie auch benutzen. Ich habe einfach gesagt: »Ich bin heute Nachmittag da, und dann können wir Ball spielen.«

*Die Schule war nicht allzu weit weg von der elterlichen Wohnung, wo Sie ja noch lebten.*

Ja, das waren zu Fuß im Höchstfall vielleicht zwanzig Minuten. Ich war ja noch nicht verheiratet und hatte weiter keine Verpflichtungen, ich konnte also nachmittags wieder zurück in die Schule. Übrigens, vielleicht ganz interessant: Bolzen mit dem Fußball war es nicht, was die Kinder am meisten interessierte, sondern die großen Medizinbälle. Die waren damals ganz was Neues. Als es dann nach und nach mehr Kinder wurden, haben sie lieber irgendwas mit mir zusammen gespielt, Schlagball oder Treibball. Aber einige waren immer da, die sich auf den großen Medizinbällen wälzten, das war ja zu schön.

*Wie war Ihr Kontakt zu den Eltern?*

Ich habe sehr viele Elternbesuche gemacht, jede Woche mindestens einmal. Die Familien wohnten alle in einer Siedlung in der Nähe der Schule. Sie waren aus dem Gängeviertel umgesiedelt worden …

*… das die Nationalsozialisten saniert hatten, nicht zuletzt, weil das Gängeviertel als »rot« galt.*

Auf jeden Fall wurden sie von der Umgebung ein bisschen scheel angeguckt. Ich habe an einem Nachmittag etwa drei Familien besucht. Sie kannten es überhaupt nicht, dass sich ein Lehrer für sie interessierte. Es war also wirklich kein Kunststück, das Vertrauen der Eltern zu gewinnen. Außerdem waren sie selig, dass die Kinder nachmittags auch noch beschäftigt wurden. Demzufolge waren die Gespräche auch immer sehr freundlich, beinahe herzlich.

*Hatten Sie sich bei den Eltern angemeldet?*

Ja, natürlich. Ich habe dann auch noch eine weitere Neuerung eingeführt. Inzwischen hatte die Klasse sich ja schon so ein wenig an mich und meinen Arbeitsstil gewöhnt, und ich wusste, dass einige nachmittags in einem Kindertagesheim waren.

*Weil die Eltern arbeiteten?*

Viele der Eltern arbeiteten in Billstedt in der so genannten Jute, einer Jutefabrik. Ich bin dann nachmittags mal in dieses Kindertagesheim gegangen und habe mit der Leiterin gesprochen, die auf mich den Eindruck einer strammen Parteigenossin machte. Das hat mich dann noch bestärkt, ihr anzubieten, meine Kinder als Gruppe in den großen Ferien zu übernehmen.

*Haben Sie das auch gemacht?*

Das habe ich auch gemacht. Ich habe die Kinder in dem Kindertagesheim betreut, Schularbeiten mit ihnen gemacht und auch Spiele. Was interessant ist: Diese Frau, die für mich eine sehr stramme Nationalsozialistin war, hat noch unmittelbar nach Kriegsende das Heim geleitet und war für einige Kinder, die allein aus der Kinderlandverschickung zurück nach Hamburg gekommen waren, eine Auffangstelle. Sie hat sich rührend bemüht, hat ganz primitive Schlafgelegenheiten in irgendwelchen Kammern aufgestellt, die zum Kinderheim gehörten, und sich sehr intensiv um diese Kinder gekümmert. Das weiß ich von jemandem, der ihr viel zu verdanken hat und der im selben Haus wohnte wie wir.

*Also auch diese Parteigenossin hatte noch eine andere Seite.*

Und muss besonders nach dem Krieg für diese zum Teil elternlosen Kinder Mutterersatz gewesen sein. Sie hat zum Beispiel auch dafür gesorgt, dass der eine oder andere eine Lehrstelle bekam. Also noch einmal ein Beispiel für das Vielschichtige, das Diffuse in der NS-Zeit.

*Gab es bei den Elternbesuchen politische Gespräche?*

Nein, das war kein Thema. Ich will nicht sagen, dass die Eltern unpolitisch waren, dass es sie nicht interessierte, aber sie hatten eben genug mit dem Überleben zu tun, denn sie waren einfach sehr, sehr arm.

*Hatten Sie eigentlich den Eindruck, dass Sie in der Hochschule für Lehrerbildung angemessen ausgebildet worden waren für Ihre erste Lehrerstelle?*

Überhaupt nicht, ich habe alles so schnell wie möglich vergessen oder beiseite gepackt und mich an meiner eigenen Schulzeit orientiert.

*Welche Bedeutung hatten die offiziellen Lehrpläne für Ihren Unterricht?*

Keine, der Lehrplan interessierte mich nicht, denn ich hatte natürlich auch Glück, dass kein Mensch auf die Idee gekommen ist, überhaupt mal in meine Klasse reinzuschauen, weder Schulleiter noch Schulrat.

*Bis wann waren Sie an dieser ersten Schule?*

Da bin ich bis zum Oktober 1940 geblieben, dann ging es ein Jahr in die Kinderlandverschickung, und im November 1941 bin ich wieder zurück an die Schule Bauerberg gekommen.

*Bereits im September 1940 hatte der so genannte Reichsleiter Bormann in einem Rundschreiben angeordnet, dass Kinder aus bombengefährdeten Gebieten des Deutschen Reiches mit ihren Lehrkräften in sichere ländliche Gebiete verschickt werden sollten. Diese »Kinderlandverschickung«, kurz KLV genannt, dauerte bis Kriegsende an. Wie und wann kamen Sie in die Kinderlandverschickung?*

Im Sommer und Frühherbst 1940 gab es mehrere Bombenangriffe auf Hamburg, so dass die Kinderlandverschickung, an der wir beteiligt waren, holterdiepolter begonnen wurde. Wie provisorisch es war, werden Sie noch merken. Die KLV war für die Schüler übrigens noch freiwillig, und viele der Lehrer wollten auch nicht. Jedenfalls fiel die Wahl sofort auf mich – unverheiratet und ohne Familie. Ich müsste, hieß es.

In meiner Gruppe waren nur die Mädchen meiner Klasse, die Jungen kamen zu meinen Freunden Christian Bollmann und Fritz Liebnau, da wusste ich sie gut versorgt. Die Eltern der Mädchen waren nicht alle begeistert, die Kinder wegzuschicken. Einige sagten dann: »Wenn unsere Tochter fährt, dann möchten wir, dass die Geschwister auch mit Frau Schmidt gehen.« Ich hatte also von einigen Familien gleich mehrere Töchter. Das war aber der Organisationsstelle noch nicht genug. Ich bekam auch noch fünfzehnjährige Mädchen aus der Angerstraße sowie ein paar Einzelkinder, die man nirgends anders unterbringen konnte.

*Das war also keine geschlossene Klasse, die da verschickt wurde,
sondern eine Art Sammelgruppe?*

Ich hatte eine Gruppe von dreiundzwanzig Mädchen, die
Jüngste war neun und die Älteste fünfzehn. An einem Ok-
tobertag fuhren wir los, und zwar ging es nach Kulmbach
in Oberfranken …

*… in den Gau Bayreuth, also das Hauptaufnahmegebiet der
Hamburger KLV.*

Wir hatten die Nachricht bekommen, Bettzeug und Handtücher würden gestellt, die Kinder sollten nur einiges an
Wäsche und Kleidung mitnehmen.

*Und was nahmen die Kinder für den Unterricht mit? In der
KLV sollte es ja regelmäßigen Unterricht geben.*

Dafür nahmen sie ein paar Hefte und Schreibzeug mit, außerdem auch Puppen und Spiele. Die meisten hatten keinen Koffer. Wir kamen am Hauptbahnhof an, und viele
hatten Pappkartons, bei uns zu Hause später »Pakatangs«
genannt.

*Was ist das für eine Bezeichnung?*

Ich habe ja immer im ersten Schuljahr schon erste Aufsätze schreiben lassen. Da durften die Kinder schreiben,
wie sie wollten. Manches Mal habe ich nicht rausbekom-
men, was sie eigentlich meinten. Dann habe ich mir die
Aufsätze zu Hause laut vorgelesen. Bei einem Wort aber
kam und kam ich nicht dahinter, bis es bei mir funkte: ein
Pappkarton! »Pakatang« war aber so schön, das sagen wir
heute noch. Das ist in der Familie geblieben.

*Wie verlief die Reise?*

Viele Mädchen hatten einen Pappkarton, einige auch einen Koffer. Wir fuhren die Nacht durch, was gar nicht ganz einfach war – immer mal wieder musste man ein Kind ein bisschen streicheln oder in den Arm nehmen und sagen: »Nun sind wir bald da.« In Kulmbach mussten wir, am frühen Morgen angekommen, auf dem Bahnhof mit unserem Gepäck antreten. Dann kam ein strammer SA-Führer und rief alle Klassen nach und nach auf. Der ganze Zug bestand ja nur aus KLV-Klassen. Alle bekamen ihr Quartier angewiesen.

Meine beiden Kollegen Bollmann und Liebnau wurden mit allen Jungen zuerst aufgerufen. Sie konnten mir noch schnell zurufen, wo sie untergekommen waren, beide im selben billigen Hotel: »Gasthof zur Hölle«. So ging es immer weiter, bis der SA-Mann sein Buch zuklappte. Aber ich stand mit meinen Kindern immer noch da. Leise habe ich gefragt: »Was ist denn mit uns?« – »Wieso, mir sind nur zwölf Gruppen gemeldet.« – Ich: »Aber was soll ich nun mit meinen Kindern machen?«

Da sind wir zuerst in das so genannte Vereinshaus von Kulmbach, ziemlich zentral gelegen, geschickt worden. Das war eine Art Zentrum für alle möglichen Zusammenkünfte. Es gab auch eine große Küche, und meine Kinder erhielten erst mal eine Tasse Muckefuck, sogar mit Zucker, und ein Marmeladenbrot. Die Kinder waren natürlich genauso enttäuscht wie ich; Kinder können das nicht so leicht wegstecken. Zum Glück gab es aber ein paar freundliche Frauen, die uns bewirteten. Ich bin erst mal mit dem SA-Mann gegangen, um zu klären, wie es weitergehen sollte mit uns. Auf der Dienststelle hieß es: »Im Augenblick haben wir nichts. Wir müssen Ihre Kinder in den verschiedenen Quartieren unterbringen, mal zu dritt, mal zu viert. Hier und dort sind noch ein paar Betten frei.«

*Und wie haben die Kinder darauf reagiert?*

Erst mal habe ich meine lieben Kleinen in dem Vereinshaus beruhigt. Mittags haben wir da auch etwas zu essen bekommen. Dann bin ich mit ihnen ein bisschen in der Stadt herumgegangen. Das fanden sie nun wieder sehr spannend, denn Kulmbach hat ja viele noch recht alte, sehr schöne Häuser. Das kannten die Kinder von Horn her natürlich überhaupt nicht. Außerdem war es gebirgig. Auf einem Berg sah man eine große Burg, die Plassenburg.

Abends bin ich dann mit ihnen losgezogen und habe sie auf die verschiedenen Quartiere verteilt. Ich selbst fand auch Unterkunft auf einem unteren Bett. Es gab keine Doppelbetten, sondern die so genannten Nürnberger Betten, Dreier-Betten übereinander. Die Sachen haben wir gar nicht erst ausgepackt. Ich wartete ja darauf, dass wir am nächsten Tag irgendwo zusammen ein Quartier bekamen.

Morgens habe ich die Mädchen dann alle wieder eingesammelt, und wir sind ins Vereinshaus gegangen, wo es Frühstück gab. Einige dieser netten Frauen hatten wohl Mitleid mit uns und brachten Spiele mit: Domino, Quartett und ähnliches. Diese Situation hat sich dann beinahe eine Woche hingezogen. Ich musste die Kinder abends verteilen und selbst in mein sehr bequemes ...

*... Nürnberger Unterbett ...*

... steigen und sie dann morgens wieder einsammeln. Die Kollegen, deren Unterkünfte wir mit benutzten, haben sich eigentlich nicht um uns gekümmert. Die hatten genug zu tun, sich selbst irgendwie einzurichten. Übrigens war eine ganze Reihe von Hamburger Lehrern mit ihren Frauen und ihren kleinen Kindern angereist. Irgendwann erhielten wir Nachricht, dass wir im »Café Schatz« ein Quartier bekämen – hoch am Hang gelegen, unterhalb der Plassenburg, mit einer wunderschönen Aussicht.

Da kamen wir an, mit uns eine zweite Hamburger Klasse; eine Hilfsschulklasse mit einer älteren Kollegin und fünfzehn Kindern. Den Tanzsaal hatte man ausgeräumt. Darin standen nun die Dreier-Betten. Auf jedem Bett lag eine Wolldecke, das war alles. Es gab weder Bettzeug noch Handtücher.

*Und Sie hatten natürlich beides nicht mit.*

Nein. Ich musste auch das wieder organisieren: Ich habe die Kinder bei der Kollegin gelassen und bin zur SA-Dienststelle gegangen. Bezugsscheine bekam ich, um Bettzeug und Handtücher zu besorgen, aber leider kein Geld, um die Dinge zu kaufen. Neue Bettelei! Das dauerte Stunden. Irgendwann kam ich zurück, es brachte mich auch jemand, weil das einfach zu viel Gepäck war. Dann wurden erst einmal Betten bezogen, und ich inspizierte die Waschgelegenheiten. Teile dieses Cafés wurden ja abends noch genutzt, und zwar von Männlein und Weiblein. Und für die gab es zwei große Toiletten, wie es üblich war. Inzwischen wurde das Klo für die Frauen aber von der Familie Schatz mit benutzt, und es hieß dann: »Wenn nichts los ist, können Ihre Kinder sich im Männerklo waschen.« Jeden Abend dasselbe Theater: Ich stand vor der Tür wie ein Zerberus, damit sich einige Mädchen waschen konnten. Wenn sich ein Mann näherte, musste ich meine Mädchen herausholen. Und wenn er wieder verschwand, konnten die Mädchen sich weiter waschen. Das hatte sich aber bald eingespielt.

*Wie sah es mit dem Unterricht aus?*

Der so genannte Unterricht fand im selben ehemaligen Tanzsaal statt, wo wir auch schliefen. Da wir aber zwei Klassen waren, gab es eine Art Gemeinschaftsunterricht. Meistens habe ich das gemacht, manchmal auch die ältere Kollegin. Das beschränkte sich aber auf Erzählen, Vorlesen, Singen, ein bisschen Rechnen. Dabei musste auf die Hilfsschülerinnen etwas Rücksicht genommen werden.

*Hatten Sie Schulbücher?*

Nein, überhaupt nichts. Alles musste improvisiert werden. Wir mussten diesen Tanzsaal auch selbst sauber machen. Da waren die Hilfsschülerinnen, die ja älter waren, etwa fünfzehn oder sechzehn Jahre, einfach fabelhaft. Sie fuhrwerkten da herum, und im Handumdrehen war das alles wunderbar sauber, einschließlich der Klos. Das fand die Familie Schatz sehr schön.

*Gab es nachmittags gemeinsame Ausflüge?*

Natürlich sind wir sehr viel in der Stadt herumgelaufen. Und wir sind zur Plassenburg hinaufgestiegen, die einen wunderschönen Renaissancehof hat. Die ganze Burg ist beeindruckend, allerdings lagerte in vielen Räumen dort die Organisation Todt.

*Verantwortlich für Straßenbauwesen …*

… und Autobahnbau. Viele der Räume waren also nicht zugänglich. Trotzdem, man kann natürlich, wenn man eine große Burg sieht, unendlich viel darum herumspinnen. Auf diesem großen und beeindruckenden Turnierhof konnte man im Geiste ganze Ritterkämpfe stattfinden lassen, von Geschichten über Prinzessinnen, Prinzen und Burggeister mal ganz abgesehen.

Wir haben auch die Umgebung erkundet. Allerdings war es inzwischen ja November, und bald kam der erste Schnee. Da haben wir dann Schneeballschlachten gemacht, und was man so tut, um Kinder zu beschäftigen. Natürlich mussten sie alle regelmäßig Postkarten nach Hause schreiben.

*Das muss für Sie doch alles fürchterlich anstrengend gewesen sein!*

Während der ganzen Kinderlandverschickungszeit habe ich – bis auf einmal vierzehn Tage, die ich Urlaub bekam – im Grunde vierundzwanzig Stunden Dienst gehabt; denn ich war ja für die Kinder, jedenfalls für die jüngeren, auch Vater- und Mutterersatz.

*Weihnachten war sicher für die Kinder eine besonders schwere Zeit, so weit weg von zu Hause.*

Weihnachten, muss ich sagen, erinnere ich so gut wie gar nicht mehr. Es gab von einigen Eltern Pakete, die tatsächlich angekommen sind. Wir haben uns natürlich bemüht, mit einem kleinen Tannenbaum ein wenig Weihnachtsstimmung zu verbreiten, aber versuchen Sie das mal in einem riesengroßen Schlafsaal, das ist schwierig!

*Sind die Kinder dieses ganze Jahr nicht einmal nach Hause ge-
kommen?*

Nein. Nur ich hatte einmal frei. Nach Weihnachten wurde dann meine Kollegin krank, und ich musste sie mitten
in der Nacht mit dem Schlitten ins Krankenhaus bringen –
eine halsbrecherische Schlitterpartie.

*Sie sind aber nicht die gesamte KLV-Zeit im »Café Schatz« ge-
blieben.*

Nein. Ich war zwischendurch immer wieder auf die SA-
Dienststelle gegangen und habe geklagt, ich könne keinen
vernünftigen Unterricht machen. Außerdem sei das mit
dem Männerklo als Waschgelegenheit wohl auf die Dauer
ein bisschen primitiv. Das haben sie dann auch eingesehen.
Es hat aber doch noch bis Anfang Februar gedauert, bis es
eines Tages hieß: »Wir haben ein neues Quartier für Sie.«
Also haben wir Sachen gepackt, sind in die Kleinbahn gestiegen und drei Haltestellen weiter in einem Dorf namens
Hutschdorf gelandet. Dort gibt es ein riesiges Gebäude,
eine ehemalige Trinkerheilanstalt, ungefähr 1910 gebaut.
Nicht nur wir, sondern auch zwei weitere KLV-Klassen bekamen hier ein Quartier: Vierbettzimmer, jeweils ein Tisch
mit Stühlen, jedes Kind hatte einen Kleiderschrank. Wir
kamen uns vor wie im Himmel. Auch ich hatte ein eigenes
Zimmer. Da haben wir uns erst mal schön eingerichtet.

*Nur Ihre Gruppe oder auch die älteren Mädchen aus dem »Café
Schatz«?*

Nein, wo die Kinder der anderen Schule geblieben sind,
weiß ich nicht mehr. Ich glaube, die sind sogar schon bald
nach Hause gekommen, denn die Kollegin ist gar nicht

wieder erschienen. Sie hatte eine dicke Bronchitis, und daraus ist wohl eine Lungenentzündung geworden.

*Wie sah der Alltag im neuen Quartier aus?*

Dieses Heim wurde von Diakonissen geleitet und versorgt, die rührend zu uns waren. Zuerst bin ich in die Dorfschule gegangen und lernte dort den Lehrer Schwarz kennen. Ihn habe ich gefragt, ob ich für eine Stunde am Tag in die Schule könne. Da gab es nämlich Wandtafeln, Landkarten und anderes Lehrmaterial. Lehrer Schwarz hat mir das sofort zugestanden. Die beiden anderen Klassen haben Unterricht im Heim gehabt. Wenn man Neun- bis Fünfzehnjährige vor sich hat, muss man den Unterricht natürlich stark differenzieren, sonst kommen einige überhaupt nicht zu ihrem Recht.

*Da wurden sicher auch die Größeren eingesetzt, um den Jüngeren zu helfen?*

Ja, die Größeren haben immer mitgeholfen. Allerdings waren einige darunter, denen das alles nicht immer so furchtbar lieb war. Im Frühjahr haben wir zum Beispiel auf einer Wiese Löwenzahn gepflückt und uns daraus Kränze gemacht. Davon gibt es noch ein Gruppenfoto. Fast alle haben einen Kranz auf, ich auch, aber einige der Älteren wollten das nicht, die hatten die Kränze nicht aufgesetzt.

*Denen war das wohl zu kindlich.*

Aber vieles konnte man ja wirklich für alle Altersstufen gemeinsam machen: Musik und Theaterspielen oder mal einen Aufsatz nach einer Wanderung schreiben, das konnten alle gleichzeitig, jeder so gut es eben ging.

Einmal unternahmen wir eine Wanderung und kamen auf eine riesige Waldlichtung mit Walderdbeeren. Es waren so viele, dass wir uns alle daran satt essen konnten, unglaublich; das erinnern viele der damaligen KLV-Kinder noch heute. Natürlich haben alle Kinder bei mir auch ein Herbarium angelegt, denn es gab dort ja eine ganz andere Pflanzenwelt als in Hamburg und Umgebung. Ganz in unserer Nähe floss der Rote Main. Der Main ist dort wirklich rot, denn er fließt durch Gebiete, die sehr ockerhaltig sind.

Dann passierte es eines Tages, dass meine Mädchen sich dauernd kratzten – das konnten ja nur Läuse sein! Und ausgerechnet als ich fast alle Kinder mit Anti-Läusemitteln eingerieben hatte, meldete sich der örtliche Schulrat an, um meinen Unterricht zu kontrollieren. Ich habe ihn nur gebeten, mir beim Haarewaschen der Kinder zu helfen – daraufhin hat er sich nie wieder gemeldet.

*Gab es in Ihrem Quartier, der ehemaligen Trinkerheilanstalt, auch noch Patienten?*

Ja, etwa vier oder fünf. Die wohnten ganz oben unterm Dach. Einer, ein schmaler langer, immer dunkel gekleideter Herr, kam häufig und schaute zu, wenn ich draußen mit den Kindern spielte oder sang.

Wir haben auch Theater gespielt. Eine meiner Ideen war, ein Zirkusstück aufzuführen. Jeder musste sich etwas ausdenken: Die, die gut im Bodenturnen waren, turnten vor. Ich habe den Herrn, der Fiehler hieß, gefragt, ob er nicht Zirkusdirektor sein wollte. Das wollte er. Wir haben sogar noch durch den Hausmeister einen Zylinder für ihn besorgen können. Zur Aufführung haben wir die anderen Klassen eingeladen, und alle waren sehr erfreut. Ich war übrigens die Sängerin, hatte an Po und Bauch ein dickes

Kissen und auf dem Kopf irgendeinen verrückten Hut. So ausgestattet sang ich dann mit schmelzender Stimme: »Blau blüht ein Blümelein«. Eigentlich geht das Lied weiter: »das heißt Vergissmeinnicht«. Aber ich habe immer nur gesungen: »Blau blüht ein Blümelein«, so laut und so schmelzend ich konnte. Das war ein großer Erfolg, vielleicht auch, weil ich so seltsam aussah. Jedenfalls hat uns das allen viel Spaß gemacht, und Herr Fiehler hat dann noch häufiger für uns gedichtet. Ich wusste, dass der Dorflehrer recht gut Geige spielte, also habe ich diese beiden Männer zusammengebracht. Sie haben dann häufiger auch Lieder für uns gemacht.

*Gab es Verbindungen zu den anderen Hamburger Lehrern in der KLV?*

Einmal im Monat gab es in Kulmbach eine Konferenz aller KLV-Lehrer der Umgebung. Da musste ich hin. Ich hatte ja eine fünfzehnjährige BDM-Führerin dabei, die dann mal allein auf die Mädchen aufpasste.

*Das war die Lagermannschaftsführerin, so zumindest die Bezeichnung in den Vorschriften zur KLV. In der KLV sollte es immer einen Lehrer und einen Lagermannschaftsführer aus der HJ oder dem BDM geben.*

Das hat es bei mir nicht gegeben, denn organisiert war ja noch gar nichts. Ich habe ihr manchmal kleine Aufgaben erteilt, zum Beispiel bestimmte Spiele oder Turnen draußen. Das war schon eine kleine Hilfe, so dass ich mal Luft holen konnte. Aber sonst wurde sie natürlich in die Klasse einbezogen.
Bei diesen Konferenzen ist nie etwas herausgekommen, eigentlich haben wir uns nur gegenseitig unser Leid ge-

klagt. Ich traf meine beiden Schulkollegen, was uns sehr freute, aber für Gespräche reichte es meist nicht. Interessant waren diese Treffen vor allem, weil wir pro Nase 65,5 Gramm Bohnenkaffee in einer Spitztüte ausgehändigt bekamen.

*Für den privaten Verbrauch?*

Ja, und das war eine Kostbarkeit.

*Wer leitete die Konferenz, war das ein örtlicher Parteioffizieller oder ein Schulrat?*

Das weiß ich nicht mehr. Hin und wieder war es aber Jürgen Früchtenicht, der aus Hamburg anreiste.

*Der war in Hamburg für die KLV zuständig und bei dieser herausgehobenen Stellung mit Sicherheit Parteimitglied.*

Ich habe mich damals gefreut, wenn er kam, denn er war ja auch Schulleiter in der Burgstraße gewesen. Seine Tochter war eine ehemalige Klassenkameradin meines Bruders. Die beiden haben heute noch Verbindung. Jürgen Früchtenicht kam immer in Uniform. Ob er sie als Tarnung nutzte, kann ich nicht beurteilen. Ich weiß nicht, wie ernst ihm die Parteizugehörigkeit war. Bei uns stellte sich jedenfalls ein vertrautes Gefühl ein, und deshalb habe ich mich gefreut, wenn er da war. Das war aber eher selten.

*Ich habe von ihm unterzeichnete Schriftstücke gesehen, in denen er auf eine wirkungsvolle politische Erziehung in der KLV gedrängt hat.*

Das musste er vielleicht, aber davon haben wir alle in diesem frühen KLV-Stadium überhaupt nichts gemerkt. Im Spätsommer 1941 habe ich, weil ich ein paarmal umgekippt war, zwei Wochen Urlaub bekommen. Da bin ich zuerst zu meinen Eltern nach Hamburg gefahren und dann eine Woche nach Berlin, um meinen Klassenkameraden Helmut Schmidt zu treffen. Wir haben damals beschlossen, dass wir, wenn es irgendwie klappt, im nächsten Jahr heiraten wollten.

Als ich aus dem Urlaub zurückkam, hörte ich von Kollegen, dass die KLV für uns bald zu Ende ginge. Es war in Hamburg ruhig geworden, und einige Eltern hatten sich beschwert. Sie wollten ihre Kinder wieder bei sich haben. Ja, das war also die Kinderlandverschickung. Wir sind dann im November 1941 nach Hamburg zurückgekommen.

*Oft liest man in Erinnerungen, die KLV-Zeit war eine schöne Zeit; ich bin aber sicher, das gilt nicht für alle.*

Sehr viel später habe ich erst erfahren, was in manchen KLV-Lagern alles passiert ist. Dass in der Lagerleitung zum Beispiel eine strenge Hierarchie herrschte: Lehrer mussten zwar Unterricht geben, das Lagerleben wurde aber von HJ-Führern mit Flaggenappell und politischer Schulung geprägt. So etwas habe ich erst in späteren Berichten gelesen. Auch dass manche noch nicht erwachsene Lagerführer, die aber die Macht hatten, ganz rigoros alles Mögliche durchgesetzt und sogar Lehrerinnen getriezt haben.

*Und einige haben mit paramilitärischem Drill den ungeschützten Kindern und Jugendlichen arg zugesetzt. Die NS-Ideologen hatten ja das Motto: »Nationalsozialist wird man im Lager«; demzufolge haben sie sich von der KLV auch politische Wirkungen erhofft.*

Ein sensibler Junge oder ein sensibles Mädchen, die konnten dabei untergehen oder zumindest psychischen Schaden erleiden. Nachdem ich dies alles erfahren habe, hat mich dann schon eine Art Dankbarkeit erfüllt, dass wir in diesen frühen Jahren der Kinderlandverschickung ein so freies Leben haben konnten.

*Aber mit Ihren einundzwanzig Jahren war das doch auch eine unglaubliche Verantwortung für all diese Kinder.*

Sicher. Auch wenn es für mich, ich möchte sagen, eine lehrreiche Zeit meines Lebens war, die Verantwortung für dreiundzwanzig Mädchen war groß. Die bekamen zum Teil ihre erste Menstruation und wussten nicht, was mit ihnen geschah. Sie waren natürlich nicht aufgeklärt.
Oft konnte ich nicht schlafen vor lauter Sorge. Deshalb bin ich eines Tages zu dem Apotheker gegangen, bei dem ich mal das Anti-Läusemittel für die Kinder gekauft hatte: »Ich kann häufig nicht schlafen, was mache ich bloß? Ich muss doch morgens frisch und belastbar sein.« Da hat er gesagt: »Schlafmittel gebe ich Ihnen nicht, dann sind Sie am nächsten Tag nicht zu gebrauchen. Das Einzige, was ich tun kann: Ich gebe Ihnen einen von mir selbst gebrauten Kräuterschnaps. Und von dem trinken Sie abends einen ordentlichen Schluck.« Das Gebräu schmeckte fürchterlich. Als ich wieder bei ihm vorbeikam, habe ich das gesagt, und er hat mir so eine Art Orangensaft mitgegeben zum Mischen. Das war dann mein Schlummertrunk.

*Im November 1941 hatten Sie dann die Sorgen um die Kinder in der KLV hinter sich, denn es ging zurück nach Hamburg. Was passierte mit Ihnen?*

Ich kam, wie gesagt, zurück an meine Schule am Bauerberg in Hamburg-Horn und habe dort Vertretung gegeben. Ostern 1943 habe ich dann zwei erste Klassen übernommen. Ich musste dreißig Wochenstunden geben, und da die ersten Klassen jeweils fünfzehn Stunden hatten, passte das. Montags begann die eine Klasse mit drei Stunden, die andere hatte zwei, dienstags umgekehrt und so weiter. Da der Sonnabend auch Schultag war, kam das genau hin. Allerdings hatte ich in der einen Klasse sechzig und in der anderen dreiundsechzig Kinder! Ich hatte also pro Tag hundertdreiundzwanzig Kinder zu betreuen. Da war es wirklich sehr wichtig, dass ich möglichst schnell alle Namen kannte. Das ging auch ganz gut, nur muss ich gestehen, dass ich häufig nach Hause gekommen bin und mir überlegt habe, ob ich eigentlich mit jedem Kind ein persönliches Wort gewechselt hatte? Das war ja …

*… wohl kaum möglich.*

Damals gab es eine offizielle Fibel, die mir aber gar nicht gefiel, denn auf fast allen Seiten flitzten irgendwelche kleinen Hitlerjungen herum. Also habe ich mit den Kindern eine eigene Fibel gemacht.

*Das heißt, Sie haben selbst Buchstaben und Silben auf einzelne Seiten geschrieben, die dann ausmalen lassen und später zusammengebunden.*

Das habe ich übrigens nach dem Krieg auch so gemacht. Diese zwei Klassen hatte ich aber nur von Ostern 1943 bis zur Ausbombung im Juli 1943, also weit sind wir mit unserer Buchstabenfibel nicht gekommen.

*Im Juli 1943 waren die schweren Luftangriffe auf Hamburg, und danach blieben im Hamburger Stadtgebiet alle Schulen geschlossen. Was passierte mit Ihnen?*

Die Schulen blieben bis Kriegsende geschlossen, und ich bin zu meinem Mann in die Nähe von Berlin gefahren, nach Bernau, wo er stationiert war.

*In Bernau sind Sie dann auch als Lehrerin tätig geworden. Wie kam es dazu?*

Das hatte wiederum mit Fritz Köhne zu tun, dem ich aus der Kinderlandverschickung immer mal einen Zustandsbericht geschickt hatte. Meine Eltern wollte ich damit nicht belasten. Und Fritz Köhne war sehr rührend, er hat mir immer wieder geschrieben.

Als wir in Bernau ankamen, bezogen wir unsere »größte« Ehewohnung. Das waren sechs Quadratmeter bei einem Kollegen meines Mannes, allerdings mit Küchen- und Badezimmerbenutzung. Wir hatten ja nichts. Irgendwann packte mich das schlechte Gewissen, denn ich bekam ja jeden Monat Gehalt aus Hamburg. Darum habe ich meinem Schulrat Fritz Köhne geschrieben. Der hat mir freundlich geantwortet, ich solle doch mal in Bernau in die Schule gehen und fragen, ob ich da unterrichten könne. Er hat noch hinzugefügt, dass das sicher sehr anders sei, als ich es gewohnt wäre.

Das habe ich dann gemacht. Der Schulleiter in Bernau war natürlich ganz froh, zusätzlich eine Lehrerin zu bekommen. Er gab mir eine zweite oder dritte Klasse, ich weiß das nicht mehr so genau. An die musste ich mich erst einmal gewöhnen. Die Kinder sprangen nicht nur auf, wenn ich in die Klasse kam, sondern auch wenn sie antworteten, hüpften sie in die Höhe. Das habe ich ihnen sehr schnell abgewöhnt. Den Kollegen war das gar nicht so recht, dass meine Kinder etwas mehr Freiheit erhielten. Aber die Kinder waren vergnügt und fügten sich in das ganze Schulleben ein, und für mich brauchte ja nicht bezahlt zu werden. Ich wurde also geduldet. Ansonsten habe ich aber wenig Verbindung mit den Lehrkräften dort gehabt.

*Wie lange arbeiteten Sie in der Bernauer Schule?*

Einige Monate, dann wurde mir immer übel, denn ich war inzwischen schwanger geworden. Und damit hörte mein Lehrerdasein bis zum Kriegsende auf.

KAPITEL 6

*»Wer ist eigentlich Schulleiter an dieser Schule –*
*Sie, Frau Schmidt, oder ich?«*

Schule nach dem Krieg

*Der 8. Mai 1945, Tag der Kapitulation, war für manche der Tag*
*der Niederlage, für viele aber der Tag der Befreiung und des Neu-*
*anfangs. Wie und wo haben Sie diesen Tag erlebt?*

Seit Februar 1945, nachdem ich aus Bernau geflüchtet war,
lebte ich in Neugraben bei meinen Eltern, in unserer Wo-
chenendbude, in die sie nach den Angriffen auf Hamburg übersiedelt waren. An diesen Maitagen haben wir, das
muss man sagen, eigentlich zweimal Hurra geschrien. Am
3. Mai war Hamburg zur »offenen Stadt« erklärt worden …

*… das heißt, kampflos und ohne weitere Zerstörungen überge-*
*ben worden …*

… und Neugraben liegt ja an der Stadtgrenze. Da kamen
die englischen Soldaten mit ihren kleinen Jeeps in die Stadt
hinein, warfen Schokolade und verzogen sich wieder. Wir
hatten jedenfalls das Gefühl, die Nazizeit haben wir überstanden. Und da Hamburg zur offenen Stadt erklärt wurde
und uns ja schon lange klar war, dass der Krieg verloren
war, war der 3. Mai schon so eine Art erster Freudentag
für uns. Der 8. Mai – ich glaube, alle, die ihn erlebt haben,
werden das noch erinnern – war ein Maitag mit strahlend
blauem Himmel, alles grün, die Vögel sangen, es war also
wirklich ein Tag zum Freuen.

20

Schule Bruckner-
straße, 1946:
Schulspeisung

21

ehelfswohnungen aus
ech: Die so genannten
issenhütten, Ende der
erziger Jahre

22

23

Gemeinsame Schülerarbeit 1952/1953:
»Das alte Dorf Othmarschen«

24

25

26

Unterrichtsmodelle
»Hamburger Hafen«,
fünfziger Jahre

ule Hirtenweg, Ostern 1949: Loki Schmidt mit einer ersten Klasse

Schule Hirtenweg, Ostern 1950:
Einschulung

Zweites Schuljahr, 1951: Singspiel »Die Vogelhochzeit«

Othmarscher Kirchenweg, 1954

Schullandheim Mölln, 1953

31

32

Besuch von Helmut Schmidt

Wasserspiele am Hellbach

33

Kindergrün, 1951: Umzug mit Eltern

Kindergrün, 1958: Kringelbeißen

36

Auf dem Weg zur Freiluftschule Köhlbrand, fünfziger Jahre

37

Freiluftschule Köhlbrand, fünfziger Jahre

38

Freiluftschule Köhlbrand, 1961: Loki Schmidt mit einer
Mutter beim Stegreifspiel

Schule Eberhofweg, 1962: Ein neues erstes Schuljahr

Schule Eberhofweg, sechziger Jahre: Wasserspiele im Lehrschwimmbecken

Befreiung oder Niederlage – ich glaube, das brauche ich nicht weiter auszuführen. Es war natürlich eine doppelte Befreiung. Befreiung von der Nazizeit und Befreiung vom Krieg. Und das war beides Grund zur Freude.

*Seit Bernau, also etwa seit Ende 1943, hatten Sie nicht mehr unterrichtet; war Ihnen jetzt klar, dass Sie wieder mit der Schule beginnen wollten?*

Herr Lehberger, so etwas hat in den ersten Tagen kein Mensch überlegt. Da hat man überlebt und überlebte jeden Tag neu, vor allen Dingen auch, weil es nichts zu essen gab.

In den siebziger Jahren hat es einmal eine Diskussion gegeben mit Elsbeth Weichmann, Ida Ehre und mir in der Hamburg-Vertretung in Bonn, moderiert von Katharina Trebitsch. Ida Ehre hat als Jüdin in Hamburg überlebt, zuletzt im Gefängnis Fuhlsbüttel. Sie hat ein fabelhaftes Buch geschrieben. Elsbeth Weichmann ist mit ihrem Mann 1948 auf Bitten von Max Brauer, des damaligen Hamburger Bürgermeisters, zurückgekommen …

*… aus Amerika. Die Weichmanns waren bereits 1933 aus Deutschland geflüchtet und 1939 nach Amerika emigriert. Beide waren ja auch Juden.*

Wir waren lange mit ihnen befreundet. Elsbeth Weichmann fragte dann Ida Ehre und mich: »Was habt ihr denn, sagen wir mal, am 9., 10. Mai 1945 für Pläne gemacht?« Ida Ehre und ich haben uns ratlos angeguckt. – »Wieso, ihr müsst doch irgendwelche Pläne gehabt haben!« Da habe ich gesagt: »Elsbeth, wir freuten uns, wenn wir einen Tag überlebt hatten, und wussten nicht, wie der nächste Tag ablaufen sollte. Und wenn wir den auch noch überlebt hatten, dann wussten wir nicht, wie der nächste Tag werden würde.« Und Ida Ehre sagte: »Ganz genau, so ist es gewesen.«

*Sind Sie von Neugraben in der ersten Zeit überhaupt in die Stadt gekommen, um dieses Elend der Zerbombung zu sehen?*

Nein, man durfte gar nicht. Die Elbbrücken waren ja gesperrt. Ich bin vermutlich das erste Mal zu meiner so genannten Entnazifizierung wieder in der Stadt gewesen. Aber das Elend der Zerbombung hatte ich ja vorher gesehen.

*Wann?*

Ich bin im Februar 1945, als die Russen sich näherten, aus Bernau geflüchtet. Mein Mann war ja schon längst wieder an der Westfront. Man hörte nachts die russischen Panzer – und was sollte ich da, weit weg von meiner Familie? Ich bin also Richtung Hamburg geflüchtet. Das hat drei Tage gedauert, bis ich mit einem Flüchtlingszug im Morgengrauen ankam. Gleich hinter Bergedorf ging es mit den Zerstörungen los. Ich habe am Fenster des Zuges gestanden und weiß nur noch, dass meine Knie gezittert und gezittert haben bei diesem Anblick. Dieses Ausmaß der Zerstörung, das kann man sich, selbst wenn man heute Fotos sieht, nicht wirklich vorstellen.

*Die Zerstörung hatte ja auch die Schulen der Stadt getroffen. Sechzig Prozent der Schulen waren total zerstört oder schwer beschädigt, viele waren leicht beschädigt oder inzwischen als Lager zweckentfremdet.*

Meine erste Schule als Lehrerin, Bauerberg 44, diese alte, ungefähr 1880 gebaute Schule, war völlig zerstört, während gleich daneben die Schule Beim Pachthof stehen geblieben war. Das war ein jüngeres, von Fritz Schumacher solide gebautes Schulhaus.

*Dennoch wurde in den ersten Schulen bereits am 6. August 1945 der Unterricht wieder aufgenommen.*

Da habe ich schon im »Landhaus Freude« gearbeitet. Irgendwann hatte ich aus der Behörde eine Nachricht bekommen, ich solle mich dort melden. Das »Landhaus Freude« liegt in den Harburger Bergen, gehört also seit 1937 zu Hamburg. Ursprünglich war es ein Heim für schwer erziehbare Kinder gewesen. Einige dieser Kinder waren auch noch dort. Aber seit den letzten Kriegstagen war es ein Sammelort für alle möglichen Kinder, Waisenkinder oder Halbwaisen. Durch die Bombenangriffe waren ja auch viele Frauen und Mütter in Hamburg umgekommen, und die Männer waren noch nicht wieder zurück oder gefallen. Auch einige, ich will sie mal »verlorene« Kinder nennen, Flüchtlingskinder, waren dort gelandet. Altersmäßig waren das Kinder von drei bis etwa vierzehn Jahren. An Unterricht war da natürlich nur sehr schwer zu denken.

*Waren da noch andere Lehrerinnen?*

Ich war die Einzige. Und mehr als ein bisschen Singen, Erzählen, Gedichte vortragen war kaum möglich. Es gab auch kein Schulmaterial, weder Stifte, Hefte noch Bücher. Man musste also weitgehend mündlich arbeiten. Und es waren immer noch einige sehr, sehr schwierige Kinder da. Ich bin zum Beispiel einmal von einem Jungen mit einem

Kartoffelschälmesser angegriffen worden und konnte ihm gerade noch die Hand festhalten.

*Wann genau haben Sie dort gearbeitet?*

Ich nehme an, dass ich im Juni oder im Juli 1945 die Aufforderung bekam, dort zu arbeiten. Ich war nämlich schon im »Landhaus Freude« tätig, als mein Mann im August 1945 aus der Gefangenschaft kam.

*Bevor die Lehrerschaft endgültig wieder eingestellt wurde, mussten alle für die von den Briten angeordnete »Entnazifizierung« einen Fragebogen ausfüllen. Danach wurde dann entschieden, ob der Entsprechende politisch belastet, Mitläufer oder unbelastet war. Auch Sie haben diesen Fragebogen der Militärregierung zugesandt bekommen.*

Und den habe ich auch sorgfältig ausgefüllt.

*Die Kernfrage war: NSDAP-Mitglied, ja oder nein.*

NSDAP-Mitglied: nein, Nationalsozialistischer Studentenbund: nein. Im BDM-Orchester hatten wir aber zur Uniform eine grüne Kordel getragen, und damit war ich Scharführerin gewesen. Alle im Orchester waren also Scharführerinnen gewesen. Das habe ich natürlich auch brav angegeben. Einige Tage darauf wurde ich irgendwo nach Harburg beordert, ein paar andere auch, und der Fragebogen wurde mit mir durchgesprochen.

*Waren das deutsche Beamte, oder waren es Briten?*

Nein, deutsche. Einer fragte noch mal nach: »Schmidt, geborene Glaser, sind Sie die Tochter von Hermann Glaser? Ihr Vater ist doch früher mal Kommunist gewesen« oder etwas in diese Richtung. Es hat mir aber nichts geholfen. Es hieß schließlich: Scharführerin, da müssen Sie entnazifiziert werden. Ich bekam auch einen Termin, an dem ich mich in der Universität einfinden sollte.

*Haben Sie in der Zwischenzeit gar nicht arbeiten dürfen, oder sind Sie weiter ins »Landhaus Freude« gegangen?*

Ich habe weiter im »Landhaus Freude« gearbeitet. Es waren ja auch nur ein paar Tage zwischen dieser Fragebogenbesprechung und dem Termin in der Universität. Dort traf ich als erstes Kurt Sonntag, den ich aus der Lichtwarkschule kannte. Ich bin mir aber nicht klar, ob er damals Referendar war oder schon junger Lehrer. Jedenfalls ist er später der Klassenlehrer meiner Tochter gewesen. Wir begrüßten uns, und er fragte freundlich: »Was sollen Sie denn hier unterrichten?« Ich sagte: »Herr Sonntag, ich soll gar nicht unterrichten, ich soll entnazifiziert werden.« Darauf hat er einen Lachanfall bekommen und gesagt: »Dann kommen Sie mal zu mir.« Er machte Vorgeschichte …

*… als Kursthema in diesem Entnazifizierungsprogramm. Das Programm kenne ich aus den Akten. Es bestand aus verschiedenen geschichtlichen Themenangeboten, alle gedacht als Einführung in die Entwicklung des Demokratiegedankens.*

Ja, so ungefähr. Vorgeschichte in Norddeutschland hauptsächlich. Das war etwas, was mir seit langer Zeit vertraut war. Ich weiß übrigens nicht mehr, wie viele Lehrer er da zu entnazifizieren hatte.

*Können Sie sich an das Klima erinnern? Fanden die Kollegen, die da zwangsversammelt waren, das alle überflüssig, gab es irgendwie Feindseligkeit, oder hat man gedacht, das nimmt man jetzt so hin?*

Ich glaube, wir haben das so hingenommen. Jedenfalls bei dieser Gruppe, bei Herrn Sonntag war das so. Das lag aber vielleicht auch an ihm, wie er das Ganze aufgezogen hatte.

*In diesen — manche Zeitzeugen sprechen von »Entbräunungskursen« — waren ja nur die zusammengezogen, die …*

… im Fragebogen alles brav angegeben hatten …

*… deren Belastung aber nicht so hoch war, dass man sie entlassen wollte. Die schwerer Belasteten wurden suspendiert oder gleich entlassen. Das traf in Hamburg zunächst etwa fünfzehn bis zwanzig Prozent der Lehrerschaft, von denen aber bereits 1947/48 nach Berufungsverfahren fast alle wieder eingestellt waren.*

Einige haben ja auch ihre Mitgliedschaft gar nicht angegeben. Ich habe Lehrer getroffen, die gleich wieder im Schuldienst waren und dort auch blieben.

*Und deren man nicht habhaft wurde.*

Was heißt »nicht habhaft«? Ich glaube, Menschen anzuschwärzen, das liegt den meisten nicht. Ich habe einige gekannt, von denen ich genau wusste, dass sie verhältnismäßig hohe BDM-Führerinnen gewesen waren. Wie es mit Parteimitgliedern war, weiß ich nicht, mit der Partei hatte ich nie irgendeine Verbindung.

*Kommen wir noch einmal zurück zu Ihren Kindern im »Land-*
*haus Freude«. Der Engländer Victor Gollancz, Verleger und*
*Politiker, hat nach Kriegsende Deutschland, unter anderem auch*
*Hamburg, bereist und anschließend in seinem Buch* In darkest
Germany *auf die verheerende Gesundheitslage vor allem der*
*deutschen Kinder aufmerksam gemacht. Er hat auch vor den*
*Gefahren der Verwahrlosung, der Apathie und des fehlenden*
*Vertrauens in den Aufbau eines neuen demokratischen Staates*
*gewarnt.*

Richtig, das erinnere ich noch.

*Gollancz wollte damit die Alliierten drängen, etwas für die Er-*
*nährungslage in Deutschland zu tun. Eine Forderung, die in*
*England nicht besonders populär war, weil die Briten das Gefühl*
*hatten, durch den Krieg selbst genug Leid erlebt zu haben. Wie*
*erinnern Sie den Zustand der Kinder?*

Die physische und psychische Lage der Kinder im »Landhaus Freude« würde ich so beschreiben: Sie waren fast alle
verängstigt, waren nur allzu gern bereit, mit mir vergnügt
zu sein, zu singen und zu lachen. Man merkte richtig, wie
sie aufatmeten …

*… und ihren seelischen Druck abbauen wollten.*

Ja, aber in Einzelgesprächen habe ich immer wieder gehört, dass sie sich um ihre Mutter sorgten oder hinter der
Mutter herweinten, sich auch Gedanken machten um die
Väter, die zum größten Teil ja noch gar nicht wieder da
waren.

*Hatten einige von ihnen die Bombennächte in Hamburg erlebt?*

Ja, sie haben darüber aber nicht gesprochen. Es kann sein, dass es ihnen ging wie zum Beispiel meinen Eltern, die mir ja auch kaum davon erzählt haben. Mein Vater hat mir nur einmal gesagt: »Ich weiß nicht, was schlimmer war, die von den Luftminen Getroffenen, die da saßen, als ob sie noch lebendig waren, oder die im heißen Asphalt hängen gebliebenen Erstickten. Und nun frage mich bitte nicht weiter.«

*Das muss eine traumatische Erfahrung auch für Erwachsene gewesen sein. Insofern kann man sich vorstellen, dass Kinder darüber gar nicht sprechen mochten, aber sehr wohl seelisch stark belastet waren. Wie war die physische Situation der Kinder im »Landhaus Freude«?*

Die Ernährungslage war natürlich schlecht, Schulspeisung gab es noch nicht. Wie das mit dem Essen dort organisiert wurde, weiß ich nicht mehr. Ich habe nachmittags oder mittags gelegentlich mal Kartoffeln gepellt. Alles sehr, sehr einfach. Ich denke, das Heim hat wohl von den umliegenden Bauernhöfen ein paar Lebensmittel bekommen.

*Wie lange sind Sie im »Landhaus Freude« gewesen?*

Ungefähr bis Mitte 1946. Ich wurde nämlich schwanger, hatte eine Fehlgeburt und bin dann nach kurzer Zeit wieder schwanger gewesen und habe das Kind, unsere Tochter Susanne, 1947 zur Welt gebracht. Gleich nach dem sechswöchigen Schwangerschaftsurlaub erhielt ich die Aufforderung, in der Fischbeker Schule anzufangen.

*Wo lag die?*

Fischbek gehört zu Hamburg und liegt an der Strecke Hamburg–Cuxhaven, gleich hinter Neugraben. Sechs Wochen nach der Geburt bin ich dort mit einem Kinderwagen erschienen, denn ich hatte niemanden, der mein Kind versorgen konnte. Mein Mann studierte und war weitgehend in Hamburg. Dieses Hin- und Hergefahre war auch finanziell schwierig für uns. Er hat häufiger bei Freunden in Hamburg übernachtet.

Die Fischbeker Schule bestand aus einem alten Schulgebäude, das unzerstört geblieben war. Ich hatte einen Schulweg von ungefähr einer Dreiviertelstunde mit meinem Kinderwagen. Das Kollegium hat mich sehr freundlich aufgenommen. In der großen Pause brauchte ich keine Aufsicht zu führen, damit ich mich um mein Kind kümmern konnte: füttern, neu bünzeln, und dann habe ich sie wieder unter einen Fliederbusch gestellt. 1947 war ein ausgesprochen freundlicher Sommer, es hat so gut wie nie geregnet, so dass ich keine Sorge zu haben brauchte, dass das Kind nass würde. Vor allen Dingen trockneten die Windeln gut; Pampers oder Ähnliches gab es ja noch nicht.

*Welche Klasse haben Sie unterrichtet?*

Ein drittes Schuljahr. Papier hatten wir so gut wie gar nicht, nur Schiefertafeln. Die Kinder waren es schon gewohnt, alte Papiertüten zu sammeln. Allerdings waren auch die rar, denn Lebensmittel waren rationiert, und es gab alles nur auf Lebensmittelkarten. Die Papiertüten wurden aufgeschlitzt, und so erhielt man einen quadratischen Papierbogen. Ich hatte mir mit Hilfe meiner Eltern und unserer Großfamilie – alle waren geflüchtet und wohnten bei uns in Neugraben – zahlreiche Bleistiftstummel besorgt. Ich brachte also einen Kasten mit Bleistiftstummeln, die ich alle schön angespitzt hatte, mit in die Schule.

*Ein wahrer Schatz.*

Das war ein Schatz. Damit haben wir auf diesen Papier-bögen geschrieben. Ansonsten habe ich versucht, einen halbwegs vernünftigen Schulunterricht zu machen. Was wir allerdings an Büchern hatten, kann ich einfach nicht mehr erinnern.

*Oft wurden wohl noch Bücher aus den Weimarer Jahren und der NS-Zeit benutzt. Die NS-Propaganda wurde geschwärzt, oder es wurden auch ganze Seiten entfernt. Neue Schulbücher waren Mangelware, schon allein deshalb, weil das Papier knapp war, und außerdem mussten sie von den Briten genehmigt werden. Das dauerte also mit den neuen Schulbüchern.*

Übrigens, beim ersten Osterzeugnis, das ich ausgegeben habe, haben wir schon ein richtiges Papierformular erhalten. Das weiß ich noch.

*Ich habe auch handgeschriebene Zeugnisse gesehen, von 1946. Ohne Vordruck, alles handgeschrieben vom Klassenlehrer.*

Was sehr auffallend war: Meine Kinder waren alle sehr mager und sehr schnell müde. Ich habe selbst während einer Unterrichtsstunde gelegentlich mal Pause machen müssen, wenn ich merkte, dass sie sich nicht mehr kon-zentrieren konnten.

*Wenn man bedenkt, dass offiziell 1500 Kalorien pro Tag vorge-sehen waren, die aber nie erreicht wurden, und dass 1947 jedes zweite Kind kein eigenes Bett hatte, ist das kein Wunder.*

Nach der letzten Stunde gab es in Fischbek – wie in der ganzen Stadt auch – die von den Briten und Amerikanern gestellte Schulspeisung. Da wurden große Kübel angeliefert, dunkelgrün und rund. Die Kinder hatten alle irgendein Gefäß mitgebracht und einen Löffel. Das Hauptgericht war entweder eine dicke Erbsensuppe mit kleinen Wurststückchen oder Graupen mit Backobst. Überaus beliebt bei den Kindern war eine dicke Schokoladensuppe. Die war zwar nicht sehr nahrhaft, schmeckte ihnen aber besonders gut. Ich bin überzeugt davon, dass manches der Kinder nur durch die Schulspeisung am Leben geblieben ist. Und das, obwohl Fischbek ja ein Dorf war. In der Stadt war es sicher noch schlimmer.

*Wer gab das Essen aus?*

Für meine Kinder ich. Mit einer großen Kelle und sorgfältig aufgepasst, dass nichts daneben ging. Übrigens durften wir Lehrer auch eine Portion bekommen. Wir mussten zwar dafür zahlen, aber das spielte ja keine Rolle.

*Wichtig war, dass sie alle zu essen bekamen, denn die Erwachsenen litten unter der Ernährungslage ja nicht weniger als die Kinder.*

Im April 1948 sind wir, das heißt, mein Mann, meine Tochter und ich, von Neugraben nach Othmarschen gezogen. Wir bekamen ein Zimmer in einer Villa, in der zwei Wohnungen untergebracht waren. Die obere Wohnung, in der wir unser Zimmer hatten, war noch von drei anderen Parteien bewohnt, jede hatte ein Zimmer. Küche und Bad mussten wir uns alle zusammen teilen.

*Der Umzug war für Sie sicher mit einem Schulwechsel verbunden.*

Richtig, ich kam zur Schule Schafgarbenweg in Hamburg-Osdorf. Osdorf war von Othmarschen aus mit dem Fahrrad eine gute halbe Stunde entfernt. Zum Glück hatte ich schon in Neugraben einen Fahrradbezugsschein bekommen, um zum »Landhaus Freude« fahren zu können. An der Universität hatte das Semester angefangen. Wenn mein Mann es einrichten konnte, blieb er morgens bei unserer Tochter.

*Und Sie gingen in die Schule.*

Wenn mein Mann nicht zu Hause bleiben konnte, wurde das Kind ins Ställchen gesetzt, und ich bin in die Schule gefahren. Es blieb mir ja nichts anderes übrig. Heute würde man wegen Grausamkeit verklagt! Im Dezember 1948 machte mein Mann eine längere Studienfahrt nach England. Da wusste ich nun gar nicht mehr, was ich mit unserer Tochter machen sollte. Jeden Tag wollte ich sie nicht allein lassen. Außerdem hatte ich Angst, dass sie, inzwischen etwas älter, aus dem Stall herausklettern könnte. Ich habe dann ein Kinderheim gefunden bei der Klopstockkirche in der Nähe des Altonaer Rathauses, wo man sie aufgenommen hat.

Ich bin also morgens vor der Schule über eine halbe Stunde mit dem Kind nach Altona geradelt und dann von dort eine Stunde nach Osdorf zur Schule. Und das Ganze retour. Zum Glück waren es nur drei Wochen, aber das hat mir gereicht. Vor allen Dingen hatte man noch nichts Vernünftiges anzuziehen, es war Dezember. Da habe ich meine Eltern gebeten, mir auszuhelfen. Die hatten noch einen alten Anzug von meinem Bruder, den habe ich dann immer angezogen.

*Wie war der Unterricht in Osdorf?*

Osdorf war für mich eine sehr neue Erfahrung. Dort herrschte ein strenger, konventioneller Stil; der Schulleiter hatte noch nie etwas von Reformpädagogik gehört.

*Sicher gab es dort noch die alten Schulbänke der Kaiserzeit?*

Ja, das auch. Auch das Kollegium war seltsam. Es gab Grüppchen. Die Damen machten zum Beispiel Pause im Handarbeitsraum. Die Handarbeitslehrerin züchtete mit ihren Kindern noch Seidenraupen, es gab also noch Maulbeerbüsche vor der Tür, und die Puppen der Raupen lieferte sie auch noch bei einer Sammelstelle ab. Das hatte sie auch während des Krieges getan, dafür gab es dann Lebensmittelkarten. Jetzt bekamen sie, glaube ich, Geld dafür. Jedenfalls versammelten sich die wenigen Frauen im Handarbeitsraum, und die Herren versammelten sich weitgehend im Physik- und Chemieraum, denn da wurde auch geraucht. Das Lehrerzimmer war meistens leer.

*Und wo haben Sie geraucht?*

Ich hatte inzwischen eine Raucherkarte und daher auch Zigaretten. So bin ich ins Lehrerzimmer gegangen, um in Ruhe eine Zigarette zu rauchen. Bald kamen einige von den Männern dazu, und langsam, nach zwei Wochen etwa, gab es die ersten zaghaften pädagogischen Gespräche. Ich habe bald vorgeschlagen, ob wir nicht die Kinder davon entbinden sollten, bei jeder Antwort in die Höhe zu hüpfen. Ich hatte es in meinem vierten Schuljahr schon abgeschafft. Weiter habe ich vorgeschlagen, ob wir nicht mal ein Schulfest machen wollten oder Lehrspaziergänge und ähnliches.

*Und wie war die Reaktion Ihrer Kollegen?*

Einige fanden das sehr vernünftig. Irgendwann wurde ich aber mit einem anderen jungen Kollegen zum Schulleiter zitiert. Wir klopften, es tat sich nichts, wir klopften noch mal, und endlich kam dann ein »Herein«. Der Schulleiter saß hinter seinem Tisch und hatte eine Zeitung vor sich. Wir standen still an der Tür. Irgendwann ließ er die Zeitung sinken und schrie uns an: »Wer ist eigentlich Schulleiter in dieser Schule – Sie, Frau Schmidt, oder Sie, Herr Sowieso, oder ich?« Dann hat er all das, was wir mit den Kollegen besprochen hatten, hergebetet, wir wollten wohl neumodische Sitten einführen, das käme überhaupt nicht in Frage.

Es hat also Kollegen gegeben, die ihm unsere Pausengespräche brühwarm weitererzählt hatten. Das war kein besonders erfreuliches Erlebnis. Neben dem langen Schulweg war das ein Grund mehr, warum ich versucht habe, mich versetzen zu lassen, und zwar an eine Schule in der Nähe unserer Wohnung, die Schule Hirtenweg.

# KAPITEL 7

## *»Schule muss immer auch Freude machen!«*
## Neuanfang mit Reformpädagogik

*Um an Ihre Wunschschule Hirtenweg zu kommen, mussten Sie sich zunächst bewerben.*

Ich bin in die Schulbehörde zum Schulrat gegangen und habe ihm auch ein paar Takte über die Schule Osdorf erzählt. Dazu hat er aber nicht Stellung genommen. Als wir uns ein bisschen »beschnuppert« hatten, zeigte er sich aber wenig entzückt über die Schule. Und dann: »Ja, das kann ich gut verstehen, dass Sie zum Hirtenweg wollen, aber Sie müssen da mal den Schulleiter Herrn Dammann fragen, der nimmt nicht jeden.«

Ich habe mich in Osdorf verabschiedet und bekam vom Schulleiter mit auf den Weg: »Jaja, Sie wollen ja jetzt zum Hirtenweg, da werden Sie endlich mal richtig arbeiten lernen.« Das war also Osdorf. Ich war froh, dass ich das hinter mich gebracht hatte.

*Und wie war das Vorstellungsgespräch an der Schule Hirtenweg?*

Ich bin zu Herrn Dammann gegangen und habe gefragt, ob ich bei ihm anfangen könne. Er hat mich ein bisschen ausgefragt und mich erzählen lassen. Die Zeit verging und verging. Ich saß schon ganz vorn an der Stuhlkante. Nach mehr als einer halben Stunde habe ich ihn gefragt: »Habe ich denn Aussichten, hier anzufangen?« Da hat er mich angegrinst und geknurrt: »Würde ich mich sonst so lange mit Ihnen unterhalten?« So habe ich Ostern 1949 in der Schule Hirtenweg meine neue Stelle angetreten und bin dort bis Ostern 1962 geblieben.

*In was für ein Schulgebäude kamen Sie da?*

Die Schule Hirtenweg war die alte Dorfschule von Othmarschen. Das war ein altes Gebäude, das den Krieg heil überstanden hatte. An die alte Dorfschule war noch ein kleines »L« angebaut: zwei Schulklassen, ein Gymnastikraum und die Toiletten. Leider war ein kleiner Teil von diesem Anbau durch Bomben zerstört worden, und zwar ausgerechnet die Toiletten. Die wurden allerdings schnell wieder repariert.

*Anders als im Stadtgebiet gab es also nur geringe Kriegsschäden. Gab es andere Besonderheiten?*

In meinen ersten Jahren hatten wir noch ganz normalen Vormittagsunterricht, dann aber begann das »Schichten«.

*Das bedeutete?*

Das heißt, es gab vormittags Unterricht für die Hälfte der Schüler. Dann war eine Mittagspause, und nachmittags kam sozusagen die zweite Schicht, die andere Hälfte des Kollegiums ...

*... und auch die andere Hälfte der Schüler. In der Stadt wurde wegen des Gebäudemangels zum Teil ja sogar in drei Schichten unterrichtet.*

Die Einführung des Schichtunterrichts hing bei uns bestimmt damit zusammen, dass Othmarschen inzwischen sehr viel mehr Einwohner hatte, vor allem Flüchtlinge. Es gab in Othmarschen auch zahlreiche »Nissenhütten«.

*Das waren Wellblechhütten, die ja in der ganzen Stadt, selbst im Stadtpark, für die vielen Obdachlosen und Flüchtlinge als Behelfsunterkünfte aufgestellt worden waren. (Foto Nr. 22)*

Behelfsunterkünfte kann man das noch nicht einmal nennen. Diese Wellblechhäuser waren nicht isoliert, nur Wellblech mit einem primitiven Holzboden. Sie hatten einen Wasserhahn entweder vor dem Haus oder gleich am Anfang der Hütte. Alle Wellblechhütten, die ich besucht habe, weil Schulkinder von mir dort lebten, wurden von drei Familien bewohnt. Für die gab es nur eine Kochstelle und eine Toilette. Da die Familien einen Hauch von Intimität wahren wollten, hatten sie dicke Stricke gezogen und mit Klammern Wolldecken als Raumteiler daran gehängt. Die Nissenhüttenkinder, die ich in meiner Klasse hatte, kamen aus Flüchtlingsfamilien, meist Flüchtlingsfrauen mit Kindern, deren Männer in Gefangenschaft oder aber gefallen waren. Darunter waren auch akademisch ausgebildete Frauen, ich erinnere zum Beispiel eine Ärztin mit ihren beiden Söhnen.

*Wie war die Schülerschaft in Ihrer eigenen Klasse?*

Am Hirtenweg bekam ich ein erstes Schuljahr. Ich glaube, ich hatte wieder fünfzig oder so eben unter fünfzig Kinder, aber sehr heterogen. Einige kamen aus den Elbvillen, die direkt in der Nähe an der Elbchaussee standen. Allerdings lebte kaum eine Familie allein. Sie hatten alle Familienmitglieder von auswärts aufgenommen. Die zweite Gruppe waren Kinder aus Övelgönne …

*... eine ehemalige Fischer- und Lotsensiedlung, direkt am Fuße des Elbgeesthanges.*

Das ist eine besondere Sorte von Menschen. Sehr solide Handwerker, zum Teil auch aus der Fischerei, sehr traditionsbewusst. Sie lebten da schon seit Generationen. Und als dritte Gruppe dann die Nissenhüttenbewohner. Das waren zum Teil Ausgebombte aus Hamburg. Vorwiegend aber waren es Flüchtlinge. Also insgesamt sehr gemischt.

*Wie haben Sie diese heterogenen Schüler zusammengeführt?*

Von Anfang an habe ich Regeln festgelegt. Ich habe das »Spielregeln« genannt.

*Heute sprechen wir von Klassenregeln, aber von der Sache her ist es wohl das Gleiche.*

Aber die Bedeutung von »Spielregeln« kennen die Kinder. Ich habe immer gesagt: »Wenn ihr draußen spielt, gibt es ja auch Spielregeln.« Dann habe ich zum Beispiel gesagt: »Ihr könnt jetzt so laut schreien, wie ihr wollt, aber wenn ich die Hand hochnehme, müsst ihr leise sein.« Es war ganz interessant, die verschiedenen Charaktere zu erleben. Einige brüllten auf Teufel komm raus, andere hielten sich die Ohren zu. Die erste Spielregel festzulegen war dann kein Kunststück mehr: Es kann nur einer reden. Das fanden die Kinder ja selbst. Und für die zweite Spielregel durften sie in der Klasse umherlaufen, so schnell sie konnten. Alle sausten um sämtliche Tische, bis ich die Hand hochnahm. Ergebnis: In der Stunde wurde nicht herumlaufen. Wenn man das so macht, braucht man die Spielregeln als Lehrer gar nicht zu benennen, das machen die Kinder von allein.

*Aus der Fischbeker Schule haben Sie berichtet, dass die Kinder sich schlecht konzentrieren konnten. Wie war es hier?*

Auch in dieser Klasse konnten die Kinder sich nicht eine ganze Schulstunde auf eine Sache konzentrieren. Ich habe eigentlich immer mal zwischendurch das Thema gewechselt. Entweder »Jetzt singen wir mal ein Lied«, oder ich habe Fingerspiele mit ihnen gemacht; »Zehn kleine Zappelmänner« besonders gerne ...

*Im Hinblick auf das Zusammenführen der Klasse: Gab es da neben den »Spielregeln« weitere pädagogische Grundsätze bei Ihnen?*

Vor allem habe ich versucht, mit den Kindern möglichst vieles gemeinsam zu machen. Gemeinsames Singen ist zum Beispiel etwas sehr Verbindendes. Für das gemeinsame Spielen gilt das Gleiche. Im ersten Schuljahr habe ich häufiger draußen mit den Kindern im Kreis gespielt. Da gibt es ja eine ganze Reihe von Kreisspielen. Ich glaube, gemeinsames Singen und Spielen, das sind wohl die wichtigsten Dinge, durch die man sechsjährige Kinder zu einer Gruppe zusammenführt.

Später habe ich auch immer darum gekämpft, dass ich eine Klasse vom ersten bis zum vierten Schuljahr betreuen konnte. Im ersten Schuljahr hat man ja noch wenig Unterricht, da habe ich in anderen Klassen zusätzlich Fachunterricht gegeben, auch im zweiten und dritten Schuljahr. Aber grundsätzlich wollte ich eine Klasse für vier Jahre haben. Ich habe auch kaum einen zweiten oder dritten Lehrer in meiner Klasse unterrichten lassen.

*Kommen wir zu Ihrer Unterrichtsgestaltung. Die Schulbehörde hatte ja in den späten vierziger und frühen fünfziger Jahren in*

*Abkehr von der NS-Zeit wieder verstärkt an Prinzipien der Weimarer Jahre angeknüpft. Die ersten Richtlinien nach dem Krieg haben in Hamburg zum Beispiel insbesondere den Gesamtunterricht, das heißt die Zusammenführung von Fächern für die Grundschule, propagiert.*

Das erinnere ich gar nicht mehr so genau.

*Oder Sie haben sich gar nicht so sehr um die behördlichen Vorgaben gekümmert.*

Wahrscheinlich. Ich habe sowieso immer versucht, Gesamtthemen zu unterrichten und möglichst alles einzubeziehen. Das geht mit Schreiben und Rechnen nämlich gut, mit Singen und Malen sowieso. Selbst beim Sport kann man das machen, in den ersten Jahren zumindest. So ab dem dritten Schuljahr kamen die Kinder manchmal mit eigenen Themen, und wenn ich sie passend fand, dann haben wir eben auch mal Vorschläge von den Kindern genommen.

*Einer der Väter des Gesamtunterrichts, Berthold Otto, hat dies bereits vor dem Ersten Weltkrieg in seiner Berliner Hauslehrerschule als Unterrichtsprinzip eingesetzt. Für ihn waren Fragen und Anregungen der Kinder Ausgangspunkt für den Ablauf seines Gesamtunterrichts.*

Davon wusste ich nichts. Hier ein Beispiel für diese Möglichkeit: Einer meiner Schüler kam tagelang immer wieder zu spät. Nun kam er von Övelgönne, ganz unten an der Elbe, hatte also einen weiten Weg. »Warum kommst du jeden Tag zu spät?«, habe ich gefragt. Er sagte: »Da ist doch ein Neubau an der Ecke, und das ist ja sooo spannend!« Ich bat ihn: »Na, dann erzähl uns mal, was du da alles gesehen hast in den letzten Tagen.« Das hat er prima gemacht. Mit dem Ausschachten hat er begonnen, und nun waren die Arbeiter beim Zementmischen. Unser Thema hieß jetzt »Neubau«. Wir sind dann häufiger zu der Baustelle gegangen und haben zugeguckt, wie das Haus langsam wuchs. Das blieb unser Thema für längere Zeit, denn damit konnte man ja viel anstellen. Dies als Beispiel dafür, wie ein Schülerthema uns lange beschäftigt und angeregt hat.

*Aus Ihrer eigenen Grundschulzeit haben Sie über »Lehrspaziergänge« berichtet. Wie war das am Hirtenweg?*

In all den vielen Jahren habe ich zahlreiche Lehrspaziergänge gemacht, und zwar vom ersten Schultag an. Lehrspaziergang heißt ja, zu einem bestimmten Zweck in die unmittelbare oder auch in die weitere Umgebung der Schule zu gehen. Dazu gehören dann natürlich auch Besuche von Kirchen und Museen.

*Darauf kommen wir noch einmal zurück.*

Im ersten Schuljahr haben wir Folgendes gemacht: Jeder musste einen alten Blumentopf mitbringen und eine kleine Kinderschaufel oder einen alten Löffel. Dann sind wir direkt vor die Schule gegangen. Am Hirtenweg gab es noch eine Art Feldweg bei der Schule mit vielen verschiedenen Pflanzen, die wir uns genau angeschaut haben. Dann durfte sich jeder eine dieser Pflanzen aussuchen und sie ausbuddeln. Ich habe natürlich mitgeholfen, wenn sie zu dicke Wurzeln hatten. Die wurden dann eingetopft und auf der Fensterbank in der Klasse deponiert und sehr sorgsam jeden Tag begossen.
Dann haben wir diese verschiedenen Pflanzen beobachtet. Ein Schüler, von dem ich später einen rührenden Brief er-

hielt und der darin behauptete, dass ich bei ihm damit schon eine Weiche fürs Leben gestellt hätte, hatte sich einen breitblätterigen Wegerich ausgegraben. Nach wenigen Tagen fing der an, Blütenstände zu entwickeln. Die Blüten sind kleine braune Knubbelchen, nichts Besonderes, aber dass da plötzlich etwas hochwuchs, das war natürlich aufregend und ein schönes Ergebnis eines Lehrspazierganges.

*Am Ende der Grundschulzeit spielte das Thema »Hafen« in Hamburger Grundschulen eine gewichtige Rolle. Für Sie war das sicher eine weitere Gelegenheit, die Schule zu verlassen und an außerschulischen Eindrücken zu lernen.*

Wenn das Thema »Hafen« kam, das war im vierten Schuljahr, habe ich mich mit meiner Klasse für eine ganze Woche an der Freiluftschule Köhlbrand angemeldet. Es gab in Hamburg schon vor dem Krieg fünf Freiluftschulen. Da konnte man mit seinen Schulkindern morgens hinkommen, bekam ein Frühstück und ein Mittagessen, manchmal auch noch nachmittags ein Getränk, abends ging es zurück, und am nächsten Tag kam man wieder. Es war für Lehrkräfte natürlich etwas einfacher, in die Freiluftschulen zu gehen, als eine Klassenreise zu machen. Vor allem konnte man in diesen Freiluftschulen Themen bearbeiten, die etwas mit Hamburg zu tun hatten.

*Das heißt, in den Freiluftschulen wurde ein Ausflug mit Unterricht im Freien verbunden.*

Ja, wobei bei mir der Unterricht im Hintergrund eigentlich das Wichtigere war. Die Freiluftschule Köhlbrand lag im Hafen etwa an der Stelle, wo der Köhlbrand sich von der Elbe trennt, das heißt, auf der Südseite der Elbe.

*Und es gibt ein schönes Foto, auf dem Sie an der Spitze Ihrer Klasse auf dem Weg zur Elbfähre zu sehen sind. (Foto Nr. 36)*

Am Köhlbrand befand sich ein sehr schöner, weißer Strand. Die »Schule«, das waren offene Hallen mit einem Dach, aber ohne Wände, so dass man auch bei Regenwetter gut dort sitzen und nach draußen gucken konnte. In den fünfziger und sechziger Jahren war im Hafen ja noch ein enormer Betrieb. Ob das jetzt kleine Barkassen waren, die zum Beispiel die Arbeiter hin und her fuhren, oder Schlepper, die nach draußen, also elbabwärts fuhren, um ein Schiff einzuholen, oder ob es große Frachtschiffe waren, die vorbeizogen. Man hatte praktisch den ganzen Unterrichtsstoff vor der Nase. Es gab sogar immer noch einige Wracks vom Krieg, die noch nicht geborgen worden waren.

*Das heißt, zerbombte Schiffe, die noch in der Elbe lagen?*

Die in der Elbe lagen, zum Teil auch schon an den Strand gezogen worden waren, aber da ja auch nicht liegen bleiben konnten. Ein beliebtes Ziel, das den Hafen für die Kinder noch ein bisschen lebendiger machte, war die Fähre über den Köhlbrand. Das war nämlich eine Eisenbahnfähre. Da stiegen wir ein und standen neben den Zügen, tuckerten über den Köhlbrand und beobachteten, wie die Fähre genau auf die Schienen auf der anderen Seite zulaufen musste, damit die Züge an Land weiterfahren konnten. Das fanden eigentlich alle Kinder so begeisternd, dass wir manchmal sogar zweimal hin- und hergefahren sind, und das zur Belustigung des Kapitäns, der oben auf der Brücke stand und der dann auch noch winkte.
In unmittelbarer Nähe der Fähre war die Hauptstation von Taucher Beckedorf. Taucher Beckedorf war damals

ein feststehender Begriff. Da gab es natürlich mehrere An-
gestellte. Wenn man sich vorher angemeldet hatte, waren
alle sehr freundlich. Sie zeigten uns zum Beispiel, wie die
Tauchhelme und die Anzüge aussahen. Die Kinder konnten auch mal einen Tauchhelm aufstülpen, und vor allen
Dingen erzählten die Angestellten mit Vergnügen, was sie
denn nun alles machen mussten und wie gefährlich das
Abtauchen sei, weil man nicht genau sehen konnte, was
sich da unten in dem modderigen Wasser alles so tat. Taucher Beckedorf und die Eisenbahnfähre, das waren die
beiden Höhepunkte.

*Und dann ging es auf den Köhlbrand.*

Dort haben wir am Strand natürlich Burgen gebaut. Und
wenn die Flut kam, waren die plötzlich überschwemmt.
Also, die Kinder erlebten Ebbe und Flut.

*Und wenn man so etwas mit der eigenen Burg erlebt hat, kann
der Lehrer Ebbe und Flut einfacher erklären als mit dem Buch.*

Mir fällt ein, wir haben nicht nur Burgen, wir haben dort
auch Hafenanlagen gebaut. Mit dem Material und den
Erlebnissen, die man innerhalb einer Woche, auch in
den Köpfen der Kinder, gesammelt hatte, war es natürlich
einfach, das Thema »Hafen« zu bearbeiten. Sie begriffen
dann, dass die Schiffe verschiedene Frachten transportier-
ten und welche Aufgaben zum Beispiel die Feuerschiffe
Elbe 1 bis 3 hatten. Später konnte man ihnen natürlich
auch auf einer Elbkarte zeigen, wo die verschiedenen
Leuchttürme standen, wo die drei Feuerschiffe lagen und
wie die Feuerschiffe mit ihren Leuchtfeuern die Schiffe
bis weit in die Nordsee hinein leiteten.

*Oder man konnte die Funktion der Lotsen erklären.*

Natürlich, von den Lotsen und Lotsenkuttern musste man ihnen erzählen. Manchmal hatte man auch das Glück, dass von der Spitze von Finkenwerder, von der Lotsenstation, jemand auf einer kleinen Barkasse zu einem Schiff rübertuckerte und auf der Strickleiter hochkrabbelte. Da wussten einige Kinder sofort: Da kommt der Lotse, der bringt das Schiff bis zum nächsten Feuerschiff. Auf den Feuerschiffen waren die Lotsen ja auch stationiert. All das zu erklären war verhältnismäßig einfach durch diese eine Woche Aufenthalt am Köhlbrand. Der Deutschunterricht und auch das Rechnen spielten während dieser Zeit natürlich nur eine untergeordnete Rolle.

*All diese Hamburger Themen sind ja auch in den aus den fünfziger Jahren stammenden und heute noch mit Vergnügen zu lesenden Hamburger Heimatbüchern von Carl Will beschrieben.*

Ich habe jedenfalls versucht, so viele Bezüge wie möglich aus allen Unterrichtsfächern zum Thema »Hafen« herzustellen. Natürlich haben wir auch Seemannslieder gesungen.

*Und wie bei anderen Themen wurde das dann alles schriftlich im Heft festgehalten.*

Natürlich. Wenn wir damit fertig waren, haben wir Modelle gebaut, ganze Hafenanlagen.

*Gab es als Arbeitsmittel einen Sandkasten in Ihrem Klassenraum?*

Nein, im Gruppenraum stand ein großer Tisch, der für so etwas benutzt wurde.

*Da konnte man die Anlage dann aufbauen, und da konnte sie auch stehen bleiben.*

Ja. Übrigens, beim Thema »Hafen« habe ich auch immer versucht, eine Fahrt mit der Wasserschutzpolizei zu machen, was, wenn man das rechtzeitig anmeldete, auch ohne weiteres ging. Als nächstes Thema habe ich dann den Kindern klar gemacht, dass es in Hamburg noch einen zweiten Hafen gebe, der sicher in Zukunft mal sehr wichtig werden würde, nämlich den Flughafen.

*In Hamburg-Fuhlsbüttel.*

Ja, aber er hat leider meine Erwartungen zu seiner Entwicklung nicht erfüllt, wahrscheinlich auch die vieler anderer nicht. Bis heute hat er jedenfalls nicht die Rolle spielen können, die man ihm in den fünfziger Jahren zugetraut hätte. Zum Flughafen sind wir wieder mit der ganzen Klasse gefahren. Natürlich konnten wir da nicht eine ganze Woche bleiben, aber wieder habe ich erlebt, wie aufgeschlossen die Angestellten waren und wie freundlich sie den Kindern zu allem Auskunft gegeben haben.

*Hat es zum Thema »Hafen« auch eine geschichtliche Einführung gegeben?*

Ich habe das Thema immer so genannt: Der Hamburger Hafen mit seiner sehr langen Geschichte. Natürlich spielten Klaus Störtebeker und Simon von Utrecht auch eine Rolle. Wir sind auch ins Rathaus gegangen und haben uns diese künstlerisch nicht besonders wertvollen, aber doch eindrucksvollen Gemälde im großen Festsaal angeschaut.

*Diese fünf Wandgemälde von Hugo Vogel sind schon wegen ihrer enormen Größe besonders eindrucksvoll und mit ihren Motiven »Urstromtal der Elbe«, »Heidnische Vorzeit«, »Christianisierung und Taufe«, »Der Hafen zur Zeit der Hanse« und »Der Hafen um 1900« auch sehr geeignet für heimatgeschichtliche Betrachtungen.*

Es gibt ja die schöne Geschichte zu dem Wandbild, auf dem der Erzbischof seine segnenden Hände zur Taufe ausbreitet und nach unten schaut. Der Betrachter folgt unwillkürlich dem Blick und sieht dann: Dort ist gar nichts. Ursprünglich kniete da ein Erwachsener, was aber die Hamburger empört haben soll: »Wir Hamburger knien nicht vor der Obrigkeit, weder vorm Kaiser noch vor der Kirche«, hieß es, und so musste der kniende Täufling übermalt werden. Aber wichtiger für mein Hafenthema war natürlich das Riesenbild vom Hamburger Hafen um 1900.

*Auf dem sowohl noch die alten Segelschiffe als auch schon die modernen Dampfschiffe zu sehen sind …*

… mit einem hohen Schornstein …

*… und einem weiten Blick die Elbe hinab und mit der Werft von Blohm und Voss im Vordergrund.*

Die Kinder haben natürlich in der Schule und auch zu Hause sehr viel zu dem Thema gezeichnet. Komischerweise malen Kinder Schiffe anders, als sie wirklich sind. In den Kinderzeichnungen liegen die Schiffe nicht flach auf dem Wasser, sondern ragen hoch aus dem Wasser heraus, und die Schornsteine sind so hoch, wie sie früher mal waren, aber in den fünfziger Jahren schon längst nicht mehr.

Das fand ich ganz interessant. Sie haben eigentlich moderne Containerschiffe ohne Beladung gemalt.

Übrigens, wenn man mit den Kindern im Festsaal des Rathauses sitzt und sich diese vielen Bilder anschaut, ist es natürlich auch einfach zu sagen, so ähnlich hat es mal ausgesehen, als die Elbe noch nicht gebändigt war und dort noch kaum Menschen gesiedelt haben. Das fanden die Kinder immer sehr eindrucksvoll.

*Das Rathaus gibt ja auch gute Einblicke in das, was das Kunsthandwerk zur Entstehungszeit des Gebäudes am Ende des 19. Jahrhunderts zu bieten hatte.*

Ich bin vom Rathaus nicht so entzückt, weil dort zu viele Stile zusammenkommen, aber die handwerkliche Arbeit im Rathaus, die kann man den Kindern sehr wohl zeigen. Bei den geprägten Ledertapeten kann man ihnen erzählen, wie so etwas gemacht wird. Die schweren Leuchter, die mit Perlmutt eingelegten Türen, die edlen Hölzer, die Fußböden mit Mustern in Dielen eingelegt – über all das kann man sehr lange mit den Kindern reden und ihnen deutlich machen, wie viele unterschiedliche Gewerke an der Inneneinrichtung arbeiten mussten. Besonderen Gefallen fanden die Jungen und Mädchen übrigens an den großen Kissen auf den Stühlen. Die haben Vierländer Frauen im Kreuzstich gestickt. Auf einem Kissen finden sich die vielen verschiedenen Gemüsearten und auf einem anderen die verschiedenen Blumen, die schon vor hundert Jahren in den Vierlanden geerntet wurden, um sie nach Hamburg zum Verkauf zu bringen. Man kann vieles miteinander verknüpfen.

*Und vor allem ist dies alles vor Ort viel besser zu vermitteln als in der Schule.*

188

Lernen außerhalb der Schule ist immer eindrucksvoller. Bevor wir zum Beispiel einen Ausflug nach Neugraben machten, habe ich den Kindern erzählt, dass auf dieser Elbseite in der Steinzeit Menschen gelebt haben und dass ich als Kind dort noch Klingen gesammelt habe. Natürlich haben sie, als wir dann dort waren, überall gesucht, ob sie vielleicht auch eine Klinge fänden – haben sie leider nicht. Wenn man auf der südlichen hohen Elbseite in Neugraben steht, kann man auch neun- oder zehnjährigen Kindern deutlich machen, dass dieser dicke Elbstrom beziehungsweise das Flussbett nach der letzten Eiszeit von auftauenden Gletschern geformt wurde und die Elbe sich ihren Weg hier bei Hamburg in die Nordsee gesucht hat. Vom Süllberg aus kann man das Ganze übrigens genauso gut sehen. Dann begreifen die Kinder, dass Blankenese und Neugraben mal auf einer Ebene lagen. Man muss aber draußen sein und muss ihnen das vor Ort zeigen. Sonst …

*… funktioniert es nicht!*
*Sie haben vom Rathausbesuch erzählt und was man dort alles erkunden kann. Haben Sie auch Kirchen oder Museen mit Ihren Schülern besucht?*

Ja, in der Petrikirche sind wir gewesen und natürlich auf dem Michel. Bei der Petrikirche haben sie alle den großen Türzieher mit dem Löwenkopf angefasst.

*Eines der wenigen Stücke, die noch aus dem ursprünglichen, mittelalterlichen Kirchengebäude stammen.*

Das Innere einer Kirche ist ja auch für Erwachsene etwas Beeindruckendes, aber für Kinder besonders. Wenn die Kirche ziemlich leer ist und man den Kirchenbau auf sich wirken lassen kann, kommt man sich ganz, ganz klein vor.

Im Michel sind wir all die Stufen zum Turm hochgeklettert. Nach oben habe ich die Kinder alle problemlos bekommen, aber runter hatten einige dann Schwierigkeiten. Ganz oben gab es nämlich Stufen, durch die man durchgucken konnte. Einige Kinder musste ich anfassen, oder sie mussten meinen Rücken ansehen, aber ich habe sie alle wieder heil nach unten gebracht. Bei solchen Ausflügen, ob es Rathaus oder Kirchen oder auch mal Museen waren, habe ich immer vorher gefragt, ob Eltern Lust hätten, mitzugehen. Eigentlich waren immer einige Eltern dabei, nicht nur, um mir zu helfen und die Kinder zu beaufsichtigen, sondern auch, um selbst zu schauen. Im Rathaus waren es zum Beispiel vor allem Eltern, die sich mit Ehrfurcht die handwerklich so fabelhaft gearbeiteten Türen beguckten. Das strahlte natürlich auf die Kinder ab.

Auch in der Kunsthalle hatte ich gelegentlich Eltern dabei, die aber im Hintergrund bleiben mussten. Dort habe ich mir immer nur ein Bild ausgesucht. Die Kinder durften sich auf den Fußboden setzen, und ich habe ihnen noch nicht mal das Thema gesagt, sondern sie nur gebeten, genau zu schauen, und wenn ihnen irgendetwas auffällt, zu erzählen. Es ist überraschend, welche Details Kinder sehen. Einige davon hatte noch nicht einmal ich bemerkt.

*Da haben Sie ja die* Übungen in der Betrachtung von Kunstwerken *nachempfunden, die Alfred Lichtwark mit Schülern in den 1890er Jahren begonnen hatte und die bis heute wegweisend für die Museumspädagogik sind.*

Ich wusste natürlich, dass Lichtwark so etwas gemacht hatte, aber ich fand es auch selbst wichtig, dass Kinder mit bildlicher Kunst in Berührung kommen und sehen, dass man dort unendlich viel entdecken kann.

*Und man kann das dann ja auch als Anregung für das eigene Malen nehmen.*

Als wir uns zum Beispiel den großen Fisch von Paul Klee angesehen und besprochen hatten, haben sie hinterher in der Schule gefragt, ob sie so etwas auch mal machen dürften. Dabei kam immer etwas ganz Hübsches heraus.

*Inzwischen war auch Ihre Tochter im schulpflichtigen Alter. In welcher Schule wurde sie eingeschult?*

1952 bekamen wir endlich eine eigene Wohnung, und zwar in Barmbek. Da ich aber meine Klasse am Hirtenweg weiter unterrichten wollte, hatte ich nun einen einstündigen Schulweg mit der Straßenbahn. Zur Beaufsichtigung unserer kleinen Tochter Susanne fand ich in unserer Nähe eine ältere Dame. Ostern 1953 meldete ich Susanne dann am Hirtenweg an – und zwar gleich für das zweite Schuljahr. Sie war sechs Jahre alt, hatte sich schon lange das Lesen selbst beigebracht und spielte mit uns Monopoly, wobei man ja fleißig rechnen muss. Ich hatte Sorge, dass sie sich im ersten Schuljahr langweilen würde. In der zweiten Klasse kam sie gut mit, musste aber noch die Schreibschrift lernen. Sie hatte bisher nur Druckbuchstaben benutzt. Ab Ostern 1953 hatten Mutter und Kind nun also gemeinsam diesen langen Schulweg, bis wir im Dezember 1954 ein kleines Reihenhaus in Othmarschen beziehen konnten.

*Frau Schmidt, in der Schule Burgstraße gab es das Schulland-heim Schönberger Strand, und das war für Sie ja eine sehr wichtige Erfahrung. Wie sah das an der Schule Hirtenweg aus? Hatte man dort auch ein Schullandheim?*

Dort hatte man auch ein Schullandheim. Als ich 1949 an die Schule Hirtenweg kam, hatte der Schulverein schon ein Gebäude gekauft; denn dem Schulverein war klar, dem Schulleiter erst recht: Die Schule braucht ein Schulheim. Das gehört einfach zu einer Schule dazu. Eine Munitionsbaracke südlich von Mölln war schon gekauft. Das war ein langer, niedriger Bau ohne Fenster; an der Schmalseite befand sich ein riesengroßes Tor und in das Tor hinein führte ein Schienenstrang – da war nämlich die Munition hineingefahren worden.

*Es war also ein ehemaliges Wehrmachtsgebäude.*

Ja. In den nächsten Jahren sind Fensteröffnungen hineingeschlagen und Fenster eingesetzt, Frisch- und Abwasserleitungen angeschlossen worden, und die Riesenhalle wurde unterteilt in zwei große Schlafräume, einen großen Wohnraum, Toiletten mit einem Waschraum, eine Küche und kleine Lehrerschlafzimmer. Ich glaube, es waren drei.

*Wenn ich an den Schönberger Strand denke, war dort ja ein Großteil des Umbaus von den Eltern gemacht worden. Wie war das beim Schullandheim Mölln?*

Einige Eltern haben mitgeholfen beim Bemalen der Spinde; wir konnten billig Wehrmachtsspinde kaufen, die schäbig aussahen und alle angestrichen werden mussten. Sonst kann ich nicht erinnern, dass die Eltern im Haus geholfen hätten. Nur das Kollegium ist häufiger hingefahren und hat Wände gestrichen und Ähnliches gemacht.

*Also durchaus noch so ein wenig der Geist der zwanziger Jahre – es haben nicht nur Firmen gearbeitet, sondern es gab Mitarbeit von Eltern und vor allem von den Lehrern.*

Vor allen Dingen vom Kollegium, was für den Zusammenhalt natürlich unbezahlbar war. Ähnlich hat das Kollegium in der Zeit auch an Wochenenden zusammengearbeitet, um alle Klassenräume und die Heizkörper zu streichen. Die Farben wurden von der Schulbehörde bezahlt.

*Wann waren Sie das erste Mal in Mölln?*

Ich wollte 1953 mit meiner vierten Klasse in das Heim. Es war noch primitiv, man musste sich im Waschraum an Blechschüsseln waschen, aber es gab fließend Wasser. Um die Umgebung etwas zu erkunden, bin ich mit meinem Mann und unserer Tochter vorab nach Mölln gefahren. Wir sind viel gewandert, damit ich schon mal auskundschaften konnte, was ich mit den Kindern unternehmen wollte.

Interessant in der unmittelbaren Umgebung ist, dass die alte Salzstraße von Lüneburg nach Lübeck durch diese Gegend führt. Den Verlauf kann man noch erkennen. Zum Teil ist es allerdings inzwischen ein reiner Sandweg, aber man kann diese durchgehende Landstraße durchaus noch finden. Ringsherum sind Kiefern- und Mischwälder. Vor allem ist in der unmittelbaren Nähe ein Bachtal, wo der kleine Hellbach in den Möllner See fließt. Dieses Bachtal ist bis heute völlig unberührt. Die Bauern machen zwar ihr Heu, aber sonst ist da nicht viel, denn an der östlichen Grenze des Bachtals befindet sich wieder ein Waldstreifen, und unmittelbar dahinter war damals die Zonengrenze. Es war also völlig abgelegen und wurde weiter überhaupt nicht bewirtschaftet. Das hatte ich alles vorher erkundet. Mit einem Bus ging es von der Schule aus mit der gesamten Klasse für vierzehn Tage nach Mölln.

*War das dann auch faktisch die erste Klasse, die ins neue Heim fuhr, oder waren vorher schon mal Klassen da gewesen?*

Ein Jahr vorher ist, glaube ich, schon eine Klasse dort gewesen, aber ich gehörte so ziemlich mit zu den Ersten. Es war so günstig, dass dieses Heim nun mitten im Wald lag. Man konnte direkt vor der Haustür Ameisenhaufen und Vögel beobachten, wenn man das wollte. Das Einzige, was ich meinen Kindern verboten hatte, war das Klettern auf die Kiefern, obwohl ich ihnen auch gesagt hatte: »Wisst ihr, als ich so alt war wie ihr, ich wäre sofort auf der Kiefer gewesen. Aber ich bitte euch, stellt euch mal vor, einer fällt runter – dann habe ich die Schuld. Ich bitte euch also, das nicht zu tun.« Und sie haben sich daran gehalten.

*Haben die Kinder auch Herbarien angelegt?*

Ein Herbarium haben wir nicht angelegt, aber wir haben oft botanisiert. Vormittags war immer eine Art Unterricht. In dem großen Essraum standen lange Tische und Bänke, dort konnte man zum Beispiel Rechnen üben. Meist habe ich das spielerisch gemacht, mit Kettenaufgaben und ähnlichem. Ein halbes Jahr später war Prüfung, das war mir durchaus bewusst.

*Sie meinen, die Aufnahmeprüfung für das Gymnasium.*

Ja. Wenn das Wetter nicht allzu gut war, war vormittags Schreibstunde. Irgendwelche Erlebnisse aufschreiben – also eine Art Aufsatz, wenn Sie so wollen; oder einen Brief an die Eltern – die sind zum Teil sehr lang geworden, wenn alle Erlebnisse geschildert wurden. Also etwas in der Art, was man durchaus als Unterricht bezeichnen kann.

*Gab es auch einen Ausflug nach Mölln?*

Es gab natürlich verschiedene Ausflüge, zum Beispiel auch nach Mölln. Mölln ist ja eine noch recht einheitliche alte Stadt. Selbstverständlich haben alle Till Eulenspiegel am großen Zeh angefasst, der schon ganz blank war. Aber die Kinder haben durchaus auch die alten Kirchen bewundert und den Möllner See. Ein großes Erlebnis war für sie eine Baracke, gar nicht so weit von uns entfernt, die ein Bootsbauer als Werkstatt eingerichtet hatte. Der baute dort den berühmten Ratzeburger Achter. Dieser Bootsbauer und seine Mitarbeiter waren rührend, sie haben den Kindern alles erklärt und alle Fragen beantwortet. Man merkte ihnen allerdings auch an, wie stolz sie waren, dass sie nun diese Achter bauten. Mitten im Wald.

*Auf einem Foto aus Mölln sehen wir Ihren Mann. Gab es häufiger Besuch? (Foto Nr. 32)*

Ich hatte den Eltern gesagt, bitte nicht am Wochenende kommen. Denn wenn Eltern kommen, gibt es möglicherweise Heimweh und wenn einige kommen und andere nicht, erst recht. Außerdem können natürlich Eltern, wenn sie sich nur um ihr Kind kümmern, den ganzen Betrieb stören. Aber mein Mann ist einmal gekommen, an einem Wochenende, und ist mit der ganzen Bande – natürlich auch mit mir – losgezogen. Wir wollten am Hellbach turnen, dort, wo die Salzstraße sehr sandig ist. Man konnte da nämlich wunderbar Weitsprung machen. Was mich belustigt hat: Als mein Mann sagte: »Wollen wir los?«, scharten sich alle um ihn und stellten sich in Zweierreihen hinter ihm auf. Das hätten sie bei mir, glaube ich, so spontan nicht getan. Dann sind wir also losgezogen und haben Weitsprung geübt und gespielt. Einige Mutige haben über den Arm meines Mannes Salto gemacht. Das wurde von den anderen sehr bewundert.

Zu dem wunderschönen Hellbach sind wir häufiger gegangen. Der Bach floss dicht am Weg. Man guckte dann über die weite, sich von Nord nach Süd erstreckende Wiesenfläche und sah auf der anderen Seite den Wald und – damals – dahinter die Zonengrenze.

*Sind Sie auch an die Grenze gegangen?*

Nein, ich bin nie zur Zonengrenze gegangen – das wollte ich nicht.

Der Bach war so flach, dass man darin wunderbar spielen konnte. Einmal haben wir beschlossen, das Wasser aufzustauen, damit wir ein bisschen mehr »Badewannengefühl« hätten. Das war sehr mühsam; mit ausgerissenen Grasbüscheln, mit Matsch aus dem Bachgrund und mit Steinen haben wir einen Wall gebaut. Der Bach war vielleicht drei Meter breit. Es ist uns gelungen, den Wall einigermaßen dicht zu bekommen, so dass sich das Wasser langsam staute. Plötzlich kam von irgendwoher ein Bauer an und schimpfte schon von weitem: »Meine ganzen Wiesen stehen unter Wasser!« – was natürlich gar nicht angehen konnte, so groß war der Stau nicht. Jedenfalls habe ich beschlossen: Jetzt wird der Wall durchbrochen. Alle haben sich hinter den Wall gesetzt, bis auf die wenigen, die mit mir den Wall durchbrochen haben, und sind von diesem wunderbaren Schwall …

*… Wasser überspült worden.*

Das war eine Wonne! Auf dieser Reise gab es aber auch noch ein anderes, sehr unangenehmes Erlebnis: Eines Nachts hörte ich ein fürchterliches Geschieße. Ich bin vorsichtig nach nebenan gegangen zu der Mutter, die uns begleitete. Die saß auch schon aufrecht im Bett. Wir hörten das Schießen und haben uns den Kopf zerbrochen, was los war. Aber es wurde wieder ruhig. Am nächsten Morgen habe ich mich sofort erkundigt. Da hieß es, in der DDR gäbe es einen Aufstand, und es sei geschossen worden, und es werde immer noch geschossen. Daraufhin habe ich den Möllner Busunternehmer angerufen und ihn gefragt, ob er uns möglicherweise kurzfristig nach Hamburg transportieren könne. Dann habe ich meinen Schulleiter angerufen: »Herr Ernst, sollen wir zurückkommen?« – »Wieso?«, sagte der, »warum wollen Sie zurückkommen?« Da war in Hamburg von dem Aufstand in der DDR noch gar nichts bekannt gewesen.

*Und, sind Sie geblieben?*

Ja, es blieb dann ruhig, aus Gründen, die wir ja kennen – weil der Aufstand niedergeschlagen wurde.

*Sind Sie mit Ihren nächsten Klassen dann regelmäßig nach Mölln gefahren?*

Ja, mit allen vierten Klassen. 1957, als ich mit meiner nächsten vierten Klasse da war, war das Heim schon etwas komfortabler. Das Programm war ähnlich, aber trotzdem – da es andere Kinder waren, lief es natürlich auch ganz anders. Einen Absperrwall im Hellbach haben wir dieses Mal nicht wieder gebaut. Dafür sind wir mehr und länger gewandert. Dabei haben die Kinder zum ersten Mal einen Ameisenlöwen gesehen – ich weiß nicht, ob Sie Ameisenlöwen kennen?

*In der Natur gesehen habe ich noch keinen.*

Das ist ein Insekt, das im Larvenstadium von Ameisen lebt. Im losen Sand macht sich der Ameisenlöwe kleine Trichter, an deren Grund er sich im Sand versteckt. Wenn eine Ameise an den Rand kommt, wirft er mit seinen Beinen ein paar Sandkörner hoch, so dass die Ameise abrutscht und er sie fressen kann. Aus dem Ameisenlöwen wird dann ein entzückendes, grünflügeliges Insekt. Ameisenlöwen kann man, wenn man schnell genug ist, auch ausbuddeln. Das habe ich getan. Dann habe ich den Ameisenlöwen mit Sand in meiner Hand gehabt, und er versuchte sofort, sich wieder einzugraben. Das fanden die Kinder natürlich faszinierend. Also ein paar besondere Sachen, die man in der Großstadt nie zu sehen bekommt, hat es da immer gegeben.

Bei der zweiten großen Klassenreise ist dann etwas passiert, was vielleicht auch ganz interessant ist. Ich hatte einen Schüler, sehr groß, sehr intelligent, aber – wenn Sie so wollen – ein bisschen hochmütig. Mich hat er gelegentlich auch durchaus kritisch betrachtet. Dieser Junge kam eines Nachts in mein Zimmer und flüsterte mir ins Ohr: »Ich hab mein Bett nass gemacht.« Nun war ich immer darauf eingestellt, dass so etwas passiert. Ich hatte immer extra Bettzeug mitgenommen. Ich sagte: »Mein Junge, erst mal ziehst du jetzt deinen nassen Pyjama aus und lässt den hier gleich bei mir. Und dann ziehst du ganz leise Unterhose und Hemd an. Dann beziehen wir beide dein Bett. Ich hab sauberes Bettzeug, aber wir müssen es so leise machen, dass keiner etwas hört.« Das ist uns gelungen. Es hat kein Mensch irgendetwas mitbekommen. Seinen Pyjama habe ich ausgespült und bei mir aufgehängt, und das nasse Bettzeug haben wir auch getrocknet. Und von dem Tag an hatte ich einen so liebenswürdigen, einen so rührend hilfsbereiten, einen so willigen Schüler, er war wie verwandelt. So etwas ist dann doch auch für einen Lehrer ein ganz hübsches Erlebnis.

*Hatten Sie eine Kochmutter dabei?*

Nein, es gab ja eine Köchin. Sie arbeitete den ganzen Sommer im Heim. Die Kinder mussten ihr helfen. Küchendienst gab es, vor allem zum Tischdecken und Abräumen. Küchendienst war sehr begehrt, denn die Kochfrau, eine jüngere Frau – ihren Namen habe ich im Augenblick nicht parat –, war freundlich, und das machte den Kindern Spaß. Einmal, das muss bei meinem ersten Besuch gewesen sein, gab es abends Hibiskustee, den ich vorher auch nicht gekannt hatte. Er sieht wunderschön rosarot aus und schmeckt ein ganz klein wenig nach Johannisbeeren. Die Kinder tranken und tranken, mit der Folge, dass es die ganze Nacht hin und her ging, so dass ich am nächsten Tag sagte: »Mehr als zwei Becher darf keiner trinken.«

*Mussten die Kinder die Räumlichkeiten alleine sauber machen?*

Sie mussten die Betten machen und ausfegen. Die Waschbecken mussten sie natürlich auswaschen, aber die Waschräume und Toiletten hat dann die Kochfrau gründlich sauber gemacht. Ich bin mit dem Waschen bei den Kindern nicht sehr streng gewesen. Ich habe ihnen gesagt: »Vor jeder Mahlzeit müssen die Hände gewaschen werden, euren Hals gucke ich mir nicht so genau an. Aber eines sage ich euch« – gleich am ersten oder zweiten Tag habe ich das verkündet –, »am Tag vor der Abreise seife ich jeden von euch gründlich ab.« Und das habe ich auch getan. Ich habe mir also die Neun- und Zehnjährigen einzeln vorgenommen und sie abgeseift; ich wollte sie ja sauber nach Hause bringen. Das hat einige Kinder dazu gebracht, es mit dem Waschen nicht sehr genau zu nehmen, aber ich habe gedacht, das trägt vielleicht auch zu ihrem Spaß ein wenig bei.

*Also, das Landschulheim in Mölln war für Ihre Kinder wohl auch etwas sehr Besonderes.*

Ich glaube, Mölln hat für die Hirtenweg-Schüler dieselbe Rolle gespielt wie für die Schule Burgstraße der Schönberger Strand. Wir hatten zwar in Mölln nicht so viel Verbindung mit der Bevölkerung – da im Waldgebiet war eben nicht viel –, aber die Bootswerkstatt war natürlich etwas Besonderes, und das Hellbachtal war wie eine wunderbare einsame Insel.

*Lernen außerhalb der Schule, im Schullandheim, auf Lehrspaziergängen, bei Besuchen im Hafen oder in Museen sind bewährte pädagogische Mittel der Reformpädagogik, die Sie selbst ja auch nachhaltig in Ihrer eigenen Zeit als Schülerin erlebt hatten. Wie sah es bei Ihnen als Lehrerin mit einem zweiten Reformgrundsatz aus – mit dem Lernen durch praktisches Tun?*

Praktisches Arbeiten gab es viel bei mir. Handarbeit, Basteln, Kochen, Papparbeiten. Bei vielen Unterrichtsthemen wurde anschließend etwas gebaut. Beim Thema »Hafen« die Hafenanlagen, oder beim Thema »Dorf Othmarschen« wurde natürlich auch ein Dorf gebaut! Wir haben auch mal Pappmaché gemacht, aus eingeweichten Zeitungen. Sie kennen das sicher: mit Leimen und Kneten.

*Also richtige Papierherstellung.*

Nein, Pappmaché! Wir haben daraus dann Kasperleköpfe gemacht. Das geht sehr gut. Dann Kuchen backen, Brot backen, Nudeln herstellen. Wir haben auch gebuttert, denn das war natürlich für die Kinder aufregend, dass man aus Sahne ein richtiges Stück Butter produzieren konnte. Vierzig Kinder, in die Literflasche einen halben Liter

Sahne und einen Viertelliter saure Sahne. Einen ordentlichen Verschluss darauf, und dann musste jeder fünfmal schütteln. Da entstand dann tatsächlich ein Butterkloß. Die Buttermilch haben die meisten skeptisch angeguckt, aber einige haben sie getrunken und fanden, sie sei wunderbar. Ich hatte Knäckebrot mitgebracht. Jedes Kind hat tatsächlich ein Stück Knäckebrot mit selbst gemachter Butter gegessen. Das haben die nie vergessen.

*Es gibt doch noch dieses schöne Schülerheft aus der zweiten Klasse, das ein ehemaliger Schüler Ihnen zugeschickt hat. (Foto Nr. 41) Ein Thema in diesem Heft ist »Brot backen«. Da wird alles fein säuberlich beschrieben, unter anderem auch verschiedene Brotsorten.*

Und dass es damals schon das »Biobrot« gegeben hat, hat uns beide sehr erstaunt.

*Mit Sicherheit gab es ja auch in den frühen fünfziger Jahren noch keine perfekt ausgestatteten Schulküchen. Wie haben Sie das mit dem Backen hinbekommen?*

Ganz einfach: Das Teigkneten fand im Klassenraum statt. Den Teig habe ich mit nach Hause genommen und in den Ofen geschoben. Beim Kuchenbacken habe ich mit der Hausmeisterfrau abgesprochen, dass sie das Kuchenblech backt. Unser selbst gemachter Butterkuchen mit kleinen Butterkuhlen und dick mit Zucker bestreut wurde also zur Hausmeisterfrau gebracht. Irgendwann kam der noch dampfende Kuchen dann in die Klasse zurück, und wir haben ihn gemeinsam gegessen. Da waren nun alle Kinder von ihrem selbst gebackenen Kuchen so begeistert, dass ich am nächsten Tag tausend Anfragen von den Müttern bekam: »Können Sie uns bitte mal das Rezept geben, mein Sohn, meine Tochter sagt, das wäre der leckerste Kuchen gewesen …« Es war zwar nur ein ganz simpler Knetteig, aber von den Kindern gemacht. Die Nudeln …

*… wurden auch selbst gemacht?*

Die haben wir auch mal selbst gemacht und zum Trocknen über die Stuhllehnen gehängt. Die allerdings habe ich nicht in der Schule kochen lassen, sondern die, die Lust hatten, konnten ein bisschen was von den getrockneten Nudeln mit nach Hause nehmen. Und natürlich waren das auch die leckersten Nudeln, die sie überhaupt je gegessen hatten.

*1955 haben Sie Ihre schriftliche Arbeit für die zweite Staatsprüfung vorgelegt, in der Sie ausführlich über Ihren Unterricht am Hirtenweg berichten. Wie kam es, dass Sie diese Arbeit so spät geschrieben haben? Immerhin waren Sie ja nun fünfzehn Jahre im Dienst.*

Ich habe durch die Probleme der Nachkriegszeit nicht an die zweite Lehrerprüfung gedacht. Als der Schulrat das Fehlen bemerkte und mich darauf ansprach, habe ich gesagt:»Sie haben mir in den vergangenen Jahren häufig genug Hospitationsbesuche und Einzelstudenten geschickt. Ist die Prüfung noch nötig?« Aber Ordnung musste sein. Also wählte ich ein vertrautes Thema, »Arbeitsformen im ersten Schuljahr«, und schrieb die Arbeit in den Pfingstferien. Die praktische Prüfung fand dann im normalen Schulalltag statt.

*In der Arbeit beschreiben Sie sehr plastisch, wie Sie im ersten Schuljahr gearbeitet haben.*

Ich kann nur immer wieder sagen: Das erste Schuljahr öffnet nicht nur die Türen, sondern ich glaube, es ist ausschlaggebend für die Einstellung zur Schule. Ich kann das natürlich erweitern und sagen, die Grundschuljahre sind insgesamt wichtig für die spätere Schulzeit. Das haben mir übrigens viele meiner Ehemaligen bestätigt, die ins Gymnasium gewechselt sind. Das selbständige Arbeiten ist wichtig, wobei das in der Grundschule ja nur in minimalen Anfängen geübt werden kann.

Ich habe zum Beispiel am Wochenanfang öfter Pflanzen mitgebracht, und zwar mindestens zehn. Die kamen in Marmeladengläser. Manchmal habe ich die Namen der Pflanzen genannt. Dann durften sich Kinder melden, die ein Namensschild malten. Das musste natürlich erstklassig geschrieben sein. Die Namensschilder kamen auf die Marmeladengläser, und am Ende der Woche habe ich die Schilder eingesammelt, habe jedem einen Zettel gegeben und gesagt: »Schreibt mal die Pflanzennamen auf.« Das hat eigentlich immer dazu geführt, dass sie die zehn Namen noch wussten.

Später habe ich ihnen nicht mehr vorher gesagt, welche Pflanzen das waren. Inzwischen hatte ich nämlich zehn Bestimmungsbücher gekauft. Es gibt ein simples Bestimmungsbuch, mit dem man Pflanzen auch nach der Farbe der Blüten bestimmen kann. *Was blüht denn da?* lautet der Titel. Das gibt es heute noch. Dann musste sich eine Gruppe von vier oder fünf Kindern eine Pflanze nehmen; die stellte sie in die Mitte und blätterte nun eifrig herum, bis der Pflanzenname gefunden war. Danach wurden die Namen in Schönschrift geschrieben.

*Das ist ja schon eine sehr selbständige Arbeitsform.*

Eben, deswegen habe ich es erzählt, weil es eine kleine Form des selbständigen Erarbeitens ist.

*In Ihrer Staatsexamensarbeit führen Sie unterschiedliche Sozial-*
*formen auf: Einzelarbeit, Zweierarbeit, Gruppenarbeit, Klas-*
*senarbeit. Haben Sie diese verschiedenen Arbeitsformen in Ihrer*
*eigenen Tätigkeit praktisch angewandt?*

Ja. So etwas dient ja auch dazu, dass es nicht langweilig
wird und dass die fünfundvierzig Minuten in Abschnitte
geteilt werden.

*Jeder Wechsel ist was Neues, schafft Aufmerksamkeit und hilft*
*auch bei der Selbständigkeit. Hatten Sie denn auch bewegliches*
*Klassengestühl? Denn das braucht man ja für die unterschied-*
*lichen Sozialformen.*

Ja, wir hatten schon frei bewegliche Tische und Bänke,
mit denen wir häufiger auch mal hin und her gezogen
sind. Bei diesen Bestimmungsübungen mussten sich zum
Beispiel fünf Schüler irgendwie im Kreis zusammensetzen. Die Schüler haben sich manchmal auch vom Tisch
gelöst und sich in eine Ecke gesetzt, wie es gerade so kam.
Das habe ich jeweils ihnen überlassen, ob sie am Tisch sitzen oder sich beinahe ein bisschen kuschelig in eine Ecke
setzen wollten, das Buch auf den Knien, und dann wurde
geblättert.

*Wenn ich es richtig verstanden habe, beschreiben Sie für Ih-*
*ren Unterricht drei Grundformen, wie Schülerinnen und Schüler*
*sich ein Thema erarbeiten. Das beginnt mit dem Beobachten*
*und Betrachten, wenn möglich draußen vor Ort, es fügt sich ein*
*Unterrichtsgespräch an, in dem die Details geklärt werden, und*
*schließlich stellen die Schülerinnen und Schüler das Beobachtete*
*und im Gespräch Entwickelte dar, entweder jedes Kind für sich*
*oder in einer Gruppe.*

An dem Thema »Tiere auf dem Bauernhof«, das ich immer wieder aufgegriffen habe, kann man das gut verdeutlichen. Im Sommer sind wir auf den Hof des Bauern Röper in Othmarschen gegangen. Dort haben wir dann Schweine, Kühe und Hühner beobachtet. Manchmal rief Frau Röper mich vorher an und sagte: »Frau Schmidt, die Ferkel sind da.« Frau Röper hat uns alles gezeigt und von den Ferkeln, Kälbern und Kühen erzählt. Zurück in der Schule hat sich ein Gespräch über die Tiere und ihre Jungen angeschlossen, und schließlich durften die Kinder das Erlebnis aufschreiben, malen oder kneten. Einige malten für sich selbst, eine zweite Gruppe gestaltete ein Wandtafelbild, die dritte Gruppe schließlich knetete Tiere auf der Weide.

*Man könnte also sagen: Beobachten, Klären, Darstellen, das sind die drei wesentlichen Arbeitsformen des Unterrichts. Und diese Arbeitsformen sollten Gültigkeit haben bis in die Abschlussklasse.*

Das ist ja ein ganz simples Beispiel aus dem ersten Schuljahr, aber wenn die Arbeitsformen am Ende dieses Schuljahres sitzen, dann ist für die Schulzeit viel erreicht.

*Schulfeiern stärken die Gemeinschaft; das haben Sie selbst in Ihrer Zeit als Schülerin erlebt. Was feierte man in Ihrer Klasse?*

Zum Schuljahr gehörten bei mir das »Kindergrün« und das »Laternelaufen«. Im Sommer gab es in Othmarschen »Kindergrün« wohl schon zu Kaisers Zeiten.

*Der Ursprung ist noch älter, denn Waisenhäuser und Stiftungsschulen schickten schon lange vor dem Kaiserreich einmal pro Jahr ihre Zöglinge zum »Ins-Grüne-Gehen« für das Sammeln von Almosen.*

Am Hirtenweg war das so ein Mittelding zwischen Kinder- und Sportfest und begann mit einem langen Festzug. Anschließend marschierten wir alle mit den Eltern zum Hindenburgpark. Das ist ein Park an der Elbe, früher mal privat, jetzt öffentlich. Das Gelände senkt sich von der Elbchaussee steil bis unten zum Elbstrand. Vom Fußgängerweg am Strand machten wir Weitsprung in den weißen Sand hinein. Auf dem Weg konnte man Wettrennen veranstalten, aber auch alle möglichen anderen Spiele wie Eierlaufen, Bockspringen oder Sackhüpfen für die Kleineren. Wir haben auch häufig zwei Pfähle eingerammt, einen Bindfaden gespannt und Kringel drangebunden – »Kringelbeißen« hieß das. (Foto Nr. 35) Natürlich gab es immer irgendeine Kleinigkeit, wenn jemand gewonnen hatte. Das war, wenn man so will, das große Sommerfest.

*Und im Herbst?*

Im Herbst war für meine Klasse das große Ereignis Laternelaufen. Die Eltern kamen mit, jedenfalls wenn es ein erstes Schuljahr war. Und wenn die älteren Geschwister mitwollten, habe ich immer gesagt: »Natürlich dürft ihr mit, ich freue mich, wenn jemand mit mir auf die Kleinen aufpasst.« Dann gingen wir in einem großen Bogen weit, weit um das Schulgelände. Zurück auf dem Schulhof wurde schließlich ein großer Kreis mit all den Laternen gebildet, und zum Schluss haben wir gesungen: »Ade nun zur guten Nacht«. Ich muss fast gestehen, dass ich noch in diesem Augenblick sentimental werde. Das war nämlich sehr anrührend, und manche Eltern standen mit hingebungsvollen Gesichtern da, denn das war auch für die sehr bewegend.

*Das »musische Tun« spielte in Ihrem Unterricht eine große Rolle, davon haben ehemalige Schülerinnen und Schüler berichtet.*

Lieder singen, Gedichte sprechen, Märchen und Geschichten erzählen und dazu dann auch Malen und Kneten, das alles war natürlich für mich nicht allein für das erste, sondern für alle vier Schuljahre wichtig; denn das »musische Tun«, ich habe oft auch »musisches Leben« gesagt, macht die Kinder selbstsicher, bereichert sie und stärkt ihre Ausdrucksfähigkeit. So etwa habe ich das damals begründet.

*Und wo bleiben da die Fertigkeiten Lesen, Schreiben, Rechnen?*

Das war natürlich gleich wichtig. Anständiges, sinnvolles Lesen, freies Sprechen, Erweiterung des Wortschatzes waren wichtige Ziele.

*Und Schreiben wohl auch; wenn ich die Schülerhefte sehe, müssen Sie viel Schreiben haben üben lassen.*

Brauchte man nicht. Wir hatten kein Schönschreiben, das war nicht nötig. Nur die Hefte mussten schön aussehen. Darum wurden schon in der ersten Klasse die Seiten aller schriftlichen Arbeiten an den Rändern mit einer farbigen Kante verziert, entweder mit Ornamenten oder mit kleinen Gegenständen aus dem Text. Einige Kinder verzierten sogar ihre Rechenhefte. Das allein reichte als Anreiz.

*Also lange Schönschreibphasen gab es nicht bei Frau Schmidt.*

Schönschreiben hat es nur gegeben kurz vor der Prüfung zum Gymnasium, das heißt, am Ende des vierten Schuljahres. Ich habe zwar bei Aufsätzen verlangt, dass sie sauber geschrieben waren, aber Schönschreiben geübt haben wir nicht.

*Ab wann haben die Schüler Aufsätze geschrieben?*

Am Ende des ersten Schuljahres waren eigentlich alle so weit, dass sie Zusammenhängendes schreiben konnten, natürlich noch auf ihre Art. Ich habe ihnen deshalb gesagt: »Ihr könnt eure Geschichte so schreiben, wie ihr meint, dass es geschrieben wird.« Dabei sind die komischsten Wörter herausgekommen. Ich konnte es manchmal nicht entziffern, musste es mir, wie schon beschrieben, laut vorlesen, um den Sinn zu verstehen. Aber ich halte es nach wie vor für sinnvoll, dass Kinder sehr früh begreifen, dass man sich schriftlich ausdrücken kann.

*Und wie war es mit dem Lesenlernen?*

Begonnen habe ich, wie ich es selbst gelernt hatte: mit einzelnen Buchstaben also. Dann haben wir die einzelnen Buchstaben auf eine Seite gemalt und eine eigene Fibel gemacht. Sie erinnern sich, bald kam die Ganzwortmethode und später die Ganzsatzmethode. Ich habe beides ausprobiert und später immer mit einem ganzen Satz angefangen, und zwar in Schreibschrift. Mit einem einfachen Satz kann man eine ganze Menge anstellen, wenn man die Wörter umstellt. Vor allem gibt man den Kindern, die eben in die Schule gekommen sind, schon ein bisschen das Gefühl: »Ich kann ja lesen!«
Dann habe ich auch mit der Fibel gearbeitet. In unserer Fibel damals spielte ein Junge namens Jochen eine große Rolle. Am ersten Schultag hatte ich ein Kolossalgemälde an die Wandtafel gemalt und einen Satz mit Jochen darüber geschrieben und ihn auch vorgelesen.

*Wie hieß der Satz?*

Ich glaube, es war: »Jochen ist im Haus.« Die Kinder durften ihn mit mir zusammen sprechen, und dann durfte jemand allein lesen. Danach habe ich zugedeckt und gefragt: »Wo ist *Jochen*, wer kann *Jochen* finden?«, oder: »Wer kann das *Haus* finden?« Und gleich am nächsten Tag habe ich geschrieben: »Im Haus ist Jochen.« Und später: »Ist Jochen im Haus?« Und das konnte man erweitern.

*Und wie war der Erfolg?*

Das hat gut funktioniert. Dann allerdings kommt eine ganz spannende Zeit. Man muss sich ja zu den einzelnen Buchstaben hinarbeiten. Die Kinder müssen also die Wörter in Buchstaben zergliedern. Das ist für die Kleinen eine ganz enorme Leistung. Ich habe angefangen mit »Im Haus ist die Maus« und habe »Maus« unter »Haus« geschrieben. Dass da Ähnlichkeiten sind, das springt ja ins Auge. Dann kann man aus einem größeren Wort ein kleineres entnehmen, bis sie merken …

*… das sind einzelne Buchstaben.*

Ich erinnere, dass der Hamburger Pädagogikprofessor Walter Jeziorsky mal voller Entzücken erzählte, dass ein Junge gesagt hatte: »In der Tomate ist ja eine kleine Oma!« Das fand ich sehr eindrucksvoll. So etwas habe ich dann auch gemacht. Wir haben versucht, die einzelnen Buchstaben rauszulösen. Dabei scheiden sich die Geister, und man kann beinahe in den Gesichtern der Kinder ablesen, wie da oben im Kopf gearbeitet wird. Ich fand jedenfalls diese Mischmethode, nicht nur mit dem einzelnen Wort, sondern mit dem ganzen Satz anzufangen, sehr viel besser als nur mit den einzelnen Buchstaben.

*Wurde gleichzeitig geschrieben?*

Das Schreiben habe ich etwa gleichzeitig mit den Leseübungen begonnen. Diese kleinen Buchstaben zu schreiben ist ja ganz schwierig. Wir haben also zunächst viele Schwungübungen in der Luft gemacht, dann an der Wandtafel gemalt oder auf schönen großen grauen Bögen mit einem Buntstift Schwünge geübt.

In diesem Zusammenhang kommen mir wieder die japanischen Lehrer in den Sinn, die bei mir Anfang der fünfziger Jahre mal hospitiert haben. Sie guckten sich an, was ich machte, notierten sich vieles und schenkten mir zum Abschied phantastische Wachsstifte, die es bei uns nicht gab. Ich habe bei Faber angeregt, ob man die nicht nachmachen könne und hatte denen einige Bröckchen geschickt.

Sie würden selbst Wachsstifte produzieren, war die Antwort. Die waren aber nicht das, was die Japaner hatten. Auf diesem grauen Zeichenpapier mit den schönen Wachsstiften, die einen ziemlich dicken Strich machten, haben wir jedenfalls dolle Kringel als Schreibvorübung gemacht. Es hat eine ganze Zeit gedauert, bis wir dann mal im Kleinen versucht haben, ein ganzes Wort richtig zu schreiben. Übrigens gab es ja in der Zeit gleich nach dem Krieg Tafeln aus irgendeinem Kunststoff mit besonderen Stiften, die wir zum Üben viel benutzt haben.

*Waren das weiße Tafeln?*

Ja, die Tafeln waren weiß und die Stifte schwarz. Auf diesen Tafeln konnten die Schüler sich dann an ersten Buchstaben versuchen. Und wer einen Buchstaben schreiben konnte, der durfte den an der Wandtafel malen.

*Das hört sich recht kreativ an.*

Im Grunde war es ein Spielen mit Buchstaben. Allerdings habe ich auch zweimal beim Elternabend einer ersten Klasse von besorgten Müttern gehört: »Frau Schmidt, es ist gar nicht mehr so lange, bis das vierte Schuljahr da ist, und dann sollen unsere Kinder auf die höhere Schule. Sollten sie nicht langsam mal anfangen, vernünftig zu arbeiten?«

*Sicher stand die Sorge um die Aufnahmeprüfung für das Gymnasium, die ja erst Mitte der sechziger Jahre abgeschafft wurde, hinter diesen Nachfragen.*

Übrigens, auch wenn es für Sie komisch klingt, ich habe im vierten Schuljahr meine Kinder zwischendurch immer mal auf die Prüfung hin »gebimst«. Ich war natürlich immer stolzgeschwellt, wenn von meiner Klasse der Prozentsatz, der die Aufnahmeprüfung bestanden hatte, etwas höher war als von der Parallelklasse. Gebe ich ganz offen zu.

*Ohne Üben ging das ja wohl auch nicht. Ich erinnere auch aus meiner eigenen Schulzeit in den sechziger Jahren, dass die Aspiranten für das Gymnasium vom Lehrer aus dem Klassenverband genommen wurden und gesondert üben mussten.*

Das habe ich nicht gemacht.

*Das heißt, Sie haben mit der gesamten Klasse »gebimst«, wie Sie das nennen. Fühlte man nicht gerade auch wegen der ja so wichtigen Schullaufbahnentscheidung am Ende der vierten Klasse eine hohe Belastung und Verantwortung als Grundschullehrerin?*

Die Verantwortung für jedes einzelne Kind habe ich stark gespürt, und ich war entschlossen, in den vier Schuljahren bei ihnen grundlegendes Wissen und so viele Fertigkeiten wie möglich auszubilden. Mit etwas schwächeren Kindern habe ich oft vor dem Unterricht die Lesefertigkeit geübt. Aber das auch alles mit Spaß! Das war für mich immer ganz wichtig, die Kinder sollten mit Begeisterung zur Schule gehen. Natürlich haben auch meine Schüler gebrüllt, wenn die großen Ferien kamen.

*Das ist normal, denke ich.*

Aber sie kamen am ersten Schultag und sagten: »Gott sei Dank, endlich wieder Schule, es war soo langweilig!« Und ich wäre enttäuscht gewesen, wenn das nicht so gewesen wäre.

*Also Freude am Lernen als Erfolg für Schule, das war Ihr Grundsatz.*

Wenn Sie so wollen, ja. Einen Punkt muss ich ehrlicherweise auch noch dazugeben. Ich war der festen Meinung, die Kinder müssen mich mögen. Mir war ganz wichtig, dass alle Kinder mich mögen, weil ich das als Voraussetzung für ihren Lerneifer betrachtet habe, und im ersten Schuljahr ist es gelegentlich vorgekommen, dass sie zu Hause zu ihrer Mutter sagten: »Du, Frau Schmidt« oder so ähnlich. Und da hatte ich durchaus einige Mütter, denen das nicht so ganz passte. Die Schüler haben zu mir natürlich auch häufiger mal gesagt: »Du, Mutti«, aber das nur im ersten Schuljahr, in der ersten Hälfte. Also, dieses enge Verhältnis habe ich schon angestrebt.

*Wenn es kein persönliches Verhältnis zwischen Lehrer und Schüler gibt, wird Schule seelenlos. Da teile ich völlig Ihre Grundhaltung. Und wenn es keine positive Beziehung zur Lehrerin oder zum Lehrer gibt, ist es für Kinder und Jugendliche auch viel schwieriger, Interesse an den Unterrichtsinhalten und eine Liebe zur Sache zu entwickeln. Eine schwierige Frage in einem solchen sozialen Gefüge ist das Problem des Sitzenbleibens. Gab es Sitzenbleiber in Ihrer Klasse?*

Das ist ein Punkt, der mich sehr beschäftigt hat. In meinen ersten Jahren habe ich ein paar Mal Sitzenbleiber einer höheren Klasse aufgenommen. Ich glaube, das erste Mal schon in meinem zweiten Jahr am Hirtenweg. Ich erinnere noch deutlich, dass ich diese armen, enttäuschten Kinder erst einmal richtig in den Arm nehmen und päppeln musste, bis die wieder vergnügt wurden. Da habe ich mir geschworen: Du versuchst, nie jemanden sitzen bleiben zu lassen. Nun gab es ja aber wirklich Fälle, wo man ganz eindeutig merkte, dem Jungen oder Mädchen fehlte noch die Reife ...

*... weil sie zum Beispiel zu früh eingeschult worden waren.*

Ja, das habe ich dann mit meinem Schulleiter Herrn Dammann besprochen. Ich habe gesagt: »Ich will niemanden sitzen bleiben lassen. Kann ich es bei aussichtslosen Fällen so machen, dass die Kinder irgendwann in der Mitte des Schuljahres die Klasse wechseln?« Da hat er gesagt: »Natürlich können Sie das tun, das müssen Sie aber mit den entsprechenden Lehrkräften absprechen.« Das habe ich dann getan, und es hat auch immer geklappt. Und so konnte man den Kindern sehr leicht erklären: »Schau mal, wenn du jetzt zu Fräulein Soundso oder zu Herrn Soundso kommst – das meiste kennst du doch schon. Das haben wir ja alles schon gehabt. Du wirst es ganz leicht haben, und das ist doch viel besser, als wenn es dir jetzt hier immer so schwer fällt.«

*Aber diese »Wiederholer« waren eher Ausnahmefälle?*

Das ist nicht so häufig vorgekommen, ein paar Mal in all den Jahren. Für mich war das dann aber *die* grundsätzliche Sitzenbleiberlösung. In der Schule war es generell nicht so üblich, aber für mich war es *die* Lösung. Natürlich habe ich auch vorher mit den Eltern darüber gesprochen, das ist klar. Die waren damit auch immer einverstanden, denn ihr Kind war ja dann kein Sitzenbleiber.

*In wirklich schwierigen Fällen halte ich das für eine sehr gute Lösung, denn wir wissen ja, welch große psychische Belastung ein Sitzenbleiben oft auslöst.*

Ich erinnere noch einen Sitzenbleiber – wie häufig ich den in den Arm genommen habe, bis er endlich wieder vergnügt wurde! Der ist später ein fabelhafter Fotograf geworden.

*Sie haben berichtet, dass Sie immer ganz allein in Ihren Klassen unterrichtet haben. Musste aber nicht zumindest im Religionsunterricht nach Konfessionen getrennt werden?*

Nein, mir war ja grundsätzlich daran gelegen, in allen Fächern, die auf dem Stundenplan standen, meine Kinder zusammenzuhaben. Das habe ich den Eltern auf dem Elternabend gesagt. Ich habe ihnen erzählt: »Ganz gleich, ob getauft oder nicht …«

*... ob evangelisch oder katholisch, denn einige Katholiken wer-*
*den Sie doch auch gehabt haben ...*

»... wir alle sind christlich geprägt. Wir feiern Ostern
und Pfingsten, auch wenn vielleicht der eigentliche Hintergrund etwas verloren gegangen ist, aber wir leben in
einem christlich geprägten Land.« Deswegen wollte ich
alle Kinder zusammenhaben. Die Atheisten und unge-
tauften Eltern und auch die evangelischen stimmten sofort zu, während die katholischen einmal sagten: »Wir
wollen das zunächst mal mit unserem Pfarrer bereden ...«
Also habe ich mich erkundigt, wie der Pfarrer hieß und
wo er wohnte.
Ich bin dann zu ihm gegangen, habe ihm erzählt, dass ich
meine Kinder gern alle zusammenhätte, und das natürlich
auch im Religionsunterricht. Dieser Pfarrer war ein etwas
älterer, rührender Herr, der freundlich fragte: »Ja, Frau
Schmidt, wie stellen Sie sich denn den Religionsunterricht so vor?« Und dann habe ich ihm erzählt, dass ich
damit anfinge, Geschichten von Jesus zu erzählen, von
der Geburt natürlich, von seinem Auftritt im Tempel, und
dass ich versuchen würde, den Kindern die damalige
Zeit durch Kleidung, Schuhe und Gerätschaften etwas
deutlicher zu machen. Das fanden die nämlich ungeheuer
spannend.

*Und wie hat der katholische Pfarrer reagiert?*

Der war ganz einverstanden. »Ja, das machen Sie man
so«, hat er gesagt, »beim Kommunionunterricht kann ich
meine Schäfchen möglicherweise dann noch in meinem
Sinne beeinflussen.« Und so ist es zum gemeinsamen Religionsunterricht gekommen. Allerdings habe ich am Hirtenweg einige Jahre lang keinen Religionsunterricht ge-

geben, denn mich hatte ein Kollege angesprochen, der in einer höheren Klasse unterrichtete und mit dem ich gut befreundet war: »Ich habe Schwierigkeiten mit meinen Mädchen, ich glaube, die bekommen ihre Tage, und die sind so unsicher, was soll ich da bloß machen?«

Da haben wir eine Vereinbarung getroffen: Er ist zu meinen kleinen Kindern gegangen und hat ihnen Geschichten von Jesus erzählt – er war ein begnadeter Erzähler –, und ich habe bei seinen Mädchen Handarbeitsunterricht gegeben. Sie haben einfache Stiche gelernt, Kreuzstiche zum Beispiel. Bald waren sie aber so weit, dass sie einiges selbst entwerfen konnten, Kreuzstichstickereien für Jahresmappen zum Beispiel. Wenn sie erst mal ein bisschen bei der Arbeit waren, konnte man ja das Gespräch ganz leicht lenken. Und dann habe ich so eine Art frühen Aufklärungsunterricht gemacht …

*… was damals in der Schule ja noch völlig unüblich war.*

Meistens war es so, dass die Mädchen nach kurzer Zeit schon von sich aus mit Fragen kamen. Und das hat dann sehr gut geklappt. Kürzlich hatte ich ein Klassentreffen mit einer dieser Gruppen, mit denen ich Handarbeitsunterricht gemacht hatte. »Haben Sie eigentlich gemerkt, warum ich bei Ihnen auch Handarbeitsunterricht gegeben habe?«, habe ich gefragt. »Nee, wieso?« – »Ich wollte mich ja mit Ihnen über Menstruation und Ähnliches unterhalten.« – »Ach so, das war verabredet?« Ich sagte: »Ja, das war verabredet.« Das fanden die prima.

*Wie stand es um die Disziplin in Ihrer Klasse?*

Ich habe ja eine sehr leise Stimme und war immer der Meinung, wenn einer mal ganz aus der Rolle fällt, dann gibt's einen Klaps. Das habe ich aber – denn ich wusste ja, dass Schlagen schon lange verboten war – immer vorher mit den Eltern besprochen. Und deshalb habe ich ihnen gesagt: »Ich halte es für besser, einem Kind, das sich nicht an die von den Kindern und mir aufgestellten Regeln hält, mal einen schnellen Klaps zu geben. Dann weiß es: Hier bin ich wohl über die Grenzen gegangen.« Ich denke, das ist sehr viel besser, als wenn man die Kinder mit Worten straft. Mit Worten kann man ein Kind so verletzen, dass es wirklich darunter leidet; denn wir Erwachsenen sind eben wortgewandter als die Kinder.

*Und gab es bei den Eltern Protest?*

Nie, und so habe ich in all meinen Lehrerjahren immer mal wieder einen Klaps gegeben und habe nie, wirklich nie Ärger mit den Eltern bekommen. Dazu ein Erlebnis aus der Zeit, als ich schon nicht mehr am Hirtenweg war, sondern hier in Langenhorn arbeitete, also in den frühen sechziger Jahren.

Die Eltern wussten, wenn irgendwas Wichtiges war, konnten sie nach der Schule gleich kommen. Das war übrigens am Hirtenweg auch so. Eines Tages kam also eine Mutter ganz aufgeregt an: »Das muss ich Ihnen erzählen: Der und der hat mir verraten, dass Wolfgang gestern mehrere Male einen Klaps bekommen hat. Da habe ich gesagt: ›Wolfgang, warst du schon wieder so ungezogen, musste Frau Schmidt dir mehrere Male einen Klaps geben?‹ Und da hat er mich angestrahlt und gesagt: ›Ja, sie hat mich gehau'n, aber leiden mag sie mich doch.‹« Da habe ich gedacht, das ist in Ordnung.

*Haben sich auch die Kinder nie beschwert?*

Nie. Nun war das auch kein richtiger Schlag, sondern nur eine Backpfeife, aber es klatschte durchaus mal. Nein, nie hat sich ein Kind beschwert, und – was ja heute mindestens genauso wichtig wäre – nie haben sich Eltern beschwert.

*Und wie stand der Schulleiter dazu?*

Mein Schulleiter war nicht entzückt davon, denn der arme Mann hatte es mal erlebt, dass er jemandem eine Ohrfeige gegeben hatte, und da war dem das Trommelfell geplatzt. Das ist natürlich ganz schlimm. Aber ich bin heute noch der Meinung, ein kleiner Klaps oder Backs, da weiß das betreffende Kind genau, hier ist die Grenze. Bei so vielen Kindern muss man eben doch darauf achten, dass sich niemand über die besprochenen Grenzen hinwegsetzt, sonst wird das Schulleben zu schwierig. Also ich verteidige meinen Klaps.

*Dass Sie damit natürlich gegen den pädagogischen Zeitgeist von heute verstoßen, ist Ihnen bewusst.*

Das war damals schon so. Und jetzt sage ich etwas Verrücktes: Da meine Kinder an mir hingen und ich sie eigentlich auch alle liebte, so wie sie waren, ist natürlich so gut wie nie irgendwas davon nach draußen gekommen. Das war einfach so! Ich habe das aber, wie gesagt, immer vor der Einschulung den Eltern auf einem ersten, vorgezogenen Elternabend mitgeteilt und gesagt: »Wenn Ihnen das nicht gefällt, es gibt ja eine Parallelklasse.«

*Auf diesen Elternabenden wurde sicher auch anderes besprochen.*

Auf diesem Elternabend vor der Einschulung habe ich den Eltern auch gesagt: »Bitte keine Schultüten mitbringen, die Kinder bekommen alle eine Schultüte von mir, die größere Schüler gefertigt haben. Aber wenn Sie für den Inhalt ein bisschen was geben wollen, dann tun Sie etwas in meinen ›Klingelbeutel‹.« Weiter war für mich wichtig, mindestens eine Klassenreise innerhalb der vier Jahre zu machen. Da nicht immer alle Eltern das Geld hatten, das man ja nun mal für eine Klassenreise braucht, bin ich vorher zu wohlbetuchten Eltern gegangen und habe mir das Geld geschnorrt. Das hat immer geklappt. Es gab aber eine Verfügung von mir auf der Klassenreise: Kein Kind darf Taschengeld mitnehmen!

*Hat das funktioniert?*

Nicht hundertprozentig, manchmal haben die Kinder der ärmeren Eltern Geld mitbekommen. Wenn ich das merkte, habe ich es sofort einkassiert und danach mit den Eltern gesprochen. »Ja, aber wir wollten nicht, dass unser Kind schlechter dasteht als die anderen«, haben sie dann gesagt. »Die anderen Eltern haben sich alle danach gerichtet und ihren Kindern kein Taschengeld mitgegeben«, habe ich daraufhin erwidert und ihnen das Geld in die Hand gedrückt.

*Erinnern Sie schwierige Situationen mit Schulkindern?*

Schwierig war zum Beispiel einmal ein Mädchen, das stotterte. Die Eltern waren sehr besorgt und haben nach kurzer Zeit, ich glaube, schon nach einer Woche, ihre Tochter in eine Beratungsstelle geschickt. Jedenfalls haben sie sofort die Nachricht erhalten, das Kind müsse in eine Sprachheilschule und nicht in eine normale Schule. Nun war ich der Meinung, dass es nicht gut ist, wenn Kinder mit irgendwelchen Behinderungen aus der Gemeinschaft herausgenommen werden und nur mit anderen, die ähnliche Schwächen haben, zusammenkommen. Ich konnte es nicht beweisen, ich hatte nur das Gefühl, dass es nicht gut ist. Ich habe deshalb die Eltern gefragt, ob sie das Mädchen nicht bei mir in der Klasse lassen wollten.

*Sie haben also früh Integrationspädagogik praktiziert.*

Das hieß damals noch nicht so, aber ich habe die Kinder behalten. Natürlich habe ich mir den Kopf zerbrochen und bin dann sehr schnell auf die Idee gekommen, dieses Mädchen ein Lied vorsingen zu lassen, das noch nicht alle so perfekt konnten. Sie stand also fröhlich auf und sang vor. Nun stottern Sie mal beim Singen!

*Das geht nicht?!*

Eben. Aber nach einiger Zeit haben sich die anderen beschwert: »Immer darf sie vorsingen.« Da habe ich das mit Gedichten gemacht. Auch beim Gedichtaufsagen ist es schwierig zu stottern. Der langen Rede kurzer Sinn: Nach dem ersten Schuljahr war von Stottern nichts mehr zu merken.

*Das heißt, pädagogische Intuition hat Sie da weitergetragen, denn eine besondere Ausbildung in diesen Fragen hatten Sie sicherlich auf der Hochschule für Lehrerbildung nicht erhalten.*

Nein. – Ich habe ja häufiger mal schwierigere Kinder gehabt, der schwierigste war ein Junge, der auch zu Hause Probleme machte. In der Schule sagten seine Klassenkameraden: »Er kriegt wieder seine Touren.« Dann fing er an zu pöbeln, in der Klasse umherzulaufen. Er mochte mich eigentlich gut leiden, aber wenn er »seine Touren«

bekam, dann fing er an, auch mich zu beschimpfen: »Du blöde Ziege« und Ähnliches. Vor allen Dingen: Ich sah immer schon vorher, wenn es wieder losging mit ihm, denn dann wurde das Dreieck über seiner Nase immer schneeweiß.

Die Eltern haben ihn dann für eine Woche in ein Kinderkrankenhaus gegeben, wo er beobachtet wurde, und kamen mit hängenden Ohren wieder bei mir an. Das Kind sei für eine normale Schule nicht tragbar. Ich habe mich daraufhin mit dem Arzt verabredet und ihm gesagt: »Ich finde es nicht gut, wenn er in eine Sonderschule kommt, da verstärkt sich das möglicherweise, denn die anderen Kinder dort haben ja auch ihre Schwächen.« Der Arzt hat ihm dann ein Beruhigungsmittel verschrieben, und der Junge konnte bei mir in der Klasse bleiben. Die Eltern waren natürlich froh, und auch die Mitschüler zogen mit. »Wenn er seine ›Touren‹ bekommt, tun wir alle so, als sei er nicht in der Klasse. Ihr müsst aber alle mitmachen«, hatte ich sie gebeten. Bei seinem nächsten Anfall tobte er, raste auf mich los, pöbelte, setzte sich unter einen Tisch und trommelte dagegen. Ich guckte ringsrum meine Kinder an, die guckten zurück, und der Unterricht ging weiter. Die Klasse hat so wunderbar mitgemacht, und die Anfälle sind weniger und weniger geworden. Er hat nachher ein recht gutes Zeugnis bekommen und ist in die Mittelschule versetzt worden. Leider habe ich die Verbindung mit ihm und seinen Eltern verloren. Ich hätte zu gern gewusst, was aus ihm geworden ist. Wie da die ganze Klasse mitgemacht hat, das war fabelhaft, das war ganz fabelhaft.

*Und dieser Integrationspädagogik sind Sie auch später gefolgt?*

Das habe ich in jedem Fall versucht, ganz gleich, wie die psychologischen Gutachten ausgefallen waren, ich habe immer versucht, schwierige oder behinderte Kinder in meinem Klassenverband zu belassen, und die anderen Kinder aus der Klasse gebeten, mitzuhelfen.

*Von einer Ihrer ehemaligen Schülerinnen habe ich erfahren, dass auf dem Schulgelände Ihrer Schule auch eine Sonderschule war.*

Das stimmt nicht ganz. Die ist erst dazugekommen, und zwar in dem Augenblick, als die Schule Hirtenweg zu klein geworden war. Da wurde ein neues Gebäude, die Schule Othmarscher Kirchenweg, gebaut. Das alte Gebäude im Hirtenweg sollte daraufhin Sonderschule werden. Das war Mitte der fünfziger Jahre. Ich habe ausdrücklich darum gebeten, mit meiner Klasse im alten Gebäude bleiben zu dürfen, weil ich wollte, dass meine Kinder mit den körperlich und geistig Behinderten zusammen auf den Schulhof gingen.

Ich bin also bewusst dageblieben und habe meinen Schülern Folgendes erzählt: »Auf dem Schulhof sind nun einige kranke Kinder, einige sitzen im Rollstuhl, da müsst ihr ganz vorsichtig sein.« Und dann habe ich ausführlich erzählt, dass einige Bluter dabei seien. Ich weiß gar nicht mehr, ich glaube, es war nur ein Einziger, aber Sie hätten mal meine Kleinen sehen müssen! Vorsichtig und sanft, und wenn ein Kind stolperte, sind sie sofort hingelaufen und haben geholfen. Ich habe noch nie so nette und liebe Kinder auf dem Schulhof gehabt wie in dieser Zeit.

*Das heißt also, es gab nicht nur pädagogische Effekte für die Kinder, die Behinderungen hatten, sondern auch für Ihre Schulkinder.*

Ich glaube, für meine mehr als für die anderen. Wenn ich sehr viel jünger und noch im Dienst wäre, würde ich wohl grundsätzlich versuchen, Behinderte und Nicht-Behinderte in eine Klasse zu bringen, beider Seiten wegen.

*In der Weimarer Republik gab es Koedukation nur an wenigen Reformschulen, in der NS-Zeit war sie verboten. Im Hamburger Volksschulwesen wurde die gemeinsame Erziehung gleich nach dem Kriegsende wieder angestrebt. Wie war es in Ihren Klassen?*

Am Hirtenweg hatte ich von 1949 an Jungen und Mädchen in einer Klasse. Probleme gab es damit nie. Ich habe natürlich nachträglich – nicht erst heute, sondern schon als die Debatte anfing, ob man nicht in bestimmten Fächern Jungen und Mädchen wieder trennen sollte – meine Schüler Revue passieren lassen. Na ja, generell würde ich doch sagen, dass die Mädchen sprachlich begabter sind, aber die wirklich erstklassigen Mathematikkünstler, Rechenkünstler, waren häufig Mädchen.

Beim Werkunterricht war es ein Junge, nicht ein Mädchen, der die besten Topflappen häkelte. Das waren Musterstücke, die könnte man heute als Beispiele ausstellen, exakt quadratisch und mit einer hübschen Häkelkante. Diesem Jungen machte das allerdings so viel Spaß, dass er laufend ganze Stapel häkelte. Der hat sämtliche Großmütter, Tanten, die eigene Mutter natürlich sowieso, mit seinen wunderbaren Topflappen ausgestattet. Vor allen Dingen hatte er eine unglaubliche Geschwindigkeit beim Häkeln entwickelt. Man sah ihm an, dass er dabei richtig glücklich war.

*Heute gibt es empirische Untersuchungen, die zeigen, dass Jungen viel häufiger die Aufmerksamkeit von Lehrerinnen und Lehrern auf sich ziehen, schon weil sie sich auffälliger benehmen. Ist Ihnen das als Lehrerin in den fünfziger und sechziger Jahren auch schon aufgefallen?*

Nein, generell nicht, aber ich kann ein einzelnes Beispiel erzählen. Ich hatte ein Mädchen, das war in allen Fächern erstklassig. Deren Zeichnungen zu Aufsätzen oder anderen Themen waren das Beste, was man sich vorstellen konnte. Sie war akkurat und fleißig. Es war also ein Musterkind. Ich hatte ja immer verhältnismäßig viele Schülerinnen und Schüler. Eines Tages dachte ich, du kümmerst dich vielleicht nicht genug um sie. Da habe ich sie mal beiseite genommen: »Wir reden so wenig miteinander«, so habe ich wohl gesagt, »aber weißt du, die anderen sind alle so viel schwieriger.« – »Ja«, hat sie dann gesagt, »das weiß ich ja längst, und das macht nichts, ich weiß ja, dass Sie mich auch leiden mögen.« Und damit war die Sache erledigt. Bei diesem Mädchen wusste ich um das Problem, weil ich es selbst bemerkt hatte.

*Um noch einmal auf die Jungen zurückzukommen: Die heutige Pädagogik stellt fest, Jungen benehmen sich eher dominant, Mädchen eher kooperativ. Wie waren da Ihre Beobachtungen?*

Das kann ich aus meinen Erfahrungen heraus eigentlich nicht so sagen. Aber Sie müssen bedenken, das ist wirklich eine andere Zeit gewesen. Sie müssen auch bedenken, dass ich ja vorwiegend in Grundschulklassen tätig war. Ich habe also Jungen gehabt, die waren sanft wie Mädchen. Einen hatte ich, der sagte am zweiten oder dritten Schultag zu mir: »Können wir morgen wieder schmusen?« Der hat sich rührend um meine kleine Tochter gekümmert, die ich auf einer Klassenreise mal mitnehmen musste.

Manchmal lernt man ja auch von den Kindern. In einer meiner ersten Klassen – wir hatten unsere Spielregeln bereits festgelegt und waren schon am Arbeiten – war einer dabei, der packte eines Morgens seinen Ränzel ein. Ich fragte: »Was machst du denn?« – »Mir ist das zu langweilig, ich gehe jetzt nach Hause.« Da habe ich gesagt: »Kannst du nicht heute noch mal hier bleiben?« – »Ja.« Zu Hause habe ich mich dann hingesetzt und mich, obwohl es ein erstes Schuljahr war, sehr, sehr sorgfältig vorbereitet.

*Noch einmal zur Geschlechtertrennung im Unterricht: Es ist sehr wohl belegt, dass in einem Fach wie Informatik Mädchen schneller und besser lernen, mit Computern umzugehen, wenn sie unter sich sind. Ähnliche Ergebnisse gibt es aus dem Physikunterricht.*

Das leuchtet mir auch ein, aber das betrifft, glaube ich, sagen wir mal Kinder ab dreizehn, vierzehn Jahren. Da kann man dann in diesen Fächern durchaus auch mal trennen. Ich habe ja weitgehend mit Grundschülern zu tun gehabt. Natürlich habe ich auch Fachunterricht gegeben, zum Beispiel Sport bei etwas größeren Mädchen, und das war selbstverständlich auch ohne Jungen.
Das hat übrigens dazu geführt, dass die Mädchen zu Hause von meinem Unterricht erzählten und daraufhin eine Mutter ankam und fragte, ob ich nicht nachmittags für die Mütter Gymnastik machen könnte. »Wir brauchen jemanden, der Klavier spielt«, habe ich gesagt. »Ja, ich habe eine Freundin, die macht das.« So habe ich also einige Jahre nachmittags für Mütter aus meiner Klasse Gymnastikunterricht angeboten. Das war im Studium natürlich auch nie Wahlfach bei mir gewesen. Aber ich habe mir etwas überlegt – wie man das bei Mädchen so anfängt, vierzehn-, fünfzehnjährige Mädchen sind ja ein bisschen schwierig. Zum Beispiel habe ich gesagt: Heute machen wir nur Übungen, die euren Po straffen, oder hauptsächlich Übungen, die die Bauchdecke stärken.

*Und das funktionierte sicherlich blendend. Und bei den Müttern wahrscheinlich auch.*

Das funktionierte gut.

*Hatten Sie Gelegenheit, Ihre Unterrichtserfahrungen an andere Lehrer oder Studenten weiterzugeben?*

In einer bestimmten Phase Anfang der fünfziger Jahre hatte ich öfter japanische Lehrer, die bei mir hospitierten und mich hinterher auch ein bisschen ausgefragt haben. Ich glaube, die interessierten sich für die sechsjährige Grundschule, die wir Anfang der fünfziger Jahre für kurze Zeit in Hamburg hatten. Ob denen das viel genützt hat? Vielleicht die Verknüpfung von vielen Unterrichtsfächern zu einem Thema, möglicherweise.

*In diesen Reformjahren hatte die Behörde ja auch den Gesamtunterricht bis in die sechste Klasse verbindlich gemacht.*

Jedenfalls haben die sich sehr bedankt und mir diese wunderbaren japanischen Wachsstifte geschenkt, die so viel besser waren als unsere. Mit denen konnte man herrlich große Bilder malen.
Zeitweise hatte ich auch Studenten. Ich habe sowohl Gesamthospitationen gehabt …

*… das heißt, da war dann eine ganze Studentengruppe mit ihrem Dozenten in Ihrem Unterricht …*

… ja, als auch einzelne Studenten zu Hospitationen. Es gab noch ziemlich lange den so genannten Stadtschulhelferdienst. Das war kurz vor dem Examen und dauerte sechs Wochen. Am Ende dieses Praktikums sollten die Studenten selbständig eine Klasse führen.

*Und vor diesem Stadtschulhelferdienst mussten die zukünftigen*

*Volksschullehrer noch drei weitere Praktika absolvieren. Damals war das also noch eine sehr praxisorientierte Ausbildung.*

Leider gab es keinen Landschulhelferdienst mehr, was ich sehr schade gefunden habe, denn das Differenzieren im Unterricht lernte man in den einklassigen Landschulen fast ganz von selbst. Aber das wird man heute in einer Landschule auch nicht mehr erleben.

*Die so genannten Zwergschulen sind ja in der Vergangenheit alle aufgelöst worden. Nur vereinzelt gibt es sie noch in einigen Flächenstaaten, allerdings werden aus pädagogischen Gründen wieder vermehrt jahrgangsübergreifende Klassen eingerichtet, so wie Peter Petersen sie in den zwanziger und dreißiger Jahren in seiner Jena-Plan-Schule eingerichtet hatte.*

Nun, meine Erfahrungen mit Studenten waren normalerweise erfreulich. Ich erinnere aber auch Studenten, mit denen man genau abgesprochen hatte, was am nächsten oder übernächsten Tag passieren sollte – denn zuerst musste man sie an die Hand nehmen –, und dann kamen sie mit flatternden Fahnen beinahe noch zu spät zum Unterricht und sagten: »Ich hatte gar keine Zeit, mich vorzubereiten.«

*Hatten Sie den Mut, denen zu sagen, dass sie vielleicht den falschen Beruf anstrebten?*

Sicher so etwas Ähnliches, es gehört nun mal zum Lehrersein dazu, dass man pünktlich ist, denn wie sollen die Kinder es sonst lernen. Es hat auch Fälle gegeben, wo die Studenten nicht vorbereitet waren und zum Beispiel die Zeichenblätter dann in der Unterrichtszeit raussuchen mussten. Da geht eine halbe Unterrichtsstunde verloren, das geht nicht.

*Haben Sie sich freiwillig für die Betreuung der Studierenden ge-
meldet?*

Freiwillig habe ich mich nicht gemeldet, ich wurde gefragt.

*Die Betreuungslehrkräfte wurden also schon ausgesucht, das
spricht ja dann auch für die Wertschätzung Ihrer Arbeit.*

Ja, vielleicht. Sicher haben aber einige auch die zusätzliche
Arbeit gescheut, denn man musste sich hinterher natürlich
noch länger mit den jeweiligen Studenten hinsetzen und
alles besprechen.

*Eigentlich ist solch eine Betreuung ja auch für die Lehrkräfte in-
teressant, denn die lernen damit ja auch noch mal einen anderen
Blick auf den eigenen Unterricht kennen.*

Aber ganz gewiss. Es ist, glaube ich, für jeden Lehrer, der
sich dazu bereit erklärt, nicht nur Mehrarbeit, sondern
auch eine Bereicherung. Ganz davon abgesehen, dass man
ja von seinen eigenen Erfahrungen etwas weitergeben
möchte. Das hatte ich schon als Studentin bei meinen verschiedenen Praktika vermutet, dass die Lehrer, die mich in
ihre Klasse gelassen hatten, das auch als einen Gesichts-
punkt so für sich empfunden hatten.

*Eigentlich sollten Studierende selbst ja auch die eine oder andere
neue Idee aus ihrer Lehrerausbildung an der Universität mitbringen und damit vielleicht auch den einen oder anderen Impuls in
die Schule hineintragen.*

Daran kann ich mich eigentlich nicht erinnern. Wenn ich
mal so überlege, kamen mir die meisten im ersten Augenblick ein wenig unbedarft vor, und es war bei manchen

überraschend, wie schnell und gut sie sich in diese neue Aufgabe hineingearbeitet haben.

*Auch für die Lehrerbildung gilt der Grundsatz: »Lernen durch Handeln« und nicht nur »Lernen durch Lesen«.*

Eben, das ist ja das Wichtigste. Eine ehemals von mir betreute Studentin ist kürzlich aus dem Schuldienst ausgeschieden. Sie war zum Schluss in der Lehrerfortbildung tätig. Noch bei ihrer Verabschiedung hat sie mir gesagt: »Ich habe so viel von dir gelernt.« Das hört man natürlich gern. Jedenfalls habe ich ihr ihre ersten Schritte als Lehrerin erleichtert.

*Sie war bei Ihnen im Praktikum.*

Ja, sie war bei mir im Praktikum. Während des Studiums hat sie mich auch das eine oder andere Mal gefragt. Übrigens, das ist vielleicht für Sie auch ganz interessant: Ehemalige Schülerinnen, die Lehrerin werden wollten und zu denen die Verbindung nicht abgerissen war, kamen manchmal auf mich zu und fragten: »Können wir in den Semesterferien bei Ihnen mal hospitieren?« Da habe ich geantwortet: »Das ist nicht gut, in mir seht ihr immer noch eure alte Lehrerin, aber ich will mal versuchen, bei jemand anderem für euch einen Platz zu finden.« Sie haben dann in den Semesterferien mal eine Zeit lang hospitiert.

*Schulpolitisch werden die Jahre nach 1945 wegen der Weiterführung der dreigliedrigen Schulstruktur als Restaurationsphase eingeschätzt. Aber das ist ja nur die halbe Wahrheit. Wie Sie schon kurz angedeutet haben, hat der SPD-geführte Hamburger Senat 1949 immerhin versucht, die sechsjährige Grundschule einzu-*

*führen. Dies übrigens mit Heinrich Landahl als Schulsenator, der bis 1933 Ihr Schulleiter an der Lichtwarkschule gewesen war. 1953 wurde die sechsjährige Grundschule dann nach einem Regierungswechsel von dem neuen, CDU-geführten Senat wieder abgeschafft. Ähnliche Versuche gab es für kurze Zeit auch in Schleswig-Holstein und in Berlin, wo die sechsjährige Grundschule heute noch existiert. Haben Sie Erinnerungen an dieses ja auch in der Lehrerschaft heiß umstrittene Thema? Können Sie sich zum Beispiel an Diskussionen im Kollegium über die sechsjährige Grundschule erinnern?*

Nein, an Diskussionen in meinem Kollegium kann ich mich nicht erinnern. Ich glaube, das ist so hingenommen worden.

*Die Mehrheit der Volksschullehrer war ja wohl auch für diese Reform.*

Ich weiß, und die Gymnasiallehrer waren dagegen.

*Die wollten ihr neunstufiges Gymnasium erhalten und befürchteten durch die sechsjährige Grundschule einen Niveauverlust. Haben Sie in den wenigen Jahren der Reform mal eine fünfte und sechste Grundschulklasse unterrichtet?*

Nein, ich habe 1949, als ich am Hirtenweg anfing, für ein Jahr ein erstes Schuljahr bekommen, im zweiten Jahr habe ich zwei erste Klassen nebeneinander gehabt, davon habe ich eine dann vier Jahre behalten. Von 1950 habe ich also eine Klasse bis 1954 geführt.

*Und dann war die Zeit der sechsjährigen Grundschule schon wieder zu Ende, und bis heute ist es faktisch bei der frühen Schullaufbahnentscheidung nach Klasse vier geblieben.*

Natürlich habe ich hin und wieder in der vierten Klasse Kinder unterrichtet, die ich für intelligent gehalten habe, die aber Schwierigkeiten bei der Aufnahmeprüfung für das Gymnasium gehabt hatten. Dann musste ich auf die Prüflehrer einreden und ihnen ganze Schülerentwicklungslinien deutlich machen, bis sie schließlich sagten: »Dann gut, also versuchsweise.« Und solche Schüler hätten in einer sechsjährigen Grundschule zum Beispiel noch zwei Jahre Zeit, um sich zu entwickeln.

*Lassen Sie uns zum Schluss dieses Kapitels noch einmal auf die Schularchitektur zu sprechen kommen. Bedingt durch die Kriegszerstörungen begann Ende der vierziger, Anfang der fünfziger Jahre ein großes Schulneubauprogramm. Und in Hamburg wurden vielfach die so genannten Schulen im Grünen als Kontrapunkt zum städtischen Massenschulbau geschaffen. Das war, wie Sie bereits andeuteten, auch an Ihrer Schule so; denn die Schule erhielt auf dem Gelände am Othmarscher Kirchenweg 1955 ein neues Gebäude nach diesem Konzept: Pavillonbauweise, mit Terrassen für die Klassen und viel Grün um alles herum. Sagt Ihnen der Name Wilhelm Dressel noch etwas? Er war der dafür verantwortliche Schulrat und in ganz Deutschland für die »Schule im Grünen« bekannt.*

Ja, natürlich erinnere ich den Namen. Dieser Schulrat hat eigentlich seine Idealvorstellungen aus der Reformschulzeit der zwanziger Jahre verwirklicht, hat aber – so scheint es mir – nie mit den Lehrkräften geredet. Ich bin über diese oft weit über das Schulgelände ausgedehnten Schulen persönlich nicht glücklich gewesen und andere Lehrkräfte auch nicht; denn es stellt sich nie das Gefühl ein, wir sind eine Schule. Manchmal waren die Wege vom Klassenraum bis zum Lehrerzimmer so weit, dass man sich wirklich überlegte, gehst du da jetzt noch hin, oder ordnest du lieber dies und das? Das heißt, diese, wie ich finde, wichtige Zeit, dass Lehrkräfte entweder in der großen Pause oder auch mal nach der Schule im Lehrerzimmer miteinander reden, sich über einzelne Schüler unterhalten, sich gegenseitig Ratschläge geben, diese für mich wichtige Zeit wird sehr reduziert. Und was das Grün ringsum angeht …

*… deshalb ja »Schule im Grünen« …*

… das war natürlich, wenn die Schule eingeweiht wurde, alles schon längst bepflanzt. Die Eltern waren hingerissen und sicher die Architekten und Planer auch. Aber im täglichen Alltag konnten die Kinder mit dem Grün nichts anfangen, denn das Einzige, was sie tun konnten, war Unkraut zu zupfen. Ich wartete immer darauf, dass vor meiner Terrasse irgendwas einging von diesem vorgefertigten Grün. Dann habe ich gesagt: »Ihr dürft Pflanzen von zu Hause mitbringen!« Die waren natürlich nicht so dekorativ, aber es waren ihre Pflanzen. Darum klappte es auch mit der Pflege viel besser. Man brauchte sich überhaupt nicht zu kümmern. »Vorfabriziertes Grün«, so denke ich zumindest, ist nichts für Kinder. Einzelne Bäume sicher, aber das andere müssen die Kinder selbst machen. So ein Gelände ist doch zum Beispiel eine ideale Gelegenheit, einen eigenen Schulgarten anzulegen.

*Die von Ihnen erwähnten Terrassen vor den Klassenräumen waren für den Unterricht im Freien geplant, und es gab ja auch einen direkten Zugang von der Klasse ins Freie.*

Ich habe nie auf der Terrasse Unterricht gemacht. Da gibt es viel zu viele Dinge, die ablenken. In Othmarschen oder Langenhorn ein Flugzeug, das über die Schule fliegt,

Vogelgezwitscher, Wind in Bäumen, Kaninchen, die da rumhoppeln – zu starke Sonne kann auch eine Rolle spielen. Die Schüler sind auf der Terrasse ja den ganzen Einwirkungen von draußen ausgesetzt, und deswegen ist sie für einen Unterricht, in dem man Konzentration von den Kindern erwartet, überhaupt nicht geeignet.

*Ich habe den Eindruck, mit dieser Einstellung waren Sie nicht allein.*

Ich habe es am Othmarscher Kirchenweg nur selten erlebt, dass draußen unterrichtet wurde. Die neuen Gruppenräume hingegen, die waren eine Bereicherung.

*Gruppenräume – oder heute auch Differenzierungsräume genannt – schlossen sich direkt an die Klasse an und waren durch große Glasfenster für die Lehrkraft einsehbar.*

Ja. Ich habe zum Beispiel gute Leser manchmal mit einem Buch in den Gruppenraum gesetzt. Wenn etwa drei viertel der Klasse einigermaßen lesen konnten, habe ich darum gebeten, dass Bücher von zu Hause mitgebracht wurden. Die waren im Gruppenraum gestapelt, und die besseren Leser konnten sich dann irgendwas aussuchen. Die habe ich im Sommer auch manchmal auf die Terrasse gesetzt zum Lesen, aber lieber habe ich sie im Gruppenraum arbeiten lassen. Sie fühlten sich dort auch mehr dazugehörig. Außerdem eignete sich der Gruppenraum mit den Tischen natürlich sehr gut, wenn man irgendetwas für den Unterricht darstellen wollte. Ob das nun ein Bauernhof war mit Tieren, der Hafen oder sonst etwas. Dafür war und ist der Gruppenraum ideal.

*Nach dreizehn Jahren Lehrerarbeit haben Sie die Schule Hirten-*
*weg, inzwischen Othmarscher Kirchenweg, verlassen. Was ist Ihr*
*heutiges Fazit bezüglich Ihrer langen Wegstrecke an dieser*
*Schule?*

Es war eine rundherum gute Zeit, in der ich viel gelernt
habe und viele Erfahrungen machen konnte. Die Schulleitung und das ganze Kollegium haben sich gut verstanden. Wir alle hatten immer das Gefühl: Wir sind eine
Schule. Besonders dankbar bin ich aber, dass immer noch
sehr viele Verbindungen zu meinen Ehemaligen bestehen.

# KAPITEL 8

## »*Ein wunderbarer Beruf*«
## Die letzte Lehrerstelle

*Weihnachten 1961 sind Sie mit Ihrem Mann nach Langenhorn gezogen, in ein Haus, in dem Sie heute noch wohnen. Das war dann auch der Abschied von der Schule Othmarscher Kirchenweg.*

Nicht ganz. Ich habe bis Ostern 1962 meine Othmarscher Klasse noch weitergeführt, weil es ein viertes Schuljahr war.

*Wie sind Sie da hingekommen, mit dem Auto? Denn weiter entfernt können in Hamburg zwei Standorte kaum sein.*

Da hatte ich noch gar keinen Führerschein. Also mit der U-Bahn bis Ohlsdorf und dann weiter mit der S-Bahn. Das dauerte fast eineinhalb Stunden. Deshalb habe ich mich vor Ostern 1962 an den zuständigen Schulrat gewandt, und der hieß Jürgen Schmidt.

*Ein ehemaliger Lichtwark-Schüler. Der war älter als Sie und hatte lange vor Ihnen Abitur gemacht.*

Den habe ich gefragt, ob am Eberhofweg hier in Langenhorn ein Platz für mich sei. Das ist ein damals moderner Kreuzbau gewesen, so etwas kannte ich noch nicht. Ich habe ein erstes Schuljahr bekommen, eine Kollegin die Parallelklasse. Mit dieser Kollegin habe ich sehr intensiv zusammengearbeitet, wir haben uns ausgetauscht und viel gemeinsam gemacht. Sie war sehr viel jünger und freute sich auch über das, was ich an Erfahrungen mitbrachte. Überhaupt haben wir uns dort innerhalb des Kollegiums gegenseitig viel geholfen, und mit allen bin ich wirklich gut zurechtgekommen. Nach einiger Zeit hat mich der Schulrat angerufen und gefragt, ob ich nicht stellvertretende Schulleiterin werden wolle – was mich verwundert hat, denn als ich mich bei ihm wegen des Schulwechsels gemeldet hatte, hatte er noch gesagt: »Sie als Frau eines Senators, haben Sie das noch nötig?« Mein Mann war inzwischen Innensenator in Hamburg geworden. Das habe ich ihm damals übel genommen, hatte aber später ein gutes Verhältnis zu ihm.

*Die Stellvertretung der Schulleitung haben Sie aber offensichtlich nicht angenommen.*

Das habe ich nicht angenommen. Das wäre mir einfach zu viel geworden.

Etwas Besonderes war für mich an dieser Schule, dass dort ein Lehrschwimmbecken gebaut wurde, eine schöne Halle mit einem großen, geschickt angelegten Schwimmbecken. Das Wasser war vorn höchstens fünfzig Zentimeter tief und wurde dann immer tiefer. Damals hatte ich ein zweites oder drittes Schuljahr. Jedenfalls waren die Kinder noch verhältnismäßig klein. Deshalb hatte ich – wenn Schwimmen auf dem Stundenplan stand – einige Eltern gebeten, den Kindern beim An- und Ausziehen zu helfen. Für die Kleinen war es natürlich ein großes Erlebnis, nur hatten einige Angst vor dem Wasser. Und das musste man ja nun überwinden lernen.

*Hatten Sie das gelernt, oder hatten Sie eine Fortbildung erhalten?*

Nein, aber so schwierig war das ja nicht. Wir haben uns alle angefasst und dann im Kreis gespielt. Dabei wurde laut gesungen, das hallte so schön. Die Kinder haben überhaupt nicht gemerkt, dass sie plötzlich im tiefen Wasser waren, und wenn ich hinterher sagte: »Du bist ja doch im tiefen Wasser gewesen!«, hieß es: »Ach so, ja.« Es war doch verhältnismäßig leicht, die Ängstlichen zumindest so weit zu bringen, dass sie sich in brusttiefes Wasser wagten. Das hatten sie dann ausprobiert – da konnte man noch nicht ertrinken.

Ich hatte einmal einen kleinen Jungen, unvergesslich, einen Brillenträger. Die Brille hatte er natürlich abgenommen. Der fand das Wasser so hinreißend, konnte aber nicht besonders gut ohne Brille sehen und tauchte unentwegt. Er lief auf allen vieren am Boden des Beckens herum, den musste ich immer mal wieder rausholen. Auf den musste ich also achten. Einige konnten sogar schon schwimmen, und anderen habe ich mit meiner Hand unterm Körper als Stütze ein bisschen geholfen, so dass sie die Schwimmbewegungen mit meiner Hilfe machen konnten. Das war auch für mich – für die Kinder natürlich sowieso – ein sehr großes Erlebnis, und ich fand es großartig, dass in der Volksschule so etwas möglich war. Es hat aber nicht dafür gereicht, dass ich allen in der Klasse das Schwimmen hätte beibringen können, denn natürlich war der Andrang sehr schnell sehr groß, so dass man höchstens – wenn man Glück hatte – einmal pro Woche ins Schwimmbad konnte.

*Solche Investitionen gerade auch im Volksschulbereich zeigen ja doch die Wertschätzung für Schule und Gesundheitserziehung, die in den Jahren des Aufbaus vorhanden war.*

Ich habe am Eberhofweg noch eine andere Schulerweiterung erlebt, und zwar wurde noch eine Küche angebaut.

Da konnte ich ein wenig von meinen Erfahrungen am Othmarscher Kirchenweg einbringen, dann wurde ich aber leider krank.

*Nach Ihrer Krankheit sind Sie nicht an die Schule Eberhofweg zurückgekehrt, sondern an einer anderen Langenhorner Schule, der Süderschule, eingesetzt worden.*

In Langenhorn gab es ursprünglich mal die Norderschule und die Süderschule. Ich kam also an die Süderschule, und zwar als Vertretungslehrerin. Diese Schule hat mir ganz neue Erfahrungen beschert, denn sie lag direkt in der Einflugschneise des Hamburger Flughafens. Für die Kinder war das nichts Neues, aber ich musste mich erst mal daran gewöhnen, dass man, wenn ein Flugzeug landete, den Mund, der gerade ein Wort sagen wollte, offen lassen und warten musste, bis das größte Getöse vorbei war. Erst dann wurde weitergeredet. Auf dem Schulhof war es natürlich besonders laut und interessant, denn die Flugzeuge waren schon so tief, dass die Kinder den Passagieren zugewunken haben.

*An der Süderschule, der letzten Station Ihrer Lehrerinnenlaufbahn, waren Sie aber nicht lange.*

Nein, denn ich bekam eine Herzattacke und musste für längere Zeit ins Krankenhaus. Und hinterher musste ich noch zur Kur, weil ich wirklich erst wieder laufen lernen musste, so schwer krank war ich gewesen. Kaum ging es mir einigermaßen, bekam ich – von den Nachbarn angesteckt – eine Gelbsucht, und da lag ich hier im Ochsenzoller Krankenhaus auf der Quarantäne-Station. Ich konnte mich also nur schriftlich beziehungsweise per Telefon von der Schule verabschieden und sagen: »Ich kann leider noch nicht wieder, werde wohl aber auch nicht zurückkommen.« Und das war's dann.

*Ein abrupter Abschied also.*

Ja, ein abrupter und leiser Abgang ohne irgendwelche Feierlichkeiten oder sonst etwas. Das kam durch meine Krankheit. Am Eberhofweg hatte ich mein fünfundzwanzigjähriges Dienstjubiläum noch mit dem ganzen Kollegium gefeiert, und die Verbindung zu den Lehrkräften dort ist auch noch eine Zeit lang geblieben, als wir schon in Bonn waren. Wenn da mal ein Schultreffen war, habe ich versucht, dabei zu sein. Mit Einzelnen hatte ich noch hin und wieder Briefkontakt, mit zwei Kollegen habe ich mich auch noch mal getroffen. Aber während der Bonner Zeit bin ich ja kaum noch nach Hamburg gekommen, und wenn wir hier waren, dann wollten wir ausschlafen, und ich wollte mich an diesen knappen Wochenenden nicht noch mit ehemaligen Kollegen treffen.

*Haben Sie sich vom Schuldienst beurlauben lassen, als Sie mit Ihrem Mann nach Bonn mussten?*

Ja, ich habe mich beurlauben lassen. Das war damals noch so ungewöhnlich, dass es der Senat genehmigen musste. Mir wurde also ein halbes Jahr zugestanden. Ein halbes Jahr später aber war mein Mann immer noch in Bonn, und vorhersehbarerweise wollte ich immer noch bei ihm bleiben und hatte inzwischen auch eine ganze Menge Aufgaben übernommen.

Mein Mann war inzwischen Verteidigungsminister. Ich hatte gesehen, wie die Soldaten hin und her versetzt werden und die Soldatenfrauen die Umzüge und alles andere auch bewerkstelligen mussten. Natürlich auch, wenn sie nach Bonn kamen. Und da habe ich zum Beispiel mal für die Soldatenfamilien zusammengestellt, welche Schulen, welche Apotheken, welche Ärzte es in Bonn gibt oder welche Papiere man bei der Wohnungssuche braucht. Das bekamen dann die Soldatenfrauen ausgehändigt, wenn sie nach Bonn kamen. In Bonn war also auch eine ganze Menge für mich zu tun. Nach einem halben Jahr habe ich also noch mal in Hamburg um Beurlaubung ohne Gehalt gebeten. Da wurde dieses Mal ein Jahr genehmigt. Aber nach insgesamt eineinhalb Jahren bekam ich die Nachricht: »Bitte, nach einem Vierteljahr spätestens zurück in den Dienst, sonst müssen wir Ihnen leider kündigen.« Und so war es dann, ich wurde entlassen und habe eine sehr aparte Abfindung bekommen.

*Für Ihre damit abgegoltenen Pensionsansprüche. Ihr Ausscheiden aus der Schule bedeutete aber nicht, dass damit die Verbindung zur Schule völlig beendet war. Allein wenn ich sehe, wie viele Anfragen und Korrespondenz Sie mit Lehrern und Schulen haben, von gelegentlichen Besuchen ganzer Schülergruppen in Ihrem Haus einmal abgesehen, dann sind doch Ihre Kontakte zur Schule recht erheblich. In den Jahren, als Ihr Mann Bundeskanzler war, haben Sie ihn ja des Öfteren auf seinen Auslandsreisen begleitet. Gab es dabei auch Kontakte zu dortigen Schulen?*

Ja. Ich habe im Ausland natürlich häufig die deutschen Schulen besucht. Das gehörte zum Programm. Das wollte ich auch. Nun müssen Sie sich die Situation vorstellen, da kommt also der Regierungschef des eigenen Landes, und die Frau will die Schule besuchen. Da gewinnt man natürlich überhaupt keinen richtigen Eindruck. Man kann ein bisschen mit den Kindern reden, aber bald heißt es schon wieder vom Protokoll: Wir müssen weiter. Das bringt pädagogisch nicht besonders viel. Sie können sich die Gesichter der Kinder angucken und sehen, ob sie ein vergnügtes Gesicht haben oder nicht. Natürlich wird ein Lied vorgesungen und ein Gedicht aufgesagt, aber von dem eigentlichen Schulleben oder vom Unterricht bekommt man gar nichts mit.

*Gab es auch eher inoffizielle Verbindungen zu Schulen im Ausland?*

In den achtziger Jahren habe ich viele wissenschaftliche Forschungsreisen unternommen, und so bin ich auch nach Brasilien gekommen, unter anderem an die Küste im Staat Bahia, wo ein dänischer Freund von uns ein Sommerhaus hat. Er ist befreundet mit dem dortigen Besitzer eines hundertfünfzig Kilometer langen, mit Kokospalmen bestandenen Sandstrandes. Dieser Mann wusste, dass viele verschiedene Schildkrötenarten an seinem Strand ihre Eier ablegen und wollte diese vielen Gelege mit Hilfe der Fischer eines kleinen Dorfes retten. Das ist auch gelungen, und inzwischen ist die Gegend zu einer Art Touristenattraktion geworden mit zwei Hotels und vielen daraus entstandenen Arbeitsplätzen für die Region.

So ist das Dorf von 120 auf über 1000 Einwohner angewachsen. Und natürlich gab es dort dann sehr viele Kinder, so dass es notwendig wurde, eine Schule zu bauen. Ich habe gemeinsam mit unserem dänischen Freund in Deutschland eine ganze Menge Geld für diese Schule gesammelt, auch mein Mann hat eine Summe gestiftet; jedenfalls gibt es dort heute eine Schule mit zwei Lehrerinnen, die von dem Strandbesitzer bezahlt werden. In dieser Schule bin ich seitdem hin und wieder zu Besuch gewesen. Der Unterricht ist brav …

*… das heißt, eher konventionell …*

Sehr konventionell. Die Kinder springen auf, wenn ein Erwachsener erscheint, und setzen sich dann wieder. Es ist eine zweiklassige Schule. Ich weiß nicht, ob die Kinder nach dem sechsten Schuljahr noch weiter zur Schule gehen. Was für mich interessant war: Ich habe ja nun viele Schulen gesehen und viele Kinder in Schulen beobachtet. Aber eine solche Mischung von Kindergesichtern und Kindertemperamenten habe ich auf der ganzen Welt noch nicht getroffen. Das hängt damit zusammen, dass die Fischer dort keine einheitliche Bevölkerungsgruppe sind. Bahia liegt in der Gegend Brasiliens, in der die meisten Schwarzen leben, mit ihrer eigenen Tradition, zum Beispiel mit Voodoo. In der kleinen Kirche des Dorfes läuft das übrigens wunderbar nebeneinander.

*Christentum und Voodoo?*

Katholisches Christentum und Voodoo. Und dann ist da die Urbevölkerung, Indios, aber auch Weiße und so manches, was man gar nicht mehr identifizieren kann. Für mich war interessant, dass die Kinder auch vom Temperament her unterschiedlich waren.

*Also heterogen in jeder Hinsicht.*

Und für mich war verblüffend, wie wunderbar das klappte. Vielleicht hat zur Zusammenführung der Schülerschaft ja auch die einheitliche Schulkleidung beigetragen, die es dort gab. Nichts Aufwändiges, sondern einfache T-Shirts mit der Aufschrift »Escola Finn Larsen«, denn so hieß der dänische Freund. Die Verbindung zu dieser Schule habe ich aus Altersgründen nun verloren, aber ich habe versucht, so gut ich konnte ein bisschen mitzuhelfen; denn das ist eine Schule, die nur aus Privatmitteln gegründet und aufgebaut worden ist und erst jetzt eine geringe staatliche Unterstützung bekommt, aber immer noch weitgehend von Spenden lebt. So ein Unternehmen finde ich bewundernswert.

*Fünfzehn Jahre nach Ihrem Ausscheiden aus dem aktiven Schuldienst sind Sie im Jahr 1984 Vorsitzende im Verein der Hamburger Freiluftschulen geworden. Wie kam es dazu?*

Ich habe den Kontakt zu meinen ehemaligen Kollegen von der Othmarscher Schule nie ganz verloren. Nach einer Konferenz – Konferenzen wurden früher immer nachmittags abgehalten – haben wir einmal zu dritt zusammengesessen und beschlossen: Wir gehen in die kleine Dorfkneipe neben der Schule, »Anni Quitschau«, damals sehr bekannt. Dort haben wir eine Kleinigkeit gegessen und dann Skat gespielt. Und das hat Spaß gemacht. Daraufhin wurde verabredet, in regelmäßigen oder unregelmäßigen Abständen weiter Skat zu spielen – ein etwas jüngerer, ein etwas älterer Kollege und ich. Der etwas ältere Kollege war übrigens der, bei dessen Mädchen ich Handarbeitsunterricht gab.
Wir hatten vorher schon einen »Genitivverein« gegründet, weil uns aufgefallen war, dass der Genitiv so wenig benutzt wird. Wir haben dann nur im Genitiv geredet, was gar nicht so ganz einfach ist. Also, wir haben auch durchaus Quatsch miteinander gemacht, und dieser Skatclub blieb bestehen – es kamen nur noch zwei Mitglieder dazu –, als ich nach Bonn ging. Ich erhielt regelmäßig Nachricht. Einmal haben mich auch alle in Bonn besucht. Der jüngere Kollege, Dieter Eichler, war inzwischen Schulleiter und Geschäftsführer der Hamburger Freiluftschulen …

*… die es ja noch heute gibt.*

Und dieser Kollege sagte mir eines Tages: »Wir brauchen einen Vorsitzenden. Das ist nicht mit viel Arbeit verbunden, aber wir brauchen einen. Kannst du das machen?« Da habe ich eingewilligt, weil ich die Freiluftschulen für eine ganz wichtige Ergänzung des Schulalltags in Hamburg halte. Alle vier – die fünfte auf dem Köhlbrand musste wegen des Autobahnneubaus aufgegeben werden – liegen im Grünen. Sie sind mit öffentlichen Verkehrsmitteln leicht zu erreichen. In allen Freiluftschulen kann man einen guten Unterricht im Freien machen, eine Art Klassenreise in Hamburgs Natur.

*Freiluftschulen hatten Sie ja auch schon in Ihrer eigenen Schulzeit kennen und schätzen gelernt. Und was mussten Sie tun?*

Vor allem besuchte ich die Freiluftschulen, die inzwischen alle eine professionelle Leitung hatten. Zum Beispiel waren die Küchen ein Thema, denn damals fing es an, dass vieles sehr genau genommen wurde. Manchmal mussten die Küchen umgebaut oder es mussten zum Beispiel Extrawände eingezogen werden.

*Das heißt, die Sicherheitsvorschriften mussten umgesetzt werden.*

Ja, es gab viele Vorschriften. Also gut, ich bin reihum gegangen, habe mit den Leitern gesprochen und mich natürlich häufiger auch mit den Schülern, die dort waren, unterhalten. Ich konnte es mir dann nicht verkneifen, wenn da eine Klasse war, mit denen auch mal zu reden und sie zu fragen, ob sie schon dies oder das gesehen hätten, oder sie in Ohlstedt mal anzuregen, mit Moos einen ganzen Garten anzulegen …

*... dort liegt die Freiluftschule am Rande eines Forstes ...*

Ja, oder was man sonst so als alte Lehrerin macht. Der Vorsitz ist mir dann aber zu viel geworden, und das Amt habe ich aufgegeben.

*Ihr Interesse für die Schule ist aber geblieben. Mit dem Schulmuseum in Hamburg haben Sie eine Fotoausstellung über die Reformschulen der Weimarer Republik gemacht, und seit dem Jahr 2000 sind Sie in der Jury des LERN-WERKS der ZEIT-Stiftung tätig, ein Projekt, das sich um die Förderung von Hauptschülerinnen und Hauptschülern kümmert. Wie ist es dazu gekommen?*

Die ZEIT-Stiftung ist ja in vielen Bereichen der Kultur und Bildung tätig. Und als 1999 die Bucerius Law School eröffnet wurde ...

*... die erste private Universität für angehende Juristen ...*

... habe ich zu einem Mitglied des Kuratoriums der ZEIT-Stiftung, das leider nicht mehr lebt, gesagt: »Das ist wunderschön mit der Law School, aber was machen wir mit den nicht so hoch Begabten?« Das heißt also, was macht die ZEIT-Stiftung am anderen Ende ...

*... der Bildungsskala. Und dieses Mitglied des Kuratoriums war Tyll Necker, der ehemalige BDI-Vorsitzende.*

Da hat Tyll Necker mich angeguckt und gesagt: »Darüber mache ich mir auch viele Gedanken.« So haben wir beide während einer Veranstaltung nebenbei unsere Pläne für eine Unterstützung von Hauptschülern entwickelt. Dann ist Herr Necker mit unserer gemeinsamen Idee an den

Vorstand herangetreten und hat vorgeschlagen, auch einmal etwas für diese Schüler zu tun, damit sie mit einem vernünftigen Schulabschluss eine Chance auf dem Arbeitsmarkt bekommen. Ich habe dann für den Geschäftsführer der ZEIT-Stiftung aufgeschrieben, was ich aus meiner eigenen Reformschulzeit erinnerte und was davon für heute wichtig sein könnte: vor allem mehr praktisches Lernen und aktive Elternarbeit. Die weitere Entwicklung haben Sie ja selbst miterlebt.

*Es wurden eine Jury gebildet, ein Konzept erstellt und Schulen gesucht.*

Der Ausgangspunkt von Tyll Necker und mir aber war: Was machen wir mit unseren Hauptschülern? Und das ist dann der Anfang vom LERN-WERK gewesen.

*Wie Sie kam Tyll Necker aus einer Reformschule.*

Ja, er hatte die Odenwaldschule besucht. Seine Frau übrigens auch.

*Und ich glaube, dass Ihr und Tyll Neckers Engagement für dieses Projekt nicht zuletzt aus den positiven eigenen Schulerfahrungen rührt. Im LERN-WERK steht das praktische Lernen im Vordergrund. An den acht Schulen des LERN-WERKS gibt es Schülerfirmen, ganztägige Werkstattarbeit, Einbeziehung von Handwerksmeistern in die Schule, bis hin zu Projekten, in denen Schüler nur noch drei oder vier Tage pro Woche in der Schule sind und an einem oder zwei Tagen ein oder sogar zwei Schuljahre hindurch in Betrieben arbeiten.*
*Sie haben ja zum Beispiel die Schule Richard-Linde-Weg besucht und Schüler kennen gelernt, die dort über zwei Jahre zwei Tage pro Woche in einem Betrieb arbeiten. Wie waren Ihre Eindrücke?*

Zunächst einmal hat mich beeindruckt, dass nicht nur der Schulleiter, sondern auch die Klassen- und Fachlehrer mit Selbstverständlichkeit den Schülern geholfen hatten, irgendwo einen Platz zu finden, um eine praktische Tätigkeit zu erlernen.

*Und das ist gar nicht so einfach, denn die Betriebe müssen für ein so weitgehendes Konzept ja erst einmal überzeugt werden.*

Dann hat mir Freude gemacht, dass die Schüler einen Bericht über das Praktikum abliefern mussten, was ich zwar eigentlich für selbstverständlich halte, aber die Art, wie sie das geschafft haben, hat mich beeindruckt. Selbst schwächere Schüler saßen am Computer und schrieben auf, was sie gesehen und erlebt hatten.

*Die Schule nennt das eine »besondere Lernaufgabe«. Das ist kein Praktikumsbericht im herkömmlichen Sinne, sondern die Schülerinnen und Schüler suchen sich eine Aufgabe, die im Betrieb angefallen ist und die sie dann auf zehn Seiten umfassend beschreiben. Das kann zum Beispiel auch die genaue Beschreibung eines Werkstücks sein.*

Und das ist natürlich – und so erkläre ich manchen Leuten den Erfolg des LERN-WERKS – etwas völlig anderes, als wenn diese nicht hochbegabten Schüler einen deutschen Aufsatz schreiben müssten. Die üblichen Aufsatzthemen sind ihnen völlig fremd, während sie bei der »Lernaufgabe« in der Problematik drinstecken und eigentlich »nur« in Worte fassen müssen, was sie selbst erlebt und gesehen haben.
Natürlich hat mich mindestens genauso beeindruckt, was die verschiedenen Betriebe über die Schüler geschrieben haben. Wenn man in den Richard-Linde-Weg kam – das

gilt übrigens auch für die anderen LERN-WERK-Schulen –, war man, ich möchte beinahe sagen, begeistert, dass diese oft ja flegeligen Halbwüchsigen plötzlich ohne eine gesonderte »Werteerziehung« höflich und freundlich waren, »bitte« und »danke schön« sagten. Kein Mensch hat das angeordnet, sondern sie haben das durch ihren Aufenthalt im Betrieb, durch das Zusammensein mit den Menschen dort einfach mitbekommen.

*Diese Verhaltensänderungen sind in der Tat bemerkenswert. Schüler, die in der Schule Probleme gemacht haben, sind im Betrieb zuverlässig und höflich. In allen diesen Klassen gibt es kaum noch Fehlzeiten, in den Betrieben ohnehin nur in seltenen Fällen, und dann immer entschuldigt. »Ein Meister hat auf uns mehr Einfluss als ein Lehrer«, hat ein Schüler mal zu mir gesagt.*

Diese Menschen, mit denen sie zusammenarbeiten, sind für sie Vorbilder. Und diese Veränderung in ihrer Einstellung zur Arbeit und zu anderen Menschen, die ist für mich beim LERN-WERK das Beeindruckendste gewesen. Natürlich liegt uns allen, die wir daran beteiligt sind, ja auch daran, dass diese Schüler ein halbwegs vernünftiges Abschlusszeugnis bekommen, aber diese positive Verhaltensänderung ist das, was mir beim LERN-WERK am meisten imponiert hat.

*Und es hat ja auch Erfolge gezeigt, denn die Vermittlungsquote in Ausbildungsverhältnisse ist an diesen Schulen inzwischen erfreulich gestiegen.*

Das heißt auch, dass die Betriebe begriffen haben, dass diese intellektuell nicht ganz hochbegabten Schüler in der praktischen Arbeit ganz Hervorragendes leisten können. Denn Hauptschüler sind ja nun mal eher praktisch orientiert, und mir hat immer Leid getan, dass diese praktische Begabung in unseren Schulen eigentlich nicht mehr zum Tragen kam.

*In den LERN-WERK-Schulen hat sich auch die Lehrerrolle verändert. Lehrer haben enge Kontakte zu Betrieben, lernen deren Anforderungen an Auszubildende kennen und erhalten einen hautnahen Einblick in das Wirtschaftsleben. Fast alle haben das auch für sich als sehr positiv empfunden und waren überaus motiviert, wie die Auswertungen deutlich gezeigt haben.*

Wie die Lehrer da mitgezogen haben, das war fabelhaft. Alle Lehrkräfte, die ich im LERN-WERK getroffen habe, Schulleiter, Lehrerinnen und Lehrer, haben dazu beigetragen, dass das Ganze ein Erfolg wurde. Das zeigt aber auch, dass die meisten Lehrer ihren Beruf wirklich ernst nehmen. Und mir hat das noch einmal gezeigt, wie wichtig es ist, dass Lehrer das alltägliche Berufsleben in den Betrieben nicht nur mit dem Kopf begreifen, sondern auch mal praktisch erleben. Es wäre also gut, wenn es zur Lehrerbildung gehörte, selbst einmal so ein Betriebspraktikum zu machen.

*Dann würde auch die Ausbildung der Schülerinnen und Schüler lebensnaher und praktischer werden.*
*Die Projekte im LERN-WERK werden in den nächsten Jahren noch weitergeführt werden – wird Loki Schmidt ihr Engagement auch weiterführen?*

Solange meine Kräfte reichen, werde ich natürlich weitermachen, und wenn es nur ist, mal mit den Lehrkräften zu reden, sie zu ermuntern und ihnen auch deutlich zu machen, wie wertvoll ihre Arbeit ist.

# KAPITEL 9

## Die »späten Bonbons« des Lehrers und Schule heute

*Die Schuldiskussion in Deutschland wird seit dem Jahr 2000 durch die internationale PISA-Studie bestimmt. Die deutschen Schulen liegen mit ihren Leistungen insgesamt unter dem Durchschnitt der untersuchten dreiunddreißig OECD-Länder, fast ein Viertel der Schülerinnen und Schüler hat eminente Schwierigkeiten beim sinnentnehmenden Lesen, und in keinem Land ist die Koppelung von sozialer Herkunft und Schulerfolg so ausgeprägt wie bei uns. Das hat die zweite, Ende 2004 veröffentlichte PISA-Untersuchung noch einmal bestätigt.*

Natürlich haben mich diese Ergebnisse auch sehr geärgert, denn wir beide sind uns einig, dass eine Grundsubstanz von Lernleistung in der Schule erreicht werden muss. Aber ich bin auch skeptisch gegenüber Tests wie PISA, denn das Abfragen von Wissensleistungen, das kann es ja nun auch nicht sein. Es kommt eben auch darauf an, was Schüler im Unterricht darüber hinaus erreichen.

*Was meinen Sie konkret?*

Ein Abprüfen und Bewerten von reinem Fachwissen empfinde ich als ein Vergehen an den Kindern und Jugendlichen. Die Zeiten des reinen Fächerwissens sollten wir hinter uns gelassen haben. Wissenserwerb muss immer eingebunden sein, denn Wissen ist kein Selbstzweck, sondern dient dazu, dass die Schüler mehr von ihrer Umwelt erfahren. Und dazu gehören dann auch Bereiche wie

Sport, die ganze musisch-ästhetische Erziehung und das soziale Lernen.

*Wenn Sie fürchten, dass durch Tests wie PISA diese Aufgaben von Schule ins Hintertreffen geraten könnten, dann kann ich dies sehr gut nachvollziehen. Als Konsequenz aus den PISA-Ergebnissen dürfen wir uns sicher nicht allein auf abprüfbares Wissen in Schule und Unterricht konzentrieren. Der Auftrag von Schule ist und bleibt umfassender. Aber fairerweise muss man auch sagen, dass in den PISA-Tests keineswegs isolierte Wissensbestände abgefragt werden. Die meisten Aufgaben sind anwendungsbezogen, kompetenzorientiert und durchaus auch lebensnah.*

Richtig, das Lesen und den Sinn von Texten zu erfassen, das ist kein reines Wissen, deshalb hat mich PISA auch stutzig gemacht. Darum denke ich auch, es ist vielleicht doch ganz hilfreich, dass solche Tests durchgeführt werden. Aber beim Vergleich der Ergebnisse dürfen wir nicht vergessen, dass die Voraussetzungen der Schulen in den verschiedenen Ländern sehr unterschiedlich sind. Und das gilt ja auch innerhalb Deutschlands. In Großstädten, wie bei uns in Hamburg zum Beispiel, ist der Anteil ausländischer Schüler sehr hoch.

*Der liegt bei etwa zwanzig Prozent. Rechnet man aber alle Kinder mit Migrationshintergrund ein, dann sprechen in Städten wie Bremen und Hamburg vierzig Prozent der Schülerinnen und Schüler Deutsch nicht als Muttersprache. In einigen Hauptschulen Hamburgs und Berlins beträgt der Anteil von Schülerinnen und Schülern, deren Erstsprache nicht Deutsch ist, bis zu achtzig/neunzig Prozent.*

So, und das erschwert natürlich den Unterricht und drückt die Prüfungsergebnisse nach unten.

*Dennoch, diese Ergebnisse sind für das deutsche Schulwesen insgesamt Besorgnis erregend. Wir müssen uns fragen, wie wir Schule und Unterricht qualitativ verändern können. Ich sehe zum Beispiel einen Schlüssel in stärkerer Individualisierung, das heißt Förderung des Einzelnen, und einer Rückkehr zu intensiveren Übungsphasen.*

Dazu kann ich aus meinen ganz eigenen kleinen Erfahrungen etwas beitragen: Mir war in meinem Unterricht immer klar, dass am Ende der vierten Klasse eine Prüfung für die höhere Schule anstand. Dafür wurde dann besonders gelernt, man kann auch sagen, ich habe meine Schüler dafür gedrillt. Ich habe ihnen das natürlich vorher gesagt: »Was jetzt kommt, ist für die Prüfung, aber wenn ihr euch anstrengt, dann machen wir danach auch wieder interessantere Dinge.« Solche Lernphasen müssen sein, nur die Kinder müssen auch wissen, wann und warum auch mal gedrillt werden muss.

*Wir würden heute sagen: Guter Unterricht braucht auch intensive Übungsphasen, und der eine Schüler braucht dafür mehr und der andere weniger Zeit.*

Man kann das freundlicher ausdrücken, aber der Sinn ist der gleiche. Im Unterricht braucht man die Verbindung von interessanten Lernstoffen mit Denkanstößen und reine Übungszeiten. Diese dienen dann einem bestimmten Zweck, und die Kinder wissen genau: Das ist nur ein kleiner Teil von Schule, und danach gibt es auch wieder Neues, anderes. Vor allem muss das Verhältnis von Lehrer und Schülern so gut sein, dass man darüber auch ganz offen reden kann.

*Das ist, finde ich, ein guter Hinweis, denn das gemeinsame Set-*
*zen von Zielen ist auch ein Merkmal von gutem Unterricht. Die*
*Schüler sollten immer wissen, warum was an welcher Stelle im*
*Unterricht geschieht. Diese Art von Transparenz hilft dem Ler-*
*nenden ...*

... und motiviert ja auch.

*Neben den insgesamt nicht befriedigenden Unterrichtsleistungen*
*an deutschen Schulen hat PISA uns ein weiteres Defizit unseres*
*Schulsystems bewusst gemacht. In keinem anderen Land gibt es*
*eine so enge Koppelung von sozialer Herkunft und Schulerfolg.*
*Kinder aus höheren sozialen Schichten haben eine sechsmal grö-*
*ßere Chance, einen höheren Schulabschluss zu erreichen als Kin-*
*der aus bildungsfernen Schichten. Wenngleich auch in anderen*
*Ländern keine soziale Chancengleichheit besteht, so ist die Dis-*
*krepanz in keinem anderen Land so groß wie in Deutschland.*
*Ich denke, für eine demokratische Gesellschaft ist das ein nicht zu*
*akzeptierendes Ergebnis.*

Das sehe ich auch so. Die Eltern sind dabei ein ganz wichtiger Punkt. In Großstädten ist das ja oft schon stadtteil-
weise sehr unterschiedlich. Wo die Eltern intensiv hinter
der Schule stehen, ist die Bereitschaft der Kinder, Neues
aufzunehmen, viel größer als da, wo die Eltern sich wenig
oder überhaupt nicht kümmern. Ich denke deshalb, dass
auch heute noch die Bereitschaft der Eltern, die Schule
anzuerkennen und in einem gewissen Rahmen in der
Schule auch mitzuarbeiten, sehr wichtig ist.
Ich habe ja berichtet, dass die Eltern in der Reformschulzeit der Weimarer Republik eine ganz große Rolle gespielt haben. Das wird man natürlich nie wieder erreichen
können. Aber die Bereitschaft der Eltern, die Schule zu
unterstützen, die Bereitschaft, dafür zu sorgen, dass die

Kinder tatsächlich am Unterricht teilnehmen, sich von ihnen erzählen zu lassen, was sie in der Schule erlebt haben, das muss man auch heute von Eltern verlangen können. Sie müssen Interesse zeigen oder auch mal Anregungen geben. Ohne das wird Schule keinen Erfolg haben.

*Aktive Elternarbeit an den Schulen wäre sicherlich ein Erfolgsrezept, allerdings wissen wir aus zahlreichen empirischen Untersuchungen, dass dies befriedigend eigentlich nur in der Grundschule gelingt.*

Wenn ich mich bei jüngeren Vätern und Müttern erkundige, dann gibt es heute wohl oft nur die vorgeschriebenen Elternabende. Und Elternsprechstunden außerhalb des jährlichen Elternsprechtages gibt es offensichtlich auch nicht mehr sehr häufig.

*Und Elternabende, deren Tagesordnungspunkte »Erstens: Wahl der Elternvertreter, zweitens: Verschiedenes« sind, wirken natürlich auch nicht mehr motivierend. Ich meine, eine pädagogische Fragestellung sollte auf jedem Elternabend zum Thema werden.*

Ich halte viel von Elternabenden, auf denen den Eltern deutlich gemacht wird, wie die Schularbeit im nächsten Halbjahr laufen soll. Da kann man durchaus auch dezente Kritik an bestimmten Verhaltensweisen der Kinder anbringen, man kann Probleme bereden, ohne dass Namen von einzelnen Kindern genannt werden. Und wenn die Eltern informiert sind, können sie auch mit ihren Kindern ganz anders über den Unterricht und den Lehrer reden. Das halte ich für ganz wichtig. Nur: Die Eltern wirklich dazu zu bringen, dann auch zu kommen, das ist durchaus eine zweite Sache. Aber wenn man in einer Schule einmal konsequent mit interessanten Elternabenden anfängt, kann das dann auch einfach zur Gewohnheit werden.

*Vor allem muss der Grundsatz gelten, dass Elternarbeit nicht erst im Konfliktfall beginnen darf.*

Nein, die Verbindung mit den Eltern muss positiv aufgebaut werden. Bei mir funktionierte es schon dadurch, dass ich zum Beispiel bei Ausflügen immer Eltern – meist Mütter, aber manchmal auch Väter – mithatte. Die konnten nun sehen, wie das bei mir mit den Kindern abläuft, und sie erzählten es dann natürlich auch weiter.

*Und ich denke, dass Ihre positiven Erfahrungen mit Hausbesuchen von Eltern auch heute noch von Bedeutung sind.*

Natürlich habe ich so viele Hausbesuche wie am Anfang meiner Lehrerlaufbahn später auch nicht mehr machen können. Ich hatte ja dann selbst ein Kind im Hause und musste am Anfang der fünfziger Jahre auch meinen Mann noch mit versorgen. Aber wenn wir zum Beispiel eine Klassenreise machen wollten und schon ganz klar war, dass nicht alle bezahlen konnten, dann bin ich, wie gesagt, zu den etwas besser Situierten gegangen und habe »gebettelt«. Ich habe grundsätzlich auf jede Klassenreise alle Kinder mitgenommen. Ich wäre nie auf die Idee gekommen, eine Klassenreise zu machen und Kinder aus finanziellen Gründen zu Hause zu lassen. Das geht nicht.

*Heute wäre ein Anlass für einen Hausbesuch sicher dann gegeben, wenn einem muslimischen Mädchen zum Beispiel aus moralisch-religiösen Gründen von den Eltern die Teilnahme an einer Klassenfahrt verweigert würde.*

Ich bin überzeugt – nein, das wäre zu vermessen, aber ich glaube, dass ich, wenn ich ein muslimisches Kind in der Klasse hätte, alles versuchen würde, das Kind mitzunehmen. Ich würde natürlich den Eltern gegenüber Zugeständnisse machen, auch was das Äußere, die Kleidung des Mädchens zum Beispiel, betrifft. Aber der Gedanke, dass für das Lernen jedes einzelnen Kindes das Zusammengehörigkeitsgefühl in der Klassengemeinschaft etwas ungeheuer Wichtiges ist, kann auch eine Muslima überzeugen. Man wird sich aber eben um die einzelnen Eltern besonders kümmern müssen, und man darf nicht einfach sagen: »Das wird so gemacht« oder in solchen Fragen nur schriftlich verkehren. Das geht nicht.

*Ich komme noch mal auf die PISA-Ergebnisse zurück und auf die daraus gewonnene Erkenntnis, dass bei uns die soziale Herkunft des Kindes nachhaltig seinen Schulerfolg bestimmt. Viele Pädagogen leiten daraus ab, dass insbesondere für Kinder aus bildungsfernen Schichten die Differenzierung unseres Schulwesens bereits nach Klasse vier in Haupt-, Real-, Gesamt- und Gymnasialschulen viel zu früh ist. Es ist ja auch bedenkenswert, dass fast alle Länder, die bei PISA besser abgeschnitten haben, ihre Kinder länger in Lerngruppen zusammenhalten und als Schulsystem der Gesamtschule gegenüber dem gegliederten Schulwesen den Vorzug geben.*

Auch ich kann es mir als sehr sinnvoll vorstellen, wenn die Kinder im fünften und sechsten Schuljahr noch zusammen sind. Aber ohne eine wirklich gut ausgebildete Fähigkeit der Lehrer, in den Klassen zu differenzieren, ist das nicht zu machen. Es beginnt doch schon im zweiten und dritten Schuljahr, dass einige anfangen, sich zu langweilen, und die anderen hinken noch hinterher. Die Aufnahmebereitschaft, das Interesse und die Leistungsfähigkeit sind sehr früh weit gefächert. Schon da muss man anfan-

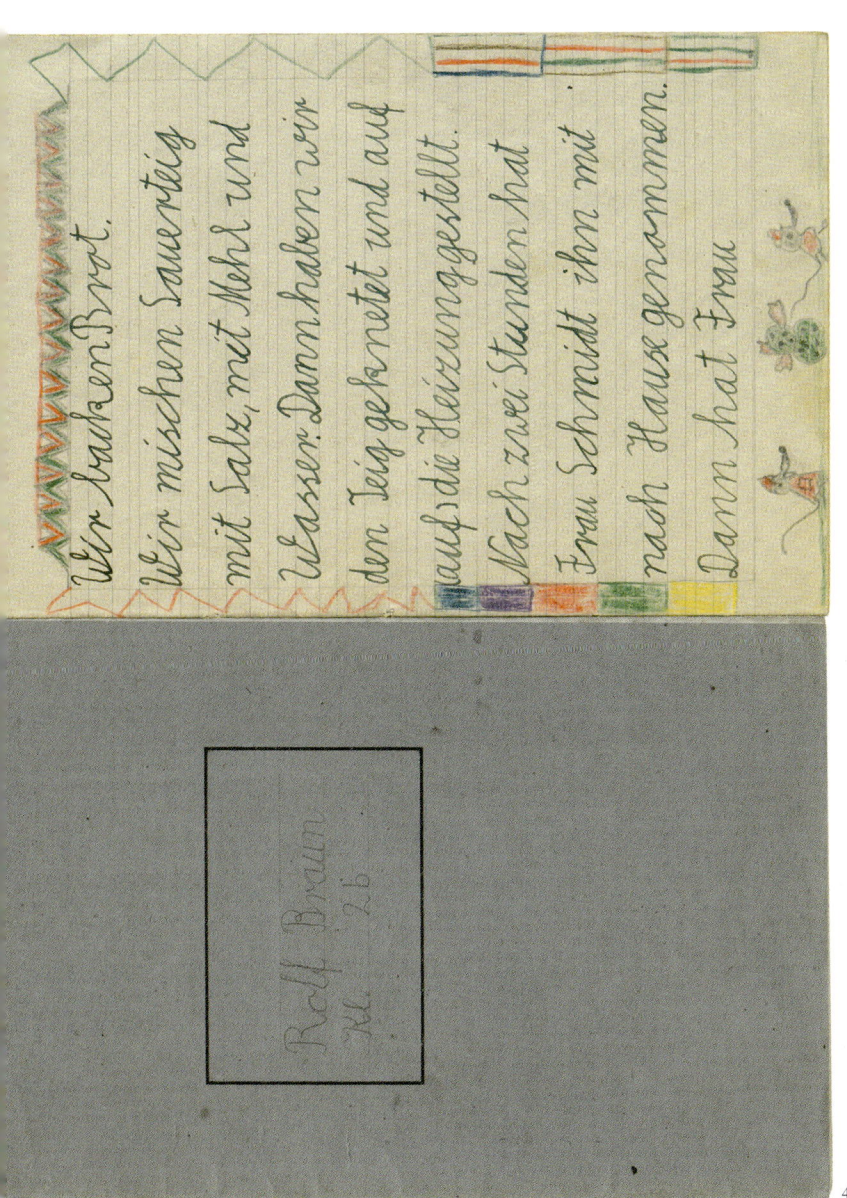

Wir backen Brot.

Wir mischen Sauerteig

mit Salz, mit Mehl und

Wasser. Dann haben wir

den Teig geknetet und auf

auf die Heizung gestellt.

Nach zwei Stunden hat

Frau Schmidt ihn mit

nach Hause genommen.

Dann hat Frau

Rolf Braun
Kl. 2b

Die ›späten Bonbons‹ des Lehrerberufs sind, dass sich die ehemaligen Schüler immer noch melden.« – Dieses Schulheft eines ehemaligen Schülers erhielt Loki Schmidt zum 5. Geburtstag.

2

Schmidt ihn gebacken
und am anderen Tag
mitgebracht. Dann hat
jeder ein Stück bekommen
und das hat gut ge =
schmeckt.
(steht schüttet)
Tuwörter:
kneten, rühren
backen, schmecken

wickeln, aufgehen,
packen, schütten, essen.
Hauptwörter:
Teig, Schüssel, Rundstück,
Bauernbrot, Essig, Salz,
Schnitte, Bäcker,
Salzstange, Hefe, Mehl,
Zucker, Hefe, Milch,
Brotscheiben, Klößen,
Wiewörter:

schlecht, knusprig.

lecker, gelblich, bräunlich.

locker.

D. backen

Backtrog, Bäcker, Backen,

Backstube, Weihnachtsbäckerei.

Backofen, Backpulver,

Backform, Backblech.

Backplatte, Backröhre,

Backhaus, Backhaube,

Backerad, Bäckerjunge,

Brot

Brotscheibe, Bauernbrot,

Vollkornbrot, Weizenbrot.

Feinbrot, Weißbrot,

Meterbrot, Meterbrot.

Schwarzbrot, Brotkasten,

Brotkorb, Brottasche,

Brotbeutel, Kastenbrot.

Am frühen Morgen steht mit dem Brotschieber in
der Bäcker am Backtrog. den Ofen.
Er schüttet Mehl, Zucker,
Milch, Hefe, und ein
bißchen Salz hinein. Nun
muß er den Teig rühren,
kneten und abschmecken.
Der Hefeteig muß aufgehen.
Der Bäcker formt den Teig zu
Brötchen. Er schiebt sie

| | Preise |
|---|---|
| Hansabrot | 0.75 D.M |
| Schlüterbrot | 0.85 " |
| Biobrot | 1.02 " |
| Bachmannbrot | 1.10 " |
| Schwarzbrot | 0.85 " |
| Hansaschwarzbrot | 0.95 " |
| kl. Weißbrot | 0.42 " |
| gr. Weißbrot | 0.83 " |

Auf dem Mehlboden.

Auf dem Mehlboden stand
eine Mischmaschine. Da
wurde das Mehl gemischt.
Da stand ein Mann. Der
schüttete immer, immer
Mehl in die Mischmaschine.
Und nachher kam es in
die Silos und dann in
die Backstube. Und eine

Scheibenbrot per 0,40 D.M
Pumpernickel 0,32 "
Rundstück 0,06 "
Kaiserbrötchen 0,07 "
Milchbrötchen 0,07 "
Pudelmütze 0,70 "
1 Scheibenbrot 0,61 D.M
3 Kaiserbrötchen 0,21 D.M
2 Rundstücke 0,12 D.M

Sackkarre war da.

Die Bäcker beiden
arbeit. Der Bäcker
rollt mit einer eisernstange
ein Hörnchen. Mit einer
Maschine geht es auch
nach. Aber manchmal kommt
auch kein Hörnchen

heraus. Nur ein kleiner
Kloß

Da sind wir in der
Backstube.

Ein großer Saal ist es.
Hier große Öfen sind am
Hier an einen Wänd.. Warm
ist es da und es recht so gut
nach frischem Brot. In der Mitte des
Saales stehen große Backtröge, in denen

der Brotteig gehen muß. Die
Bäcker haben ein Thermo-
meter in den Teig gesteckt.
Sie wollen sehen, ob der
Teig auch warm genug
steht.

In einer Maschine wird
der Teig zu Brot geformt.
Da öffnen die Bäcker einen
Ofen. Auf einer großen

Platte liegen 50 braune
leckere Feinbrote. Nun
werden sie mit Wasser
abgebürstet, damit sie
schön glänzen.

gen zu differenzieren, das heißt, die Intelligenten müssen etwas anderes »Futter« bekommen als die anderen. Die Fähigkeit zu differenzieren gehört ganz wesentlich in die Ausbildung der Lehrer, und das kann man nicht theoretisch lernen, das muss man vor allem praktisch lernen.

*Unterschiedliche Lernangebote zu machen, Binnendifferenzierung zu praktizieren, das ist ganz gewiss die Voraussetzung für eine längere gemeinsame Schulzeit für alle.*

Ich habe zum Beispiel im vierten Schuljahr häufig größere Gemeinschaftsarbeiten gemacht, wobei man kleine Gruppen zusammenstellen kann, ohne dass die Kinder groß merken, dass man die Zusammensetzung lenkt. Die Leistungsstärkeren mussten zum Beispiel einen Aufsatz schreiben, den sie den anderen vorlesen durften, und wenn die sagten, da fehlt dies oder das, dann ergänzte sich das gut. Die bunten Schmuckkanten, die bei mir ja nun mal Pflicht bei allen schriftlichen Arbeiten waren, konnten wiederum andere machen, die dann stolz waren, dass die Seite durch ihre Verzierung so hübsch geworden war. Man kann sie ihrer unterschiedlichen Begabung entsprechend sehr gut in eine Gruppe einfügen, jeder trägt etwas bei und lernt von den anderen.

*Es steht ja nun fest, dass Kinder oft von anderen Kindern besser lernen als von Erwachsenen.*

Weil sie einfacher erklären und weil sie so denken wie ihre Mitschüler. Sie verstehen auch deren Probleme besser.

*Und weil sie Strukturen haben, die die anderen Kinder eben auch haben. Dieses zu nutzen, aber auch als Teil der Ausbildung zu sehen, solche Lernprozesse einzuleiten, wäre sicher notwendig.*

Als Teil der Ausbildung eines jungen Lehrers halte ich das für ganz wichtig.

*Neben der Forderung nach einer längeren gemeinsamen Lernzeit für alle Schüler wird als zweite Forderung nach PISA die nach der Ganztagsschule erhoben. Pädagogisch gesehen hat die Ganztagsschule den Vorteil, die Lernzeiten zu entzerren und zusätzliche Angebote zu machen. Sozialpolitisch ist sie sinnvoll, weil sie vor allem den Frauen die Verbindung von Beruf und Familie erleichtert.*

Für mich ist diese Diskussion etwas merkwürdig. In der ehemaligen DDR war die Ganztagsbetreuung ja üblich, von der Krippe oder vom Kindergarten an. Bei uns wurde damals gesagt, dass die Kinder zu einseitig vom Staat erzogen würden. Dann wurden nach der Vereinigung viele dieser Einrichtungen abgeschafft, und jetzt haben wir die Diskussion um vorschulische Erziehung und Ganztagsschule aufs Neue. Ich persönlich denke, dass für Eltern, die sich für ihre Kinder Zeit nehmen wollen, die sehen mögen, wie sie sich entwickeln, ein ganzer Schultag zu viel ist. Aber ich weiß natürlich auch, dass viele Eltern diese Zeit gar nicht haben oder sie sich nicht nehmen wollen. Und für solche Eltern und Kinder wäre die Ganztagsschule sicherlich sinnvoll. In der Lichtwarkschule gab es zum Beispiel auch am Nachmittag zahlreiche Angebote, und ich habe ja berichtet, wie häufig ich diese genutzt habe.

*Heute nennt man eine solche Angebotsschule eine »offene Ganztagsschule«. An den meisten dieser Angebotsschulen ist höchstens an einem Tag in der Woche nachmittags Unterrichtspflicht, an den anderen Tagen gibt es aber offene, das heißt freiwillig zu besuchende Angebote.*

Das scheint mir eine Lösung. An diesen Nachmittagen könnten Musik, Theater, Kunst und Sport gemacht werden. Hausaufgabenhilfe wäre sicher für viele Schüler an diesen Nachmittagen auch wichtig. Ich würde aber eher auf Freiwilligkeit setzen – Schule von morgens bis abends als Pflichtschule, das widerstrebt mir.

*Zur Zeit ist wieder einmal die Lehrerbildung in der Diskussion. Was sind für Sie die wichtigsten Anforderungen an einen guten Lehrer und seine Ausbildung?*

Zunächst einmal sollte nur jemand Lehrer werden, der sich für das Aufwachsen von Kindern wirklich interessiert und mit Kindern und Jugendlichen auch gerne zusammen ist. Ja, und das muss ein junger zukünftiger Lehrer einfach ausprobieren. Das kann man ihm nicht an der Nase ansehen.

*Da sind wir uns einig. Wirkliches Interesse an Kindern ist die Basis für einen zukünftigen Lehrer.*

Ja, aber nicht nur Interesse. Er muss auch mit Kindern umgehen können. Er darf sich nicht »kumpelhaft« gemein machen, aber auch nicht von oben herab auf die Schüler blicken. Er muss ein ganz natürliches, normales Verhältnis zu Kindern haben, und ist dies nicht von vornherein gegeben, lässt sich das auch ganz schlecht entwickeln. Und deswegen ist meine Forderung seit eh und je: möglichst schnell, möglichst im ersten Semester mit Praktika beginnen.

*Ein stärkerer Praxisbezug ist für das Lehrerstudium ohne Zweifel nötig, aber gleich nach der Schule sofort wieder in die Schulpraxis – das wäre mir zu früh.*

Damit kann ich mich einverstanden erklären, denn natürlich ist der Beginn des Studiums ein Einschnitt im Leben eines jungen Menschen, da muss er erst mal durch einen Bogen gehen und sich neu finden. Da gebe ich Ihnen Recht, aber im zweiten Semester, wenn er ungefähr weiß, wie das Studium ablaufen soll, sollte er ein Praktikum machen, um herauszufinden, ob die Berufswahl richtig ist.

*Mir ist auch wichtig, dass die jungen Studierenden den Perspektivwechsel von der Schüler- zur Lehrerrolle einleiten, denn Schulpraxis kennen sie ja durchaus, nur eben aus der Schülersicht.*

Ich erinnere meine Studenten, besonders bei Gesamthospitationen in den fünfziger und sechziger Jahren, wenn sie dann hinten saßen und beinahe mit den Fingern zuckten, um sich auf meine Lehrerfragen zu melden. Das ist richtig, diese neue Lehrersicht müssen die Studenten erst einmal lernen. Aber wenn sie bereits vor dem Studium in einem Sportverein oder in irgendeiner Jugendorganisation mit Kindern zusammen waren oder sie angeleitet haben, dann ist das leichter.

*Und dann muss es bei den Praktika der Studenten auch eine angemessene Betreuung vor Ort in der Schule geben.*

Die betreuenden Lehrer spielen in der Ausbildung eine ganz wichtige Rolle. Sie müssen sich nach jeder Stunde mit dem jungen Menschen zusammensetzen und sagen: »Also, dies hast du prima gemacht, das würde ich eher so machen, und denk dran ...« Die Stunden müssen wirklich gut analysiert und die folgenden Stunden sorgfältig vorbereitet werden.

*Und dafür braucht es eben auch qualifizierte Mentoren in den Schulen.*

Das heißt, der Lehrer fühlt sich nicht nur für diese eine Unterrichtsstunde mit nachfolgendem Auswertungsgespräch verantwortlich, sondern das ganze Semester hindurch. Dazu gehört dann auch die Zusammenarbeit mit dem betreuenden Universitätsdozenten, so dass der Lehrer weitergeben kann, ob der Student die richtige Einstellung hat, ob er an die Vermittlung der Unterrichtsinhalte richtig herangeht. Bei dem Wort »Mentor« habe ich allerdings ein ungutes Gefühl. Der betreuende Lehrer darf nicht hauptsächlich für die Studenten da sein. Er muss jemand sein, der hauptsächlich für seine eigenen Schulkinder verantwortlich ist und daraus auch seine Erfahrungen zieht.

*Richtig, das ist seine erste Aufgabe. Eine zweite Aufgabe ist aber, die Praktikanten nicht nur »mitlaufen« zu lassen, sondern sie auch zu beraten und ihnen Rückmeldungen zu geben, wie Sie sagen, sich auch verantwortlich zu fühlen für die Besprechungen und für den Lernerfolg der Studierenden. Und wichtig finde ich auch, dem einen oder anderen zu sagen, dass der Lehrerberuf nichts für ihn ist. Heute erfahren die Studierenden das erst im Referendariat, da sind sie im Schnitt fast dreißig Jahre alt.*

Das ist doch das, was auch ich immer gesagt habe. Wer wechselt dann noch? Das ist von der Lebensplanung her kaum noch möglich. Und so gibt es am Ende diese unglücklichen Lehrergestalten, die auch noch ganze Schülergenerationen unglücklich machen. Ich denke, dass man zu einem viel früheren Zeitpunkt ganz rigoros sagen muss: Du solltest dir vielleicht einen anderen Beruf suchen, der dir und deinen Talenten näher kommt.

*Soweit ich sehe, fehlt es in der universitären Lehrerausbildung an einer solchen Rückmeldekultur. In Finnland, dem PISA-Sieger, gibt es sogar ein Auswahlverfahren am Beginn des Studiums, so dass nur die Geeignetsten den Lehrerberuf ergreifen können.*

Ob man gleich eine Prüfung braucht, weiß ich nicht, aber sich in der Praxis ausprobieren und bewusst entscheiden, das sollte im Studium passieren. Leider gibt es zu wenig Schulen, die Schullandheime haben. Einen jungen Studenten für zwei Wochen ins Schullandheim mitzunehmen wäre natürlich ideal; denn wenn man von morgens bis abends mit den Kindern zusammen ist – da scheiden sich die Geister.

*Welche anderen Fähigkeiten muss ein »guter Lehrer« in seiner Ausbildung erwerben?*

Natürlich muss er fachlich gut sein, und er muss methodisch arbeiten können.

*In Ihrer Arbeit zum 2. Staatsexamen haben Sie ein Repertoire von Arbeitsformen in der Schule vorgestellt, die alle weiterhin aktuell sind: von der Einzelarbeit an selbst oder vom Lehrer gestellten Themen über Partner- bis hin zur Gruppenarbeit mit unterschiedlichen Arbeitsaufträgen. In dieser Arbeit haben Sie auch die Notwendigkeit der Differenzierung in der Klasse betont.*

Was ich heute noch für ganz wichtig halte. Zum Beispiel im ersten Schuljahr ist Differenzierung ganz besonders wichtig, weil viele Sechsjährige sich noch nicht fünfundvierzig Minuten konzentrieren können. Da muss man ja innerhalb der Gruppe unterschiedlich arbeiten. Und wichtig ist, dass jeder Schüler lernt, selbständig zu arbeiten, und dafür wird bereits am Anfang der Schule der Grund gelegt.

*Für mich ist in der Lehrerausbildung weiter wichtig, dass die Stu-*
*dierenden »soziale Kompetenz« entwickeln. Sie müssen lernen,*
*Schüler und Eltern zu beraten, sie müssen lernen, mit Kollegen*
*zu kooperieren, um sich und die Schule weiterzuentwickeln.*
*Was halten Sie zum Beispiel vom gegenseitigen Hospitieren von*
*Lehrern, also davon, dass ein Lehrer in gewissen Abständen mit*
*in den Unterricht eines Kollegen geht, um diesem eine Rückmel-*
*dung zu seinem Unterricht zu geben?*

Ich habe das selbst nie praktiziert, aber ich könnte mir das
durchaus als sinnvoll vorstellen: »Ich habe eine Freistunde,
lass mich mal bei dir zuhören.« Das muss ja auch nicht mit
Kritik verbunden sein. Aber ich denke, auch das sollte
wohl eher freiwillig sein.

*Oder zumindest sollten die Beteiligten sich zunächst einmal einen*
*Kollegen als Hospitanten aussuchen können. Das schafft Ver-*
*trauen und erhöht sicher auch die Bereitschaft, über den eigenen*
*Unterricht selbst kritisch zu sprechen. Aber das gegenseitige Hos-*
*pitieren funktioniert ja auch in die andere Richtung. An jeder*
*Schule gibt es Lehrer, die besonders erfolgreich sind ...*

... an denen die Kinder hängen; das ist ja immer ein Zei-
chen dafür, dass da ein gutes Verhältnis ist.

*Oder auch, dass diese Lehrerin oder dieser Lehrer besonders gute*
*Unterrichtsergebnisse erzielt. Und dieses als »good practice« in*
*die Kollegenschaft zu tragen, dazu kann das gegenseitige Hospi-*
*tieren auch beitragen.*

Was ich aus meiner Lehrerzeit erinnere, waren lange Gespräche in den großen Pausen über einzelne Kinder und
wie man mit denen zurechtkommt.

*Das ist ja auch eine Form des Erfahrungsaustausches und auf indirekte Art und Weise eine Form von Rückmeldung auf das eigene Lehrerverhalten.*

Deswegen erzähle ich das.

*Ich war neulich in einer Gesamtschule mit einem schwierigen Umfeld und habe dort einige Stunden mit meinen Studenten hospitiert. Dort erlebte ich einen vorzüglichen Englischunterricht in einer achten Klasse: Methodenwechsel, feste Rituale, hohe sprachliche Aktivität der Schüler, eine freundliche und intensive Arbeitsatmosphäre. Als ich der Lehrerin diesen positiven Eindruck widerspiegelte, war sie ganz überrascht: »Also, ich bin jetzt fünfundzwanzig Jahre lang Lehrerin, und ich habe mich öfter gefragt, ob das alles wohl so richtig ist, was ich mache und wie ich es mache. Und zum ersten Mal sagt mir nun jemand, dass er meinen Unterricht gut findet.« Ich hatte wirklich den Eindruck, die Kollegin war echt glücklich über diese Rückmeldung.*

Na ja, das ist nun mal so in diesem Beruf. Ich habe auch nie gewusst, ob ich das eigentlich richtig mache, und bin deswegen so glücklich, dass ich heute noch immer von meinen Ehemaligen höre. Ich sage ja immer: Das sind die späten Bonbons des Lehrers.

*Ist es denn da aber nicht sinnvoll, Schule so zu organisieren, dass eine solche Art von Austausch zustande kommt? Vor allem habe ich an dieser Schule durchaus auch verbesserungswürdigen Unterricht gesehen, und ich bin sicher, dass die oben beschriebene Kollegin ein wirklich gutes Vorbild wäre.*

Ja, denn dieses gegenseitige »Besuchen« scheint wirklich eine Möglichkeit zu sein, über den Unterricht ins Gespräch zu kommen. Aber mit Zwang wird das nicht gehen, dann kommt so etwas »Verquetschtes« dabei heraus wie: »Ach Gott, ich muss ja auch noch bei dem oder der heute in den Unterricht.« Das bringt dann nichts.

*In den nächsten Jahren werden mehr als fünfzig Prozent der Lehrerinnen und Lehrer in Pension gehen. Wie es aussieht, werden wir zumindest in einigen Schulformen und in Fächern wie zum Beispiel den Naturwissenschaften, Musik, Latein und Religion wieder einen Lehrermangel haben. Wie würden Sie für diesen Beruf werben?*

Es ist ein wirklich wunderbarer Beruf. Aber dafür öffentlich zu werben, scheint mir schwierig, obwohl es nötig wäre; denn in der Öffentlichkeit ist das Lehrerbild immer noch negativ besetzt – ein Mensch, der nur vormittags arbeitet und sehr häufig Ferien hat. Man könnte natürlich für diesen Beruf werben, indem sprachlich gewandte Lehrer in den regionalen Zeitungen regelmäßig aus ihrem Schulalltag berichten würden. Nichts Spektakuläres, sondern Geschehnisse aus dem Schulalltag. Ich könnte mir vorstellen, dass dies etwas bewirken würde.

*Vielleicht hat ja die mediale Lehrerschelte unter anderem auch mit eigenen schlechten Schulerfahrungen und -leistungen von Medienleuten zu tun …*

Möglicherweise.

*… denn erstaunlicherweise liegt der Lehrerberuf in der Skala »angesehener Berufe« seit Jahren gar nicht so weit unten. Grundschullehrer rangieren sogar weit oben, und auch der Studienrat steht noch oberhalb der Berufe »Politiker« und »Journalist«. – Bei einer Werbung für den Lehrerberuf würde ich übrigens die Positiva in den Mittelpunkt stellen, die einem Erwachsenen das*

*Zusammenarbeiten mit Kindern und Jugendlichen einbringen können. Wie sehen Sie das?*

Das kann ich ganz schlecht in Worte fassen, das klingt dann zu pathetisch.

*Vielleicht versuchen Sie es trotzdem einmal.*

Ich habe ja schon berichtet, wie ich mit meinen Klassen in die Hamburger Kunsthalle gegangen bin und dass auch manchmal Eltern mit dabei waren. Die Kinder konnten sich auf den Fußboden setzen, haben sich ein Bild angeschaut, und dann durften sie sich äußern. Da war ich – und auch die Eltern – manches Mal ganz überrascht, was die Kinder alles auf dem Bild entdeckten. Ich erzähle das, um zu sagen: Das Leben mit Kinderaugen zu sehen, das ist ein großer Gewinn! Und dann auch die neugierigen, wissbegierigen Fragen, die Kinder stellen, wenn sie etwas genau wissen wollen. Das sind ja häufig Fragen, auf die würde ein Erwachsener nicht so unbedingt kommen.

*Diese Werbung klingt keineswegs pathetisch.*

Sie trifft auch meine Einstellung sehr genau. Eines, denke ich, sollte man jedem jungen Lehrerstudenten von Anfang an deutlich machen: Kinder sind eigenständige Personen. Das heißt auch, dass man sie sehr, sehr ernst nehmen muss, und wer sagt: »Ach, die goldene, sorglose Kinderzeit!«, der muss wissen, die gibt es nicht. Kinder haben genauso viele Probleme wie wir; die sehen zwar anders aus, aber unter Umständen tragen sie daran mindestens so schwer wie ein Erwachsener auch. Also noch einmal: Man muss Kinder ernst nehmen, auch mit ihren kleinen Sorgen.

Deswegen bin ich als Klassenlehrerin meist zwanzig bis dreißig Minuten vor Unterrichtsbeginn in der Klasse gewesen. Das wussten die Kinder, und wenn jemand irgendwelchen Kummer hatte, dann kam er eben ein bisschen eher. Dann wurde er mal von mir in den Arm genommen und geknuddelt. Andere Kinder wiederum berichteten von etwas ganz Tollem, was etwa am Tag vorher passiert war. Dies – Kinder, so wie sie sind, ernst zu nehmen – halte ich für ganz wichtig, und da kommt dann eine ganze Menge zurück an Zutrauen, an Vertrauen, manchmal mehr, als man erwartet hat, und das sind natürlich unschätzbare Geschenke für einen Erwachsenen.

*Das ist ein völlig anderes Berufsbild, als den ganzen Tag in einem Büro an einem Computer zu sitzen oder in einem Labor zu stehen. Vor allem auch zu sehen, wie Kinder und Jugendliche durch Hilfe und Anregung, die man ihnen gibt, sich entwickeln, Fähigkeiten ausbilden, zu Persönlichkeiten reifen.*

Wenn die Kinder zum ersten Schuljahr ankommen, einige schon in der ersten Streckungsphase, und einen erwartungsvoll angucken, das ist doch ein Geschenk! Ich muss Ihnen sagen: Mit wenigen Ausnahmen habe ich meine Kinder alle heiß und innig geliebt. Das ist natürlich in der Grundschule etwas Besonderes, dieses bedingungslose Vertrauen, das die Kinder einem schenken. Ja, und deshalb sollte ein Lehrer nie das Gefühl haben, jetzt hat es zur letzten Stunde geklingelt, jetzt ist Schluss, jetzt gehe ich nach Hause. Ich finde, die Kinder sollten immer – besonders in der Pubertät und Vorpubertät – wissen, dass man den Lehrer auch nachmittags mal erreichen kann. Das zahlt sich aus.

*Das gilt dann auch für die Eltern.*

Für die Eltern auch. Nun habe ich ja verhältnismäßig viele Elternabende gemacht, habe es aber am Ende meiner Lehrerzeit so eingerichtet, dass die Eltern, wenn sie irgendwelche Probleme hatten, unmittelbar nach dem Unterricht mit mir sprechen konnten. Da habe ich dann allerdings gesagt: »Wenigstens eine halbe Stunde einplanen, denn die braucht man, um sich ernsthaft zu unterhalten.«

*Seitdem Sie in der Mitte der sechziger Jahre aus dem Schuldienst ausgeschieden sind, hat sich Schule sehr verändert. Ich nenne mal drei Dinge: erstens eine stark heterogene Schülerschaft, vor allem jetzt auch mit vielen Kindern mit Migrationshintergrund, dann zweitens das Phänomen, dass Bildung und Schule in der Gesellschaft weniger zählen als früher, und drittens, dass in der Schule heute sehr viel mehr Sozialarbeit geleistet werden muss.*

Ist Schule nicht immer auch ein Stück Sozialarbeit gewesen? Ich wage zu bezweifeln, dass das heute so sehr viel anders ist. Das ist sie immer gewesen.

*Da haben Sie sicherlich Recht. Schule hatte immer den Auftrag von Erziehung und sozialem Ausgleich. Durch Verwissenschaftlichung des Studiums sind die Lehrer aber vielleicht schlechter darauf vorbereitet als früher. Vor allem an den weiterführenden Schulen, an denen die Lehrer sich primär als Fachlehrer verstehen, sind sie weniger bereit, diese Rolle anzunehmen.*

Diese Rolle ist natürlich auch zu meiner Zeit unterschiedlich gehandhabt worden. Und auch zu meiner Zeit gab es Unterschiede zwischen den Volksschul- und den Gymnasiallehrern. Aber ein guter Lehrer muss auch für die Sorgen und Nöte der Kinder mindestens so offen sein wie für den Intellekt.

*Diese Rolle muss man aber bewusst annehmen und dies als wesentlichen Teil von Lehrerarbeit akzeptieren.*

Und das geschieht nicht, weil die Studierenden während des Studiums nicht damit konfrontiert worden sind. Denn denken Sie mal an die Zeit unmittelbar nach dem Krieg. Da waren die Lehrer weiß Gott als »Sozialarbeiter« gefragt. Häufig waren Väter vermisst oder in Gefangenschaft, Mütter waren umgekommen. Und dann die ärmlichen häuslichen Verhältnisse. Das spielte doch alles in die Schule rein, spielte eine große Rolle. Das hat sich ja erst fünfzehn, zwanzig Jahre nach dem Krieg normalisiert. Also, die Lehrer hatten da erhebliche soziale Aufgaben, und das muss einem zukünftigen Lehrer deutlich sein, dass er immer auch Pflichten in diesem Bereich hat.

Übrigens: Noch 1962, als ich in Langenhorn mit meiner neuen ersten Klasse angefangen habe, habe ich ein Kind ganz dezent gefragt: »Hast du ein eigenes Bett?« Es stellte sich heraus, dass noch 1962 nicht alle Kinder ein eigenes Bett hatten. Das sind so Dinge, mit denen muss ein Lehrerstudent konfrontiert werden. Der kommt doch heute viel zu selten auf die Idee, nach den Lebensverhältnissen der Schüler zu fragen und wundert sich dann über alles Mögliche am Verhalten der Kinder.

*Ich gebe Ihnen Recht, dass soziales Engagement zur Lehrerarbeit immer schon dazugehörte, allerdings ist die Heterogenität der Schülerschaft durch den erhöhten Anteil von Kindern mit Migrationshintergrund doch deutlich anders geworden. Ich hatte ja schon gesagt, dass es Städte gibt, in denen der Anteil dieser Kinder bei fast vierzig Prozent liegt. Und Unterricht mit dieser Schülerschaft ist schon sehr anders, als das in Ihren aktiven Berufsjahren war.*

Was völlig anderes. Und wenn das Ausländerkinder sind, die gut Deutsch sprechen, ist es dann noch wieder etwas anderes.

*Aber wir erleben in den Großstädten zur Zeit, dass Kinder aus Migrationsfamilien, die hier bereits in der zweiten oder dritten Generation leben, immer noch sehr große Probleme mit der deutschen Sprache haben, dass die sprachliche Integration also nicht gelingt.*

Das ist ein großes Problem, für das ich jedoch keine Lösung habe. Vielleicht sollte man einmal die Erfahrungen der internationalen Schulen auswerten, denn die arbeiten ja durchweg zweisprachig. Vor allem gehört dies aber in die heutige Ausbildung von Lehrerstudenten.

*In unserer Ausbildung haben wir zu lange so gehandelt, als hätten wir nach wie vor eine monolinguale Schülerschaft.*

Und dann steht da ein Mensch plötzlich vor einer solchen Klasse und weiß nicht damit umzugehen und hat seine Probleme mit den Kindern. Und wenn ich an die netten türkischen Mädchen und Jungen denke, die ich im letzten Jahr in einer der LERN-WERK-Schulen kennen gelernt habe – die waren einfach glücklich, wenn man freundlich zu ihnen war.

*Zuwendung hilft sicher auch in solchen Lerngruppen, nur der Unterricht muss eben auch anders aussehen, er muss die sprachlichen Probleme gezielt durch Förderung angehen.*

Sicher, wenn man aber so herum anfängt, erleichtert es natürlich den Unterricht erheblich. Und dazu gehört auch wieder, etwas über das häusliche Familienleben und die

Lebensverhältnisse zu wissen. Wie werden türkische Mädchen in ihren Familien groß, was sind ihre Aufgaben? Oder sich zu erkundigen, wie sie mit der Pubertät fertig werden. Das bedarf natürlich eines ungeheuren Fingerspitzengefühls. Aber wenn man einmal einen kleinen Spalt zum Vertrauen geöffnet hat, wird man sicher im Unterricht plötzlich ganz anders arbeiten können. Aber eine schwierige Sache für den Lehrer bleibt das schon!

*Eine ganz andere Schwierigkeit ist für viele Lehrer offenbar der Umstand, dass zahlreiche Elternhäuser es nicht mehr schaffen, den Kindern allgemeine Werte zu vermitteln.*

Das ist eine schlimme Sache. Und wenn die Eltern diese Funktion nicht mehr ganz ausfüllen, dann muss dies der Lehrer tun.

*Und wie?*

Da zählt allein das Vorbild im Verhalten, und nicht, was er an Wissen heraussprudelt. Ich weiß nicht, ob das heute besser geworden ist, aber Lehrer, die zu spät in den Unterricht kommen, oder Lehrer, die unhöflich sind, die darf es eigentlich nicht geben. Ich könnte mir sogar vorstellen, dass wenn der Lehrer diese Vorbildfunktion gut ausfüllt, auch ein wenig Rückwirkung über das Kind ins Elternhaus möglich ist.

*Und was halten Sie davon, dass Werteerziehung als neues Fach eingeführt wird, wie manche Politiker es fordern?*

Unmöglich. Werteerziehung muss ein »roter Faden« sein, der sich durch alle Stunden zieht …

*... und der für jeden Lehrer gilt, so dass zum Beispiel der Eng-*
*lischlehrer nicht sagen kann: »Werteerziehung? Bei mir nicht,*
*darum kümmert sich der Philosophielehrer.«*

Denn dabei kommt nichts raus. Dann wird nur Theorie
gefüttert. Werteerziehung ist aber etwas Lebendiges, das
als Vorbild gelebt und nicht als Fach unterrichtet werden
muss.

*Und wie sehen Sie meine Bemerkung, dass in unserer Gesell-*
*schaft Bildung nicht mehr den Stellenwert hat, wie Sie es viel-*
*leicht in Ihrer Schulzeit noch erlebt haben?*

Das ist wohl so, und wenn Bildung nicht mehr so viel
zählt, dann zählen natürlich Schule und der Lehrerberuf
auch weniger.

*Für beachtenswert halte ich, dass sich dies in den skandina-*
*vischen Ländern offenbar ganz anders darstellt. Die finnische*
*Schulexpertin Riitta Piri hat als Grund für den Erfolg finnischer*
*Schulen bei PISA angegeben, dass in Finnland Bildung Priori-*
*tät habe und dass Bildung mehr zähle als Geld und sozialer Sta-*
*tus. Ich denke, da müssen wir auch hin, und da müssen wir Er-*
*wachsenen auch unsere Einstellung ein Stück verändern.*

In welche Richtung?

*Ich meine damit unsere »Ellenbogengesellschaft«. Nur wer Geld*
*hat, gilt als erfolgreich, jeder achtet vor allem auf seinen eigenen*
*materiellen Nutzen und setzt ihn durch, Anstrengungen müssen*
*sich möglichst gleich in Gewinn umsetzen lassen.*

Das liegt auch ein bisschen daran, dass die Väter unseres
Grundgesetzes, von den Schrecken der Nazizeit und des

Krieges gezeichnet, im Grundgesetz vor allem festgelegt haben, welche Rechte der Einzelne hat. Rechte und nochmals Rechte. Schauen Sie mal nach im Grundgesetz, von den Pflichten des Einzelnen ist dort nicht die Rede. Irgendetwas ist da – zwar erklärlich – fehlgelaufen.

*Durchaus, aber – wie Sie ja selbst sagen – historisch nachvollziehbar nach einer Diktatur, in der das Individuum nichts zählte.*

Ja, weil nach der Nazizeit erst einmal die Rechte des einzelnen Menschen das Wichtigste waren. Und hier ist es heute Aufgabe der Lehrer und Eltern, ohne dass darüber groß posaunt werden sollte, zum Beispiel einfach durch das tägliche Zusammensein, den Kindern und jungen Leuten beizubringen, dass sie auch Pflichten haben. Auch Pflichten sich selbst gegenüber, Pflichten gegenüber den Nachbarn, der Familie, den Dingen, die in der Schule vorhanden sind und die ja Steuerzahler ihnen bereitgestellt haben. Kinder müssen lernen, dass man die Pflicht hat, diese Dinge zum Beispiel anständig zu behandeln. Wenn die Kinder schon im ersten Schuljahr lernen, Papier nicht auf den Fußboden zu werfen, sondern in den Papierkorb, und draußen auf dem Schulflur nichts hinzuschmeißen, wenn sie das von Anfang an lernen und von den Eltern darin bestärkt werden, dann hat die Schule schon einiges erreicht. Es sind im Grunde Kleinigkeiten, die aber auf Dauer Haltungen schaffen.

*Auch dies ist ja ein Zusatz zu dem zuvor angesprochenen Thema »Werteerziehung«. Und was Sie hier ausführen, knüpft für mich an den Katalog der staatsbürgerlichen Pflichten an, den Ihr Mann in seinem Buch* Auf der Suche nach einer öffentlichen Moral *aufgestellt hat. Was Helmut Schmidt dort für die Erwachsenen allgemein gesagt hat, könnte man ja vielleicht für die Schule in kleinerem Maßstab konkretisieren. Ich halte ohnehin viel davon, dass Schulen mit Kindern und Eltern eine Art Vertrag schließen, in dem Rechte und Pflichten für alle Beteiligten festgehalten und damit jederzeit nachlesbar sind. Da gehört dann auch hinein, dass jeder ein Recht auf Bildung hat, dass der Erwerb von Bildung aber auch nicht ohne Anstrengung möglich ist.*

Vielleicht sollten wir zum Schluss noch einmal klären, was wir beide unter »Bildung« verstehen.

*Für mich bedeutet Bildung, seine eigenen Anlagen weitmöglichst zu entwickeln, Wissen, Fertigkeiten und Haltungen zu erwerben, die einem helfen, ein selbstbestimmtes, sozial verantwortliches und der kulturellen Teilhabe fähiges Leben zu führen. Bildung verstehe ich also als einen aktiven Aneignungsprozess von Wissen und Haltungen, und ich möchte deutlich anmerken, dass dieser Aneignungsprozess auch mit gewissen Mühen verbunden ist. Heute wird oft nur als positiv empfunden, was Spaß macht, und wenn es keinen Spaß macht, verweigert man sich – eine Haltung, die wir viel zu oft zum Beispiel in unseren Schulen vorfinden.*

Eine solche Haltung ist grundfalsch. Für mich gehört zur Bildung insbesondere auch ein eigenes Interesse am Lesen und ein gewisses Maß an Kunst- und Musikverständnis. Dazu ein Gefühl dafür, wozu Museen eigentlich da sind. Und bei mir spielt natürlich eine ganz große Rolle – und das rechne ich mit zur Bildung –, dass der Einzelne ein Verhältnis zu Tieren und Pflanzen hat.

*Eine gute und, wie ich finde, sehr wichtige Ergänzung. Was ist Ihr ganz persönliches Fazit für die Schule von heute und morgen?*

Das habe ich, glaube ich, zwischendurch immer mal gesagt, für wie wichtig ich das erste Schuljahr für die gesamte Ausrichtung und Einstellung der Kinder zur Schule halte: das eigene Arbeitsverhalten, das Lernen in der Gruppe, den Umgang mit dem Lehrer. Das kann man natürlich alles hinterher noch ein bisschen ausgleichen, aber wenn das erste Schuljahr gut läuft, ist die Einstellung zur Schule geschafft. Ich habe das ja häufig gemerkt, wenn die Kinder dann nach vier Jahren in eine höhere Schule gingen und immer mal wieder ankamen: »Es war ja doch viel schöner hier.«

*Im Gymnasium kamen dann die Fachlehrer.*

Dann kamen die Fachlehrer, und die Schule wurde eine »Schubladenschule«, eingeteilt nach Fächern, und ich meine, hier muss sich einiges ändern. Sicher muss es auch mal rein fachliches Lernen geben, es braucht aber immer auch wieder übergeordnete Themen. Und dann der Wunsch: Da müssen wir uns nun mal ganz schlau machen, oder: Das wollen wir jetzt endlich mal ganz genau wissen. – Das ist was anderes, als wenn man nur Fachlernen, Fachlernen, Fachlernen hat.

*Die reine Fächerschule ist von Übel, das glaube ich auch. Und der Versuch, dies aufzulösen, war das Besondere an Ihrer eigenen Grundschule und vor allem dann in der Lichtwarkschule.*

Wobei wir ja festgestellt haben, hundertprozentig war das selbst in der Lichtwarkschule nicht.

*Aber es war ein sehr guter Versuch. Und richtig erfolgreich war diese Schule mit ihrem Bemühen um die Selbständigkeit der Schüler.*

Das ist genau der Punkt. Wenn mein Mann gefragt wird oder wenn ich gefragt werde, dann antworten wir: »Selbständig arbeiten zu können, das war das Wichtigste.«

*Und das gilt ohne Abstriche auch für heute. Und vor allem: Selbständigkeit schafft Selbstvertrauen, beides Eigenschaften, die für den Erfolg in Studium und Beruf besonders wichtig sind.*

Und jetzt bin ich wieder beim ersten Schuljahr. Man kann von Anfang an in diese Richtung arbeiten. Wie ich schon erzählte: Wenn wir uns draußen an der Schule Hirtenweg Grünzeug anschauten, kam gleich die Frage: »Wie heißt die Pflanze?« Ich hätte es den Kindern ja sagen können, aber Bestimmungsbücher hinlegen und dann in kleinen Gruppen damit arbeiten lassen, das sind Entdeckerfreuden, die kann man durch keinen Fachunterricht ersetzen.

*Und auf diese Weise lernen die Kinder auch, wie man bei Fragen selbständig weiterkommen kann. Also das Lernen erlernen, selbständig arbeiten zu können, das sind die zentralen Unterrichtsziele für alle Schulstufen.*

Wenn man lernt, selbständig zu arbeiten, um Neues zu erlernen, dann ist das ein anderes Lernen, als wenn ich irgendetwas auswendig lerne. Das ist ein völlig anderes Lernen. Und das hat in meiner Kindheit eine Rolle gespielt, in meiner Lehrerzeit hat es eine Rolle gespielt, und das gilt heute noch für mich. In der Schule wird das immer das Wichtigste bleiben, davon bin ich überzeugt.

# Literatur

Arbeitskreis Lichtwarkschule (Hg.): Die Lichtwarkschule. Idee und Gestalt, Hamburg 1997

Julius Gebhard: Die Schule am Dulsberg, Jena 1927

Victor Gollancz: In Darkest Germany, London 1947

Alfred Lichtwark: Übungen in der Betrachtung von Kunstwerken, Hamburg 1897

Helmut Schmidt: Auf der Suche nach einer öffentlichen Moral, Stuttgart 1998

Walther Teich: Frank entdeckt Alcudia. Eine fröhliche Geschichte aus Mallorca für Kinder und Erwachsene, Straßburg 1933

Joachim Wendt: Die Lichtwarkschule in Hamburg 1921–1937, Hamburg: Verein für Hamburgische Geschichte, 2000

Carl Will: Hamburg: Eine Heimatkunde, 3 Bde., Hamburg 1957

www.lernwerk-hh.de

Otto Zimmermann: Hansa-Fibel. Erstes Lesebuch für Hamburger Kinder, Erstauflage: Hamburg und Braunschweig 1914, 1995 neu herausgegeben von Reiner Lehberger. Zu beziehen über: Hamburger Schulmuseum, Seilerstr. 42, 20359 Hamburg

# Register

# Bildnachweis

Bildarchiv Denkmalschutzamt Hamburg 1, 2, 17, 18, 19, 29, 21,
22
Hamburger Schulmuseum 11, 12, 13, 14, 15
Privatarchiv Rolf Braun 41
Privatarchiv Reinhard Golecki 36
Privatarchiv Loki Schmidt 3, 4, 5, 6, 7, 8, 9, 10, 16, 23, 24, 25,
26, 27, 28, 29, 30, 31, 32, 33, 34, 35, 36, 37, 38, 39
Schule Eberhofweg 40